财 政 部 规 划 教 材
全国财政职业教育教学指导委员会推荐教材
全国中等职业学校财经类教材

工业企业会计

（第 八 版）

主编 张汉连

U0823504

中国财经出版传媒集团
中国财政经济出版社

图书在版编目（CIP）数据

工业企业会计 / 张汉连主编 . —8 版 . —北京：中国财政经济出版社，2017. 1
财政部规划教材　全国财政职业教育教学指导委员会推荐教材　全国中等职业学校财经类教材
ISBN 978 - 7 - 5095 - 7251 - 1

Ⅰ. ①工…　Ⅱ. ①张…　Ⅲ. ①工业会计 - 中等专业学校 - 教材　Ⅳ. ①F406. 72

中国版本图书馆 CIP 数据核字（2017）第 022071 号

责任编辑：陈　冰　　　　责任校对：胡永立
封面设计：构远设计

中国财政经济出版社出版
URL：http：//www. cfeph. cn
E - mail：cfeph @ cfeph. cn

社址：北京市海淀区阜成路甲 28 号　邮政编码：100142
营销中心电话：88190406　北京财经书店电话：64033436　84041336
北京鑫海金澳胶印有限公司印装　各地新华书店经销
787 × 1092 毫米　16 开　19 印张　456 000 字
2017 年 2 月第 8 版　2020 年 10 月北京第 3 次印刷
定价：44. 00 元
ISBN 978 - 7 - 5095 - 7251 - 1
（图书出现印装问题，本社负责调换）
本社质量投诉电话：010 - 88190744
打击盗版举报热线：010 - 88190492、QQ：634579818

编写 说明

本书是财政部规划教材、全国财政职业教育教学指导委员会推荐教材，由财政部教材编审委员会组织编写并审定，作为全国中等职业学校财经类教材使用。

本书的主要特点是：(1) 按照《企业会计准则》，并参照“营改增”的有关内容进行编写。(2) 注重理论与实践的有机结合，增加了案例和实践性知识所占的比重，注重学生的技能培养。(3) 注重知识的深入浅出，便于学生理解和掌握；同时增加相关知识的介绍和学习提示等内容，进一步扩大学生的知识面。(4) 注重知识的系统性，从一个企业筹建开始至年终报表编制完成为止。(5) 本书配套的《实训与练习》与课本章节同步，便于课后布置作业，同时强化了对学生实际操作能力的培养。

本书由张汉连担任主编，并对全书进行总纂。参加本次修订的有：福建龙岩财经学校张汉连（第一、七章），福建龙岩财经学校郑丽红（第三、四章），福建省漳州财贸学校夏燕侠（第五、十、十一章），广西梧州财经学校杨淑舜（第六、八、九、十二章），广东省财经职业技术学校林彤（第二、十三、十四章）。

本书编写过程得到了财政部干教中心的领导、福建龙岩财经学校领导以及同行的帮助与支持，在此一并表示感谢。

本教材有配套的练习册——《工业企业会计（第八版）实训与练习》，用书学校任课老师若需要答案，请以电子邮件的形式向中国财政经济出版社索取（请注明学校、全书名、版次），E-mail：caijingjiaocai@163.com。本教材还为任课老师制作了电子教案及电子课件，如果需要，请登录如下网址下载：http://cjjc.cfeph.cn。

限于编者水平有限，书中的不足和疏漏之处在所难免，敬请读者批评指正。

编　者

2017年1月

本书微网站

扫描微网站二维码

获取教学配套资源和内容更新

不断添加中

目　录

第一章
概　述

张全、李好、吴灵准备合作成立恒天公司，主营服装制作，注册资本500万元。三方签订了投资协议，制定了公司章程，开始进行公司生产的各种筹备工作，并委托中介机构进行工商登记注册，公司为一般纳税人。开业前，公司聘请了财务人员，进行筹建期间的相关会计业务处理。

学习目标

- □ 理解工业企业的含义、小企业的标准
- □ 掌握工业企业会计的定义，理解企业资金运动的过程
- □ 理解我国会计的法律制度体系
- □ 掌握筹建期间的会计处理

第一节　企业及企业会计相关知识

一、企业及企业分类

（一）企业的含义

企业一般是指以营利为目的，运用各种生产要素（土地、劳动力、资本、技术和企业家能力等），向市场提供商品或服务，实行自主经营、自负盈亏、独立核算的具有法人资格的社会经济组织。

（二）企业的分类

- 按行业性质分类：农林牧业、采矿业、制造业、电力、热力、燃气及水的生产和供

应业、建筑业等。

- 按企业规模分类：大型企业、中型企业、小型企业、微型企业。
- 按纳税人分类：一般纳税人和小规模纳税人。
- 按企业类型分类：

（1）内资企业。包括国有企业、集体企业、股份合作企业、联营企业、有限责任公司、股份有限公司、私营企业、其他企业。

（2）港、澳、台商投资企业。包括合资经营企业（港或澳、台资）、合作经营企业（港或澳、台资）、港澳台商独资经营企业、港澳台商投资股份有限公司。

（3）外商投资企业。包括中外合资经营企业、中外合作经营企业、外资企业、外商投资股份有限公司。

我们通常将采矿业，制造业，电力、燃气及水的生产和供应业等企业称为**工业企业**。

二、企业划分标准

根据国家相关规定，大、中、小、微型企业以从业人员和营业收入为划分标准，见表1－1。

表1－1　　企业规模划分标准

行业	划分指标	大型	中型	小型	微型
工业	从业人员（人）	1000及以上	300及以上~1000以下	20及以上~300以下	20以下
	营业收入（万元）	且40000及以上	且2000及以上~40000以下	且300及以下~2000以下	或300以下

三、工业企业会计的概念

工业企业是我国国民经济的重要组成部分，从事工业性生产经营活动或工业性劳务活动，是独立经营、自负盈亏的经济实体。

工业企业会计，是应用于工业企业的一门专业会计。它是以货币作为主要计量单位，运用会计的专门方法，对工业企业发生的交易或事项进行全面、连续、系统、综合的核算和监督，以提高工业企业经济效益的一种管理活动。

简单地说，工业企业会计就是对工业企业的经济业务进行核算和监督的一种管理活动。

四、工业企业会计的内容

工业企业的生产经营活动是多方面的，如材料的采购、产品的销售、劳动定额的制定及管理、产品质量的标准及控制等。而会计的特点决定了会计并不能核算和监督企业生产经营活动的所有方面，它只核算和监督那些能够用货币进行计量的经济活动。**我们把这种在工业企业生产经营过程中所发生的能够用货币进行计量的经济活动，称为“交易或事项”。这就是工业企业会计核算和监督的对象，即工业企业会计的内容。**

工业企业的生产经营过程必须具备的三个基本条件：劳动者、劳动资料和劳动对象。在工业企业生产经营过程中，劳动者利用劳动资料作用于劳动对象生产出劳动产品。工业企业的生产经营过程是企业供应过程、生产过程和销售过程的统一。

供应过程，是工业企业生产经营过程的第一阶段。在这一阶段，企业主要是采购生产经营过程所需的各种物资材料，同时按照合同支付货款、运费等。

生产过程，是工业企业生产经营的第二阶段，主要包括：（1）工人利用机器设备对材料进行加工，改变了材料原有的实物形态或物理性能，最终形成企业的产品。（2）机器设备的使用，使机器设备不断磨损。（3）支付职工的劳动报酬和生产过程中的各项费用。

销售过程，是工业企业生产经营的第三阶段。一方面，企业将合格商品卖给购货单位；另一方面，按规定收取货款，交纳税金，支付有关费用。

工业企业的会计工作，要求全面、连续、系统、综合地核算和监督工业企业的生产过程，**我们通常把会计的内容概括为资产、负债、所有者权益、收入、费用和利润六个会计要素**。会计要素是会计内容的具体化。工业企业会计核算从原始凭证的取得和审核、记账凭证的编制、账簿的登记、成本的计算、财产的清查，到财务会计报告的编制等会计处理过程，就是对会计要素的确认、计量、记录和报告的过程。

讨 论：

1. 举例说明劳动三要素（劳动者、劳动资料和劳动对象）的具体内容；

2. 结合你所了解的情况，说说供应、生产、销售三个过程之间的联系，哪个过程是中心环节呢？

五、工业企业会计的对象

工业企业的各项财产物资的货币表现包括货币本身，我们通常称为“资金”。资金只有不断运动，才能不断地为社会创造财富，不断增值。资金及其运动就是工业企业会计的对象。就工业企业而言，企业的资金运动主要包括：资金进入企业、资金在企业内部的循环周转、资金退出企业三个部分。

1. 资金进入企业。包括投资者投入、借入资金（债权人借入）以及向社会发行股票、债券等形式。资金进入企业，一方面使企业资产增加，另一方面使企业所有者权益增加或负债增加。

2. 资金在企业内部的循环周转。就是资金依次经过供、产、销三个阶段：货币资金→材料→半成品→成品→货币资金，不断改变资金形态，实现价值的不断增值。上述从货币资金出发、最后又回到货币资金的过程，就形成工业企业资金的一次循环。资金的不断循环称为“资金周转”。企业利润的形成、财务目标的实现正是在资金的循环周转中完成的。

3. 资金退出企业。资金退出企业主要有三种形式：分红、还债、交税（费）。即：向投资者分红、归还债权人本息以及交纳国家规定的税费等。资金退出企业，一方面使企业的资产减少，另一方面也会引起企业所有者权益或负债的减少。

工业企业资金运动如图 1－1 所示。

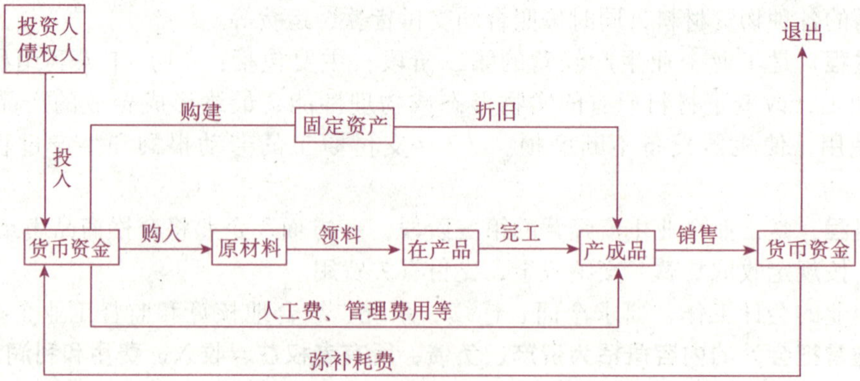

图 1－1　工业企业资金运动

小测试

1. 描述资产与资金、资产与物资概念的区别。
2. 画出工业企业资金进入、资金循环周转、资金退出的示意图。

第二节　企业筹建期的会计核算

企业从被批准筹建之日起至开始生产、经营（包括试生产、试营业）之日这一期间，我们称为“筹建期”。

一、主要业务流程及涉及的主要原始凭证

企业筹建期的主要业务流程及涉及的主要原始凭证见图 1－2。

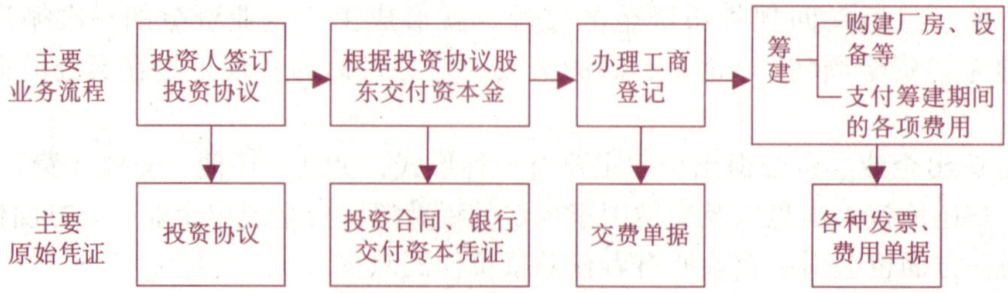

图 1－2　企业筹建期的主要业务流程及凭证

二、建立新账

新办企业取得营业执照、办理完税务登记后，就应该开始进行会计核算。首先应根据企业的性质建立新账。会计账册是记录会计核算的载体，建账是会计工作得以开展的基础环节。为此，我国有关法律、法规对建账问题作出了明确规定。《会计法》规定："各单位按照国家统一的会计制度的规定设置会计科目和会计账簿"。

（一）设置会计科目

会计科目的设置是企业建账的基础，会计科目的设置应根据企业规模的大小、业务的繁简以及企业管理的要求进行设置，并按核算的详细程度分为总分类科目和明细分类科目。

根据企业的类型企业可以选择《企业会计准则》或《小企业会计准则》规定的会计科目。

（二）设置账簿

账簿是企业进行会计核算的主要工具，企业的各项经济业务都必须在会计账簿上进行连续、系统、综合的反映。

设置账簿的程序如下：

第一步，按照需用的各种账簿的格式要求，预备各种账页，并将活页的账页放在账夹中。

企业通常设置的账簿如图 1－3 所示。

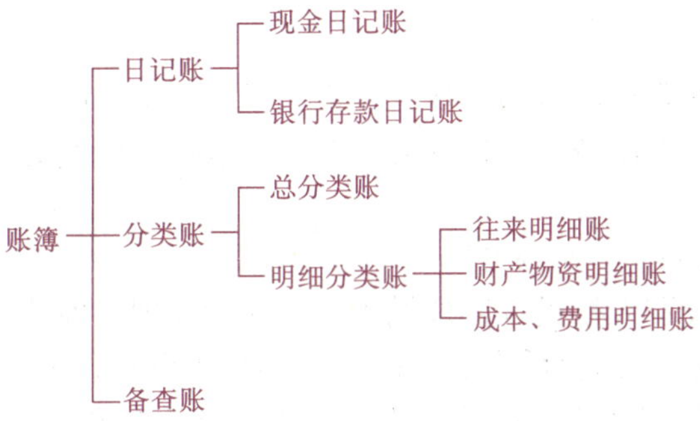

图 1－3　企业的主要账簿

第二步，在账簿的"启用表"上，写明单位名称、账簿名称、册数、编号、起止页数、启用日期以及记账人员和会计主管人员姓名，并加盖人名章和单位公章。记账人员或会计主管人员在本年度调动工作时，应注明交接日期、接办人员和监交人员姓名，并由交接双方签名或盖章，以明确经济责任。

第三步，按照会计科目表的顺序、名称，在总账账页上建立总账账户；并根据总账账户明细核算的要求，在各个所属明细账户上建立二、三级明细账户。年度开始建立各级账户的同时，应将上年账户余额结转过来。

表1-2　　　　　　　　　　　　　账簿启用表

<table>
<tr><td>单位名称</td><td colspan="9"></td><td rowspan="8">单位盖章</td></tr>
<tr><td>账簿名称</td><td colspan="9"></td></tr>
<tr><td>账簿编号</td><td colspan="9">年总　册第　册</td></tr>
<tr><td>账簿页数</td><td colspan="9">本账簿共计　页　第　页</td></tr>
<tr><td>启用日期</td><td colspan="9">年　月　日至　年　月　日</td></tr>
<tr><td rowspan="3">经管人员</td><td colspan="3">责任人</td><td colspan="3">主办会计</td><td colspan="3">记账</td></tr>
<tr><td>职别</td><td>姓名</td><td>盖章</td><td>职别</td><td>姓名</td><td>盖章</td><td>职别</td><td>性别</td><td>盖章</td></tr>
<tr><td></td><td></td><td></td><td></td><td></td><td></td><td></td><td></td><td></td></tr>
<tr><td rowspan="7">交接记录</td><td rowspan="2">职别</td><td rowspan="2">姓名</td><td colspan="4">接管</td><td colspan="4">移交</td><td rowspan="2">印花税票粘贴处</td></tr>
<tr><td>年</td><td>月</td><td>日</td><td>盖章</td><td>年</td><td>月</td><td>日</td><td>盖章</td></tr>
<tr><td></td><td></td><td></td><td></td><td></td><td></td><td></td><td></td><td></td><td></td><td rowspan="5"></td></tr>
<tr><td></td><td></td><td></td><td></td><td></td><td></td><td></td><td></td><td></td><td></td></tr>
<tr><td></td><td></td><td></td><td></td><td></td><td></td><td></td><td></td><td></td><td></td></tr>
<tr><td></td><td></td><td></td><td></td><td></td><td></td><td></td><td></td><td></td><td></td></tr>
<tr><td></td><td></td><td></td><td></td><td></td><td></td><td></td><td></td><td></td><td></td></tr>
</table>

第四步，启用订本式账簿，应从第一页起到最后一页止顺序编定号码，不得跳页、缺号；使用活页式账簿，应按账户顺序编页次号码。各账户编列号码后，应填"账户目录"，将账户名称页次登入目录内，并粘贴索引纸（账户标签），写明账户名称，以利检索。

三、筹建期间的会计业务核算

筹建期间会发生各式各样的费用，如：投资人投入资本，购买设备、建造厂房、支付筹建人员的工资、支付各种差旅费、支付办公费等。对这些费用我们都需要进行会计核算。

（一）投资人投入资本的会计核算

新成立的企业，各投资人按投资协议投入资本才能办理工商营业执照。

1. 股东出资方式：（1）以货币出资；（2）以实物出资；（3）以无形资产出资。
2. 股东以实物或无形资产出资应按投资合同或投资各方确认的价值入账。
3. 应设置的主要账户：设置"实收资本"账户。基本会计分录：

借：银行存款

　　贷：实收资本

【例1-1】　根据张全、李好、吴灵三人所签订的投资协议，公司注册资本为500万元，其中：张全以现金出资255万元，占注册资本的51%；李好以厂房一栋出资，经三方评估确认，价值为150万元，占注册资本的30%；吴灵以其持有的专利技术出资，三方评估的价值为95万元，占注册资本的19%。

（1）张全已将出资额存入指定账户，根据投资协议及银行解款书，做账务处理如下：

借：银行存款　　　　　　　　　　　　　　　2 550 000

　　贷：实收资本——张全　　　　　　　　　　　　2 550 000

（2）李好投资的厂房一栋，已经办理固定资产移交手续，根据投资协议、固定资产的移交清单和评估确认书，做账务处理如下：

借：固定资产——房屋及建筑物　　1 500 000

　　贷：实收资本——李好　　1 500 000

（3）吴灵以专利技术投资，已经办妥了专利技术转移的有关手续，根据投资协议、专利技术接收的有关文件以及评估确认书，做账务处理如下：

借：无形资产——专利技术　　950 000

　　贷：实收资本——吴灵　　950 000

（二）发生费用的会计核算

对于筹建期间发生的费用，我们需要划分清楚费用的性质。如购买固定资产的支出，属于长期投资，应在以后年度分期摊销；筹建期间支付的工资、发生的办公费用、注册登记费等属于当期费用，应列为开办费。那么，筹建期间哪些费用应列为开办费，哪些费用不列入开办费呢？

1. 开办费的具体内容。

（1）筹建人员开支的费用：①筹建人员的劳务费用；②差旅费；③董事会费和联合委员会费。

（2）企业登记、公证的费用：主要包括登记费、验资费、税务登记费、公证费等。

（3）筹措资本的费用：主要是指筹资支付的手续费以及不计入固定资产和无形资产的汇兑损益和利息等。

（4）人员培训费。

（5）企业资产的摊销、报废和毁损。

（6）业务招待费。

（7）其他费用：①筹建期间发生的办公费、广告费、交际应酬费；②印花税；③经投资人确认由企业负担的进行可行性研究所发生的费用；④其他与筹建有关的费用，例如资讯调查费、诉讼费、文件印刷费、通讯费以及庆典礼品费等支出。

2. 不列入开办费范围的支出。

（1）取得各项资产所发生的费用。包括购建固定资产和无形资产时支付的运输费、安装费、保险费和购建时发生的相关人工费用。

（2）规定应由投资各方负担的费用。如投资各方为筹建企业进行了调查、洽谈发生的差旅费、咨询费、招待费等支出。

（3）为培训职工而购建的固定资产、无形资产等支出不得列作开办费。

（4）投资方因投入资本自行筹措款项所支付的利息，不计入开办费，应由出资方自行负担。

（5）以外币现金存入银行而支付的手续费，该费用应由投资者负担。

3. 筹建期间发生费用的会计处理。

【例 1－2】 筹建期间发生有关办公费、差旅费等 1 000 元，根据有关发票、单据做如下账务处理：

借：管理费用——开办费　　1 000

贷：库存现金　　1 000

小资料：从2016年10月1日起，我国全面推行"五证合一"，"五证"指的是：营业执照、组织机构代码证、税务登记证、社会保险登记证和统计登记证。

第三节　工业企业会计的法律法规

会计的法律制度，是国家权力机关和行政机关制定的各种有关会计工作的规范性文件的总称，是调整会计关系的法律规范，既是约束财务会计行为的标准，也是对财务会计工作进行评价的依据。这里所称的"会计关系"是指会计机构和会计人员在办理会计事务过程中以及国家在管理会计工作过程中发生的经济关系。随着我国法制的不断健全，我国会计法律制度形成了以《会计法》为主体的比较完整的四个层次，即会计法律、会计行政法规、国家统一的会计制度和地方性的行政法规。

一、会计法律

会计法律，是指由全国人民代表大会及其常委会经过一定立法程序制定的有关会计工作的法律，是调整我国经济生活中会计关系中的法律总规范。

会计法律有广义和狭义之分。广义的会计法律是指国家权力机关和行政机关制定的各种有关会计工作的规范性文件的总称，包括会计法律、会计行政法规、国家统一的会计制度和地方性的行政法规。狭义的会计法律仅指国家最高权力机关通过一定的立法程序颁发施行的会计法律，即《中华人民共和国会计法》（以下简称《会计法》）。《会计法》在我国的会计规范体系中处于最高层次和核心地位，也是指导会计工作的最高法规。

《会计法》起草于1980年8月，1985年1月21日第六届全国人大常委会第九次会议通过，自1985年5月1日起施行。1993年12月29日第八届全国人大常委会第五次会议通过了《关于修改〈中华人民共和国会计法〉的决定》，国家主席江泽民发布17号主席令予以公布，自公布之日起施行，这是第一次对《会计法》作出的修改。1999年10月31日第二次对《会计法》进行修订，由中华人民共和国第九届全国人民代表大会常务委员会第十二次会议通过，于2000年7月1日起施行。

二、会计行政法规

会计行政法规是指国务院常务会议通过，由国务院总理签发的，调整经济生活中某些方面会计关系的法律规范。它的制定依据是《会计法》，如《总会计师条例》、《企业财务会计报告条例》。

三、国家统一的会计制度

国家统一的会计制度是指国务院财政部门根据《会计法》制定的关于会计核算、会计监督、会计机构和会计人员以及会计工作的管理制度。

国家统一的会计制度包括会计规章和规范性文件。

（一）会计规章

会计规章是由财政部制定，并由部门首长签署命令予以公布的制度、办法，如《财政部门实施会计监督的办法》、《会计人员从业资格管理办法》、《企业会计准则——基本准则》。

（二）会计规范性文件

会计规范性文件是由财政部制定，以财政部文件形式发布的具体准则、应用指南、会计制度等，如《会计基础工作规范》、《企业会计准则第 1 号——存货》等 41 项具体准则、《企业会计准则应用指南》、《企业会计制度》、《小企业会计准则》、《金融企业会计制度》等。

2011 年 11 月 18 日财政部发布《小企业会计准则》[财会（2011）17 号]，标志着由适应大中型企业的《企业会计准则》和适用于小企业的《小企业会计准则》共同构成了企业会计标准体系的基本完成。

《小企业会计准则》于 2013 年 1 月 1 日起施行，财政部 2004 年颁布的《小企业会计制度》同时废止。

四、地方性会计法规

地方性会计法规，是指省、自治区、直辖市的人民代表大会及其常委会在与宪法、法律和行政法规不相抵触的前提下，根据本地区情况制定、发布的会计规范性文件。作为地方性会计法规，在保持国家会计法制协调统一的前提下，通过明确各相关主体的会计责任、补充细化有关会计核算制度及相关制度，从而进一步规范会计行为，加强经济管理和财务管理，维护社会主义市场经济秩序。

企业筹建期间的税务处理

两个《准则》会计科目对比表

第二章
货币资金

恒天公司在日常经济业务中，经常涉及款项收付的问题，这些款项财务上称为“货币资金”。由于货币资金具有较强的支付能力和流动性，也是企业发展和生存的基础，因此，加强货币资金的管理和核算，是财务人员的一项重要的工作。

学习目标

- □ 掌握货币资金的概念，理解现金、银行存款管理的有关管理规定
- □ 掌握现金、银行存款的核算
- □ 理解银行转账结算方式的种类、结算程序、相关规定
- □ 掌握其他货币资金核算的内容及核算方法

货币资金，是企业的生产经营资金在循环周转过程中处于货币状态的资金。

货币资金是流动性最强的资产，可以转化为任何资产，直接反映企业的支付能力。

货币资金按存放地点和用途不同，分为现金、银行存款和其他货币资金。

提示：

1. 不能立即支付使用的资金不能视为货币资金，例如，冻结的存款。
2. 资产负债表中的“货币资金”金额为现金、银行存款和其他货币资金之和。

第一节 现金的核算

一、现金管理的规定

我国会计上所说的“现金”，是指存放在企业财务部门，由出纳人员经管的货币，包括

库存的人民币和外币。现金具有流动性大、收支频繁、普遍可接受等特点。

（一）现金的使用范围

1. 职工工资、津贴；
2. 个人劳务报酬；
3. 根据国家规定颁发给个人的科学技术、文化艺术、体育等各种奖金；
4. 各种劳保、福利费用以及国家规定的对个人的其他支出；
5. 向个人收购农副产品和其他物资的价款；
6. 出差人员必须随身携带的差旅费；
7. 结算起点以下的零星支出；
8. 中国人民银行确定需要支付现金的其他支出。

除上述情况外，其他款项的支付一律通过银行进行转账结算。

（二）现金的库存限额

现金的库存限额，是指为了保证企业日常零星开支的需要，允许企业留存的最高限额。企业现金的库存限额由开户银行核定，开户银行根据实际需要，核定企业3～5天的日常零星开支所需的库存现金作为限额；边远地区和交通不便地区企业库存现金的限额，可以多于5天，但不得超过15天的日常零星开支。库存现金限额一经核定，企业必须按规定的限额控制库存现金，超过库存限额部分必须在当天或次日上午解交银行。需要增加或减少库存现金的企业，应向开户银行提出申请，由银行核定。

（三）现金的日常收支管理

1. 开户企业现金收入应当于当日送存开户银行。不得从本单位的现金收入中直接支付，即不准“坐支现金”。因特殊情况需要坐支现金的，应当事先报经开户银行审查批准，由开户银行核定坐支范围和限额。坐支企业应当定期向开户银行报送坐支金额和使用情况。

2. 从开户银行提取现金，应当填写现金支票，并注明用途，并加盖银行预留印鉴，经开户银行审核后，予以支付现金。

3. 因采购地点不固定、交通不便、生产或者市场急需、抢险救灾以及其他特殊情况必须使用现金的，企业应当向开户银行提出申请，经开户银行审核后，予以支付现金。

4. 不准用不符合财务制度的凭证顶替库存现金，即不得“白条顶库”。

5. 不准谎报用途套取现金。

6. 不准企业之间互相借用现金；不准利用银行账户代其他单位和个人存入或支取现金。

7. 不准将单位收入的现金以个人名义存入储蓄，即不得“公款私存”；不准保留账外公款，即不得设置“小金库”等。

（四）库存现金收支的业务处理流程和涉及的主要原始凭证

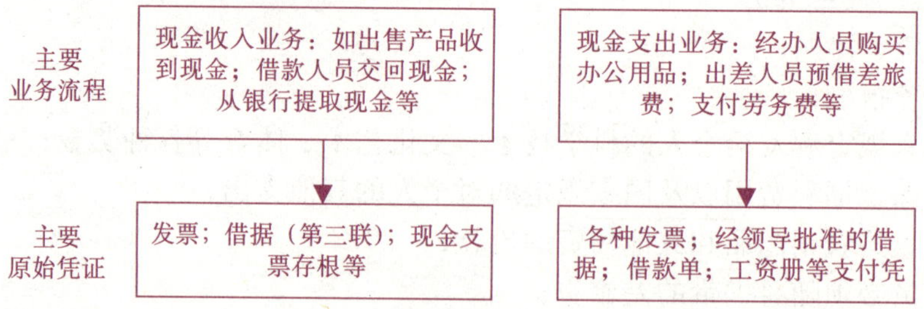

图 2－1

二、现金收付业务的核算

为了总括地反映企业库存现金的收、支和结存情况，企业一般设置“库存现金”总分类账户进行核算。该账户属于资产类账户，借方登记现金的增加，贷方登记现金的减少，余额在借方，表示期末库存的现金。

提示： 内部各部门周转使用的备用金，应在“其他应收款”账户核算。

（一）现金的总分类核算

1. 现金收入的核算。企业收入现金时，根据审核无误的原始凭证，借记“库存现金”账户，贷记有关账户。

【例 2－1】 12 月份恒天公司发生的部分现金收入业务如下：

（1）5 日，公司签发现金支票从银行提取现金 13 万元，备发工资。

财务人员根据现金支票存根（表 2－1），做记账凭证（表 2－2）。

表 2－1

中国建设银行支票存根（粤）

$\frac{EG}{02}$ 00012361

附加信息

出票日期：2017 年 12 月 5 日

收款人：	恒天公司
金　额：	￥130 000.00
用　途：	备发工资

单位主管：李力　　会计：张一

表 2－2

记 账 凭 证

2017 年 12 月 5 日　　　　记字第 8 号

摘要	会计		借方金额											贷方金额											记账
	总账科目	明细科目	亿	千	百	十	万	千	百	十	元	角	分	亿	千	百	十	万	千	百	十	元	角	分	
提取现金	库存现金					1	3	0	0	0	0	0	0												
	银行存款																1	3	0	0	0	0	0	0	
附件 × 张	合计				¥	1	3	0	0	0	0	0	0			¥	1	3	0	0	0	0	0	0	

财务主管：黄俵　　记账：张一　　出纳：苏瑞　　审核：刘伟　　制单：张一

（2）15 日，公司出售废品收入 500 元。财务人员根据收据（表 2－3），做记账凭证（表 2－4）。

表 2－3

收 据

2017 年 12 月 15 日　　　　No. 0011

交款单位 大地废品收购站　　收款方式 现金

人民币（大写）伍佰元整　　¥ 500.00

收款事由 出售废品收入

恒天公司 财务专用章

核准：高杏　　会计：张一　　记账：张一　　出纳：苏瑞　　经手人：王洋

表 2－4

记 账 凭 证

2017 年 12 月 15 日　　　　记字第 25 号

摘要	会计		借方金额											贷方金额											记账
	总账科目	明细科目	亿	千	百	十	万	千	百	十	元	角	分	亿	千	百	十	万	千	百	十	元	角	分	
出售废品	库存现金								5	0	0	0	0												
	其他业务收入																			5	0	0	0	0	
附件 × 张	合计							¥	5	0	0	0	0						¥	5	0	0	0	0	

财务主管：黄俵　　记账：张一　　出纳：苏瑞　　审核：刘伟　　制单：张一

（3）23 日，职工李红出差回来报销差旅费 4 000 元，交回现金 1 000 元。财务人员根据差旅费报销单（表 2－5）、借据（或收据，略），做记账凭证（表 2－6）。

2. 现金支出的核算。在允许的范围内支付现金时，应根据审核无误的原始凭证，借记有关账户，贷记“库存现金”账户。

【例 2－2】 12 月份恒天公司发生的部分现金支出业务如下：

（1）5 日，公司以现金 190 元支付违规罚款。财务人员根据现金支出凭证（表 2－7）和有关单位发票（略），做记账凭证（表 2－8）。

表 2－5

旅差费报销单

填报日期：2017 年 12 月 23 日

姓名	李红	出差地点	上海	出差日期	自 2017 年 12 月 18 日 至 2017 年 12 月 22 日
事由	公差				

日期			起讫地点		车船费		在途补助			住勤补助			杂费	备注
年	月	日	起	讫	类别	金额	行程时间	标准	金额	日数	标准	金额		
2017	12	18	广州	上海	飞机	1200 00	小时			4	150	600 00	900 00	
	12	22	上海	广州	飞机	1200 00	小时							
					出租	80 00	小时							
					公交	20 00	小时							
以上单据共 9 张 总计金额人民币（大写） 零 万 肆 仟 零 佰 零 拾 零 元 零 角 零 分														
预支旅费人民币 5 000 元，现将人民币 1 000 元缴回。														

会计主管：黄依　　审核：杨华　　出纳：苏瑞　　填报人：李红

表 2－6

记 账 凭 证

2017 年 12 月 23 日　　记字第 36 号

摘要	总账科目	明细科目	借方金额（亿千百十万千百十元角分）	贷方金额（亿千百十万千百十元角分）	记账
报销差旅费	库存现金		100000		
	管理费用	差旅费	400000		
	其他应收款	李红		500000	
附件 × 张	合计		¥500000	¥500000	

财务主管：黄依　　记账：张一　　出纳：苏瑞　　审核：刘伟　　制单：张一

表 2－7

现 金 支 出 凭 单

第 10 号

附件 1 张　　2017 年 12 月 5 日

对方科目编号	

用款事项：支付罚款

人民币（大写）壹佰玖拾元整　　现金收讫　　¥ 190.00

收款人（签章）肖晓　　主管人员（签章）蔡咏　　出纳员 付讫 苏瑞（签章）

表 2－8

记 账 凭 证

2017 年 12 月 5 日　　　　记字第 9 号

摘要	会计		借方金额											贷方金额											记账
	总账科目	明细科目	亿	千	百	十	万	千	百	十	元	角	分	亿	千	百	十	万	千	百	十	元	角	分	
支付罚款	营业外支出	罚款支出							1	9	0	0	0												
	库存现金																			1	9	0	0	0	
附件 × 张	合计							¥	1	9	0	0	0						¥	1	9	0	0	0	

财务主管：黄依　　记账：张一　　出纳：苏瑞　　审核：刘伟　　制单：张一

（2）6 日，公司以现金 13 万元支付职工工资。财务人员根据工资发放表（略），做记账凭证（表 2－9）。

表 2－9

记 账 凭 证

2017 年 12 月 6 日　　　　记字第 12 号

摘要	会计		借方金额											贷方金额											记账
	总账科目	明细科目	亿	千	百	十	万	千	百	十	元	角	分	亿	千	百	十	万	千	百	十	元	角	分	
支付工资	应付职工薪酬	职工工资				1	3	0	0	0	0	0	0												
	库存现金																1	3	0	0	0	0	0	0	
附件 × 张	合计				¥	1	3	0	0	0	0	0	0			¥	1	3	0	0	0	0	0	0	

财务主管：黄依　　记账：张一　　出纳：苏瑞　　审核：刘伟　　制单：张一

（3）17 日，职工李红出差预借差旅费 5 000 元，以现金付讫。财务人员根据借款单（表 2－10），做记账凭证（表 2－11）。

表 2－10

借 款 单

2017 年 12 月 17 日

部门名称	办公室	归还日期							
借款用途	出差								
借款金额（大写）	伍仟元整　现金付讫	万	千	百	十	元	角	分	
		¥	5	0	0	0	0	0	
领导批示意见	同意。方敏 2017.12.17	借款人	李红						

表 2－11

记 账 凭 证

2017 年 12 月 17 日　　　　记字第 28 号

摘要	会计		借方金额											贷方金额											记账
	总账科目	明细科目	亿	千	百	十	万	千	百	十	元	角	分	亿	千	百	十	万	千	百	十	元	角	分	
预借差旅费	其他应收款	李红						5	0	0	0	0	0												
	库存现金																		5	0	0	0	0	0	
附件 × 张	合计						¥	5	0	0	0	0	0					¥	5	0	0	0	0	0	

财务主管：黄依　　记账：张一　　出纳：苏瑞　　审核：刘伟　　制单：张一

（二）现金的明细分类核算

为了反映企业库存现金的收支和结存情况，企业应设置“现金日记账”，所发生的现金收付业务必须通过出纳人员，由出纳人员根据审核后的原始凭证、现金收款凭证和从银行提现的银行付款凭证，按业务发生的顺序，逐日逐笔序时登记。每日终了，应计算当日现金收入、支出合计数和结余数，并将结余数与实际库存数核对，做到日清月结，保证账款相符。如果发现账款不符，应及时查明原因，进行处理。月份终了，“现金日记账”应与“库存现金”总账核对，做到账款相符、账账相符。有外币现金的企业，应当分别按人民币和各种外币设置“现金日记账”进行明细核算。

“现金日记账”必须是订本账，一般采用三栏式。借方栏根据现金收款凭证以及从银行提现的银行付款凭证登记，贷方栏根据现金付款凭证登记。

想一想：

从银行提取现金或将现金存入银行应编制什么凭证？如何登记现金日记账？

三、现金的清查

库存现金的清查，是通过对库存现金的实地盘点并与现金账户进行核对来检查账实是否相符，保护现金的安全完整。现金清查是现金管理的一项重要工作。库存现金的清查包括出纳员对现金的日常核对清点和清点组定期或不定期的现金清查。

如果发现账面金额与实际金额不符，应通过“待处理财产损溢——待处理流动资产损溢”账户加以反映。如为现金短缺，经批准后，查明属于应由责任人赔偿的部分，借记“其他应收款”或“库存现金”等账户，按实际短缺的金额扣除应由责任人赔偿部分的金额，借记“管理费用”账户，贷记“待处理财产损溢”账户；如为现金溢余，经批准后，借记“待处理财产损溢——待处理流动资产损溢”账户，查明应支付给有关人员或单位的，贷记“其他应付款”账户，无法查明原因的，贷记“营业外收入”账户。

【例 2－3】 恒天公司进行现金清查发现现金盘盈 110 元。核查后原因不明，经批准作营业外收入。财务人员根据库存现金盘点报告表（表 2－12），编制记账凭证。

表 2-12

库存现金盘点报告表

2017 年 10 月 31 日

实存金额	账存金额	对比结果		备注
		溢 余	短 缺	
¥3 610.00	¥3 500.00	¥110.00		

负责人签章：黄静　　盘点人签章：刘伟　　出纳员签章：苏瑞

（1）批准前编制记账凭证见表 2-13。

表 2-13

记 账 凭 证

2017 年 10 月 31 日　　记字第 50 号

摘要	会计		借方金额											贷方金额											记账
	总账科目	明细科目	亿	千	百	十	万	千	百	十	元	角	分	亿	千	百	十	万	千	百	十	元	角	分	
现金溢余	库存现金								1	1	0	0	0												
	待处理财产损溢	待处理流动资产损溢																		1	1	0	0	0	
附件 × 张	合计							¥	1	1	0	0	0						¥	1	1	0	0	0	

财务主管：黄依　记账：张一　出纳：苏瑞　审核：刘伟　制单：张一

（2）批准后编制记账凭证见表 2-14。

表 2-14

记 账 凭 证

2017 年 10 月 31 日　　记字第 51 号

摘要	会计		借方金额											贷方金额											记账
	总账科目	明细科目	亿	千	百	十	万	千	百	十	元	角	分	亿	千	百	十	万	千	百	十	元	角	分	
结转溢余	待处理财产损溢	待处理流动资产损溢							1	1	0	0	0												
	营业外收入	盘盈收入																		1	1	0	0	0	
附件 × 张	合计							¥	1	1	0	0	0						¥	1	1	0	0	0	

财务主管：黄依　记账：张一　出纳：苏瑞　审核：刘伟　制单：张一

【例 2-4】 恒天公司进行现金清查发现现金盘亏 300 元。核查后，应由出纳人员赔偿 80 元。财务人员根据库存现金盘点报告表（略）编制记账凭证。

（1）批准前编制记账凭证如表 2-15 所示。

表 2-15

记 账 凭 证

2017 年 11 月 30 日　　记字第 56 号

摘要	会计		借方金额											贷方金额											记账
	总账科目	明细科目	亿	千	百	十	万	千	百	十	元	角	分	亿	千	百	十	万	千	百	十	元	角	分	
现金短缺	待处理财产损溢	待处理流动资产损溢							3	0	0	0	0												
	库存现金																			3	0	0	0	0	
附件 × 张	合计							¥	3	0	0	0	0						¥	3	0	0	0	0	

财务主管：黄依　记账：张一　出纳：苏瑞　审核：刘伟　制单：张一

（2）批准后编制记账凭证如表 2－16 所示。

表 2－16

记 账 凭 证

2017 年 11 月 30 日 记字第 57 号

摘要	会计		借方金额											贷方金额											记账
	总账科目	明细科目	亿	千	百	十	万	千	百	十	元	角	分	亿	千	百	十	万	千	百	十	元	角	分	
结转盘亏	其他应收款	苏瑞								8	0	0	0												
	管理费用	现金短缺							2	2	0	0	0												
	待处理财产损溢	待处理流动资产损溢																		3	0	0	0	0	
附件 × 张	合计							¥	3	0	0	0	0						¥	3	0	0	0	0	

财务主管：黄依　　记账：张一　　出纳：苏瑞　　审核：刘伟　　制单：张一

第二节　银行存款的核算

银行存款，是企业存放在银行或其他金融机构的货币资金。

一、银行存款管理的规定

（一）企业银行存款账户的开设

《银行账户管理办法》将企事业单位的存款账户分为四类，即基本存款账户、一般存款账户、临时存款账户和专用存款账户（见图 2－2）。

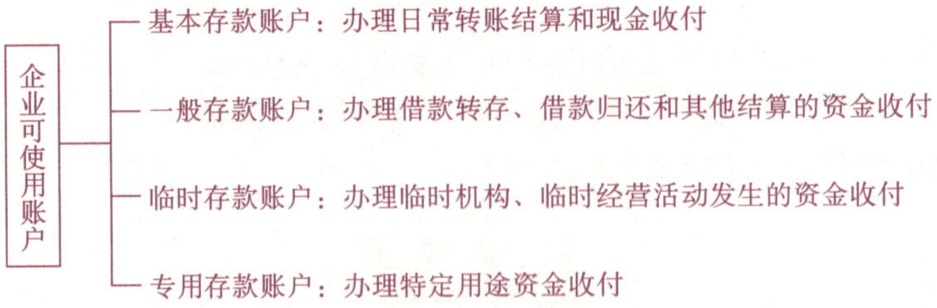

图 2－2　企业存款账户分类

1. 基本存款账户。基本存款账户是企业办理日常转账结算和现金收付的账户。企业的工资、奖金等现金的支取，只能通过该账户办理，是实行独立经济核算的企业在银行开立的主要账户。每一个企业只能开立一个基本存款账户。

基本存款账户开户企业应向开户银行出具下列证明文件之一：
（1）当地工商行政管理机关核发的企业法人执照或营业执照正本；
（2）中央或地方编制委员会、人事、民政等部门的批文；
（3）承包双方签订的承包协议等。

2. 一般存款账户。一般存款账户是企业在开立基本存款账户以外的银行营业机构开立的银行结算账户，用于办理借款转存、借款归还和其他结算的资金收付。该账户可办理转账结算和现金缴存，但不能办理现金支取。

一般存款账户开户企业应向开户银行出具下列证明文件之一：
（1）借款合同或借款借据；
（2）基本存款账户的存款人同意其附属非独立核算单位开户的证明。

3. 临时存款账户。临时存款账户是企业因临时经营活动需要开立的账户。企业可以通过该账户办理转账结算和根据国家现金管理的规定办理现金收付。

临时存款账户开户企业应向开户银行出具下列证明文件之一：
（1）当地工商行政管理机关核发的临时执照；
（2）当地有关部门同意设立外来临时机构的批件。

4. 专用存款账户。专用存款账户是企业因特定用途需要开立的账户。

专用存款账户开户企业应向开户银行出具下列证明文件之一：
（1）经有关部门批准立项的文件；
（2）国家有关文件的规定。

（二）银行的结算纪律

1. 企业应按照国家《支付结算办法》的规定，在银行开立账户，办理存款、取款和转账结算。

2. 企业一般只能在一家银行的一个营业机构开立一个基本存款账户；不得在同一银行的几个分支机构开立一般存款账户。

3. 不准签发没有资金保证的票据或远期支票，套取银行信用。

4. 不准签发、取得和转让没有真实交易和债权债务的票据，套取银行和他人资金。

5. 不准无理拒绝付款，任意占用他人资金。

6. 不准违反规定开立和使用银行账户。

二、银行结算方式

银行结算方式包括银行汇票、商业汇票、银行本票、支票、汇兑、委托收款、托收承付、信用卡等（见图 2－3）。

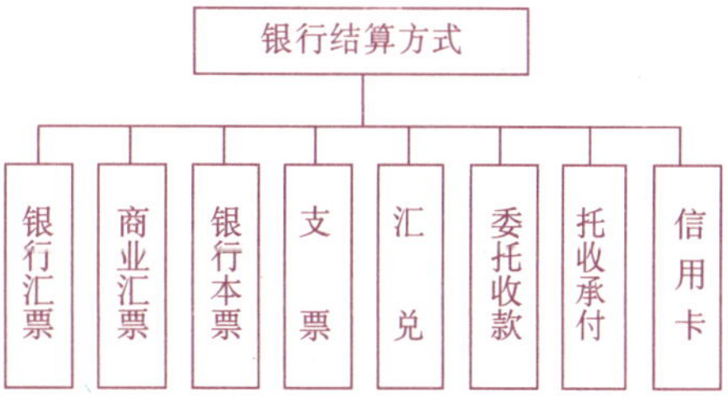

图 2－3　银行结算方式

（一）银行汇票

银行汇票是指由出票银行签发的，由其在见票时按照实际结算金额无条件付给收款人或持票人的票据。银行汇票的出票银行为银行汇票的付款人。银行汇票结算流程见图2－4。

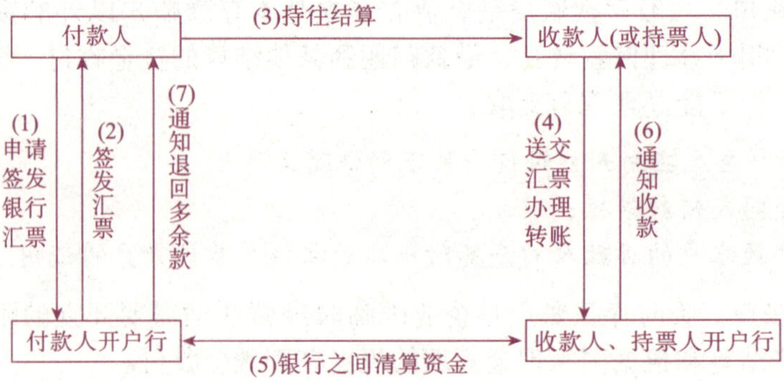

图2－4　银行汇票结算流程

申请银行汇票时，企业需提交一式三联的“银行汇票申请书”。银行审核后交回第二联银行汇票、第三联解讫通知、银行汇票申请书存根、手续费收费单。企业用银行汇票进行采购后，根据发票等原始凭证编制记账凭证。待收到银行转来的银行汇票第四联（多余款项收款通知）后，根据列明的“多余金额”编制记账凭证。手续费记入“财务费用”。

银行汇票可以转账，填明“现金”字样的银行汇票也可以用于支取现金；银行汇票的提示付款期限自出票日起一个月；持票人超过付款期限提示付款的，代理付款人（银行）不予受理；允许背书转让；同城和异地均可使用。

（二）银行本票

银行本票是银行签发的，承诺自己在见票时无条件支付确定的金额给收款人或者持票人的票据。银行本票的出票人为银行。银行本票结算流程见图2－5。

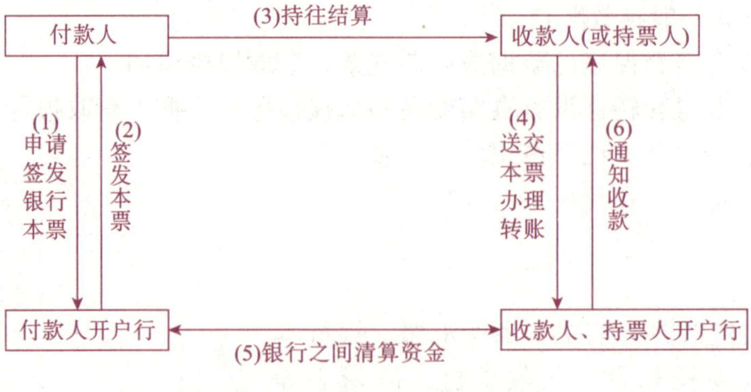

图2－5　银行本票结算流程

申请银行本票时，企业需提交一式三联的“银行本票申请书”。如申请人在签发银行开立账户的，应在“银行本票申请书”第二联上加盖预留银行印鉴。银行办妥票款和手续费收取手续后，即签发银行本票，将本票第一联连同“银行本票申请书”存根联一并交给申请人。手续费记入“财务费用”。

银行本票可以用于转账，注明“现金”字样的银行本票可以用于支取现金。银行本票提示付款期限自出票日起最长不得超过两个月。

银行本票在同城范围内使用，允许背书转让。

（三）商业汇票

商业汇票是出票人签发的，委托付款人在指定日期无条件支付确定金额给收款人或者持票人的票据。出票人为交易中的收款人或付款人。

商业汇票按承兑人的不同，分为商业承兑汇票和银行承兑汇票。

1. 商业承兑汇票。商业承兑汇票由收款人签发、付款人承兑，或由付款人签发并承兑的票据（见图2－6）。

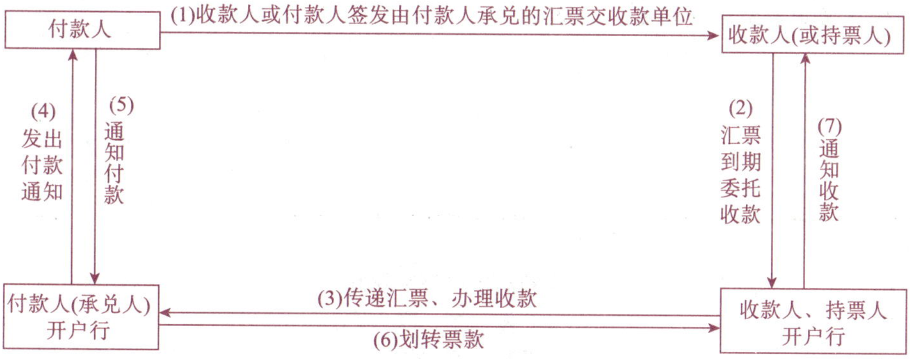

图2－6 商业承兑汇票结算流程

2. 银行承兑汇票。银行承兑汇票是由在承兑银行开立账户的存款人（承兑申请人）签发，并由承兑申请人向开户银行申请，经银行审查同意承兑的票据。手续费记入“财务费用”（见图2－7）。

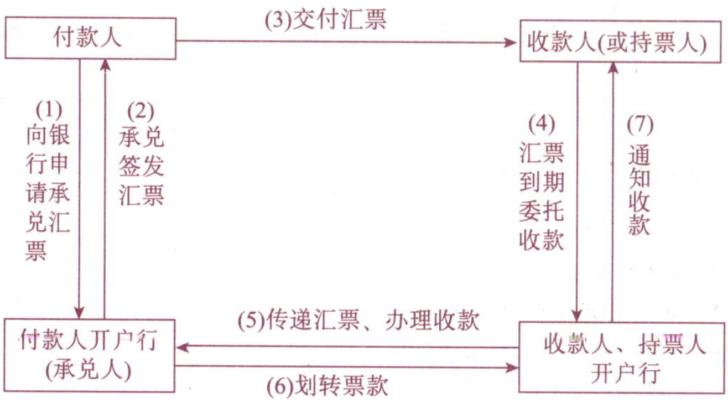

图2－7 银行承兑汇票结算流程

商业汇票的付款期限由双方商定，最长不得超过6个月。提示付款期限自票汇到期日起10日内。在银行开立存款户的法人以及其他组织之间具有真实的交易关系或债权债务关系，才能使用商业汇票。

商业汇票在同城、异地均可使用，允许背书转让，也可申请贴现。

【例 2-5】 8 月 2 日，恒天公司开出一张面值为 58 500 元、期限为 3 个月的不带息商业承兑汇票，向江门美迪公司购买涤纶布 250 匹，单价每匹 200 元。财务人员根据开出的商业承兑汇票及取得的增值税专用发票，编制记账凭证（见表 2-17 至表 2-19）。

表 2-17　　商业承兑汇票（存根）　　3　No 10005231

出票日期（大写）：贰零壹柒年捌月零贰日　　第 20 号

付款人	全称	恒天公司			收款人	全称	江门美迪公司		
	账号	0012-015-2				账号	0019-127-31		
	开户银行	建行越秀支行	行号	0315		开户银行	建行阜成路支行	行号	0561
出票金额	人民币（大写）伍万捌仟伍佰元整						千 百 十 万 千 百 十 元 角 分		¥ 5 8 5 0 0 0 0
汇票到期日	贰零壹柒年壹拾壹月零贰日				交易合同号码	1070253020905			
备注：					中国建设银行 广州越秀支行 ★ 2017.11.2 ★ 票据受理专用章				

此联承兑人留存

表 2-18　　广东增值税专用发票　　No 0202481787

发票联

开票日期：2017 年 11 月 2 日

购货单位	名称：恒天公司				密码区	（略）	
	纳税人识别号：440108680988322						
	地址、电话：广州市中山路 10 号 020-81572361						
	开户行及账号：建行越秀支行 0012-015-2						
货物或应税劳务名称	规格型号	单位	数量	单价	金额	税率	税额
涤纶布	/	匹	250	200	50 000	17%	8 500
合　计					¥50 000	17%	¥8 500
价税合计（大写）	⊗伍万捌仟伍佰元整					（小写）¥58 500.00	
销货单位	名称：江门美迪公司				备注	江门美迪公司 发票专用章 490286715577061	
	纳税人识别号：490286715577061						
	地址、电话：江门市建设路 9 号 075588075212						
	开户行及账号：建行阜成路支行 0019-127-31						

收款人：张岑　　复核：凌燕　　开票人：伍恺　　销货单位（章）

第二联：发票联　购货方记账凭证

表 2－19

记 账 凭 证

2017 年 11 月 2 日　　　　记字第 3 号

摘要	会计		借方金额											贷方金额											记账
	总账科目	明细科目	亿	千	百	十	万	千	百	十	元	角	分	亿	千	百	十	万	千	百	十	元	角	分	
购买材料	在途物资	涤纶布					5	0	0	0	0	0	0												
	应交税费	应交增值税（进项税额）						8	5	0	0	0	0												
	应付票据	江门美迪公司																5	8	5	0	0	0	0	
附件 × 张	合计					¥	5	8	5	0	0	0	0				¥	5	8	5	0	0	0	0	

财务主管：黄依　　记账：张一　　出纳：苏瑞　　审核：刘伟　　制单：张一

想一想：

商业承兑汇票和银行承兑汇票有何不同？

（四）支票

支票是出票人签发的，委托银行在见票时无条件支付确定的金额给收款人或持票人的票据。支票结算流程见图 2－8。

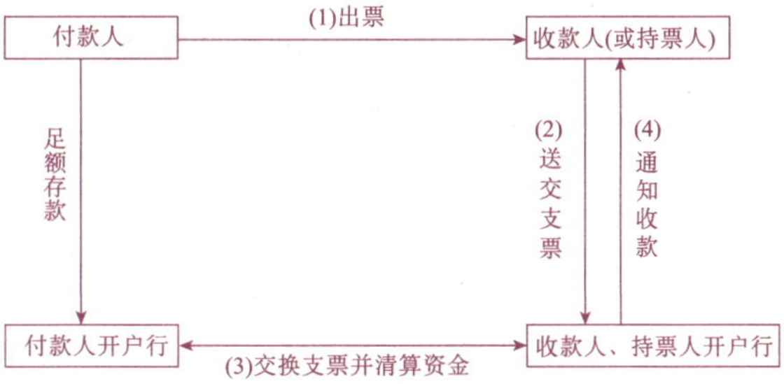

图 2－8　支票结算流程

我国《票据法》按照支付票款方式的不同，将支票分为现金支票、转账支票和普通支票。

现金支票：支票上印有“现金”字样，只能用于支取现金。

转账支票：支票上印有“转账”字样，只能用于转账。

普通支票：支票上没有“现金”或“转账”字样，可以支取现金，也可以用于转账。

划线支票：在普通支票左上角划两条平行线的，为划线支票，只能用于转账，不能支取现金。

我国各大银行的支票样式虽然不统一，但格式及内容基本相同。

支票可以全国通用，在异地使用支票支取上限为 50 万元，同时在票面右下方必须记载 12 位银行机构代码。支票一律采用记名方式，并可背书转让。支票的提示付款期限自出票日起 10 天，银行不受理超过提示付款期限付款的支票。

企业领购支票必须填写“支票领购单”和“购买凭证收费单”，并在第二联加盖预留银行印章，交纳支票工本费和手续费。

（五）汇兑

汇兑是汇款人委托银行将其款项支付给收款人的结算方式。汇兑结算流程见图 2－9。

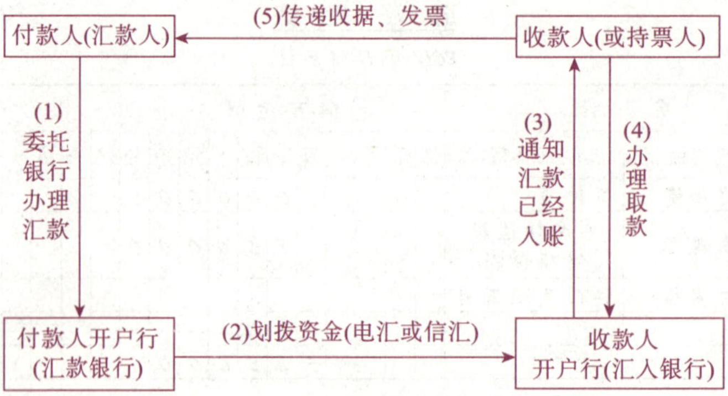

图 2-9　汇兑结算流程

汇兑分为信汇、电汇两种，由汇款人根据需要选择使用。信汇是指信汇人委托银行通过邮寄方式将款项划给收款人，目前已经很少使用。电汇是指信汇人委托银行通过电报将款项划给收款人。适用于异地结算。

企业需要办理汇兑时，出纳人员根据审核好的意见书，填写银行印制的汇兑凭证并签章。银行受理审核汇兑凭证后，收妥汇出款项及手续费，盖章退回第一联。手续费记入“财务费用”。

【例 2-6】 恒天公司采用汇兑结算方式采购西服用辅助材料 800 套，每套 20 元，计价款 16 000 元，增值税进项税额为 2 720 元。公司已办妥委托银行付款手续，材料尚未验收入库。支付手续费 5 元。财务人员根据取得的增值税专用发票、银行信汇凭证及手续费收费单（略），做记账凭证（见表 2-20 至表 2-22）。

表 2-20　　广东增值税专用发票　　No 0202481787

发票联

（印章：全国统一发票监制章　广东　国家税务总局监制）

开票日期：2017 年 11 月 3 日

购货单位	名称：恒天公司 纳税人识别号：440108680988322 地址、电话：广州市中山路 10 号 020-81572361 开户行及账号：建行越秀支行 0012-015-2				密码区	（略）	
货物或应税劳务名称	规格型号	单位	数量	单价	金额	税率	税额
西服辅助材料	/	套	800	20	16 000	17%	2 720
合计					¥16 000	17%	¥2 720
价税合计（大写）	⊗壹万捌仟柒佰贰拾元整				（小写）¥ 18 720.00		
销货单位	名称：佛山凯瑞公司 纳税人识别号：480086712572398 地址、电话：佛山解放中路 16 号 075738075263 开户行及账号：建行解放支行 0015-331-09				备注	（印章：佛山凯瑞公司　发票专用章　480086712572398）	

第二联：发票联　购货方记账凭证

收款人：刘一　　复核：李玥　　开票人：王卫　　销货单位（章）

表 2－21　　**1**　　中国建设银行信汇凭证（回单）　　No. 000123

委托日期 2017 年 11 月 3 日

汇款人	全　称	恒天公司			收款人	全　称	佛山凯瑞公司	
	账号或地址	0012－015－2				账号或住址	0015－331－09	
	汇出地点	广东省广州市/县	汇出行名称	建行越秀支行		汇入地点	广东省佛山市/县	汇入行名称 建行解放支行

金额	人民币（大写）⊗壹万捌仟柒佰贰拾元整	千	百	十	万	千	百	十	元	角	分
				¥	1	8	7	2	0	0	0

汇款用途：采购	汇出行盖章（中国建设银行 广州越秀支行 2017.11.3 票据受理专用章） 年　月　日
上列款项已根据委托办理，如需查询，请持此回单来行面洽。	
单位主管　　会计　　复核　　记账	

此联汇出行给汇款人的回单不作提货或取款的依据

表 2－22　　记 账 凭 证

2017 年 11 月 3 日　　记字第 5 号

摘要	总账科目	明细科目	借方亿	借方千	借方百	借方十	借方万	借方千	借方百	借方十	借方元	借方角	借方分	贷方亿	贷方千	贷方百	贷方十	贷方万	贷方千	贷方百	贷方十	贷方元	贷方角	贷方分	记账
购买材料	在途物资	辅助材料					1	6	0	0	0	0	0												
	应交税费	应交增值税（进项税额）						2	7	2	0	0	0												
	财务费用	手续费									5	0	0												
	银行存款																	1	8	7	2	5	0	0	
附件 × 张	合计					¥	1	8	7	2	5	0	0				¥	1	8	7	2	5	0	0	

财务主管：黄依　　记账：张一　　出纳：苏瑞　　审核：刘伟　　制单：张一

（六）委托收款

委托收款是收款人委托银行向付款人收取款项的结算方式。委托收款结算流程见图 2－10。

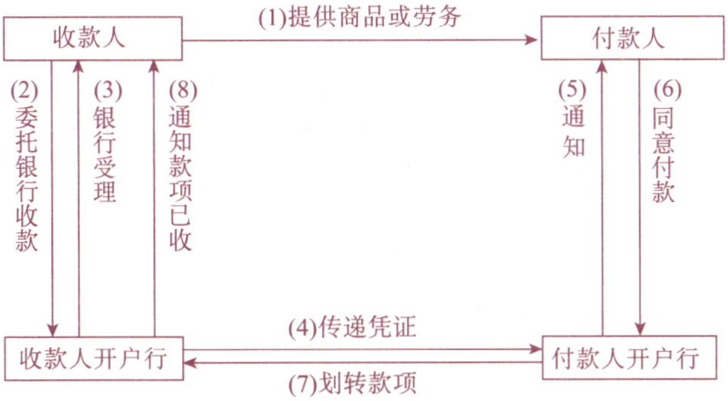

图 2－10　委托收款结算流程

委托收款在同城、异地均可以使用，且不受金额起点的限制。

企业委托收款时，由出纳员填制一式五联的“委托收款凭证”，在第二联上签章后，将委托收款凭证和有关的债务证明提交给开户银行。开户行审查无误后，办理托收手续，将委托收款第一联加盖业务章后交回委托单位，同时收取手续费和邮电费。邮电费和手续费记入“财务费用”。

【例 2－7】 恒天公司销售给南京中原百货公司男休闲装 60 套，每套 120 元，计价款 7 200元，销项税额为 1 224 元。公司已办妥委托收款手续（手续费略）。财务人员根据已取得的增值税专用发票（略）、委托收款凭证（表 2－23），编制记账凭证，见表 2－24。

表 2－23

委邮　　**委托收款凭证（回　单）**　　1　　委托号码：

委托日期 2017 年 11 月 3 日　　第　　号

付款人	全　称	南京中原百货公司	收款人	全　称	恒天公司
	账号或住址	2225－1381－08		账号或住址	0012－015－2
	开户银行	建行丽江支行		开户银行	建行越秀支行　行　号

委收金额	人民币（大写）	捌仟肆佰贰拾肆元整	千	百	十	万	千	百	十	元	角	分
						¥	8	4	2	4	0	0

款项内容	销货款	委托收款凭据名称	发票	附寄单证张数	
付款人开户行邮政编码		收款人开户行邮政编码			
备注：		款项收妥日期 年　月　日		中国建设银行 广州越秀支行 ★ 2017. 11. 3 ★ 票据受理专用章 收款人开户银行盖章　月　日	

此联收款人开户银行给收款人的回单

单位主管　　会计　　复核　　记账

表 2－24

记　账　凭　证

2017 年 11 月 3 日　　记字第 6 号

摘　要	会计		借方金额											贷方金额											记账
	总账科目	明细科目	亿	千	百	十	万	千	百	十	元	角	分	亿	千	百	十	万	千	百	十	元	角	分	
销售服装	应收账款	南京中原百货						8	4	2	4	0	0												
	主营业务收入																		7	2	0	0	0	0	
	应交税费	应交增值税（销项税额）																	1	2	2	4	0	0	
附件 ×张	合　计						¥	8	4	2	4	0	0					¥	8	4	2	4	0	0	

财务主管：黄依　　记账：张一　　出纳：苏瑞　　审核：刘伟　　制单：张一

（七）托收承付

托收承付是指根据购销合同由收款人发货后委托银行向异地付款人收取款项，由付款人向银行承认付款的结算方式。托收承付结算流程见图 2－11。

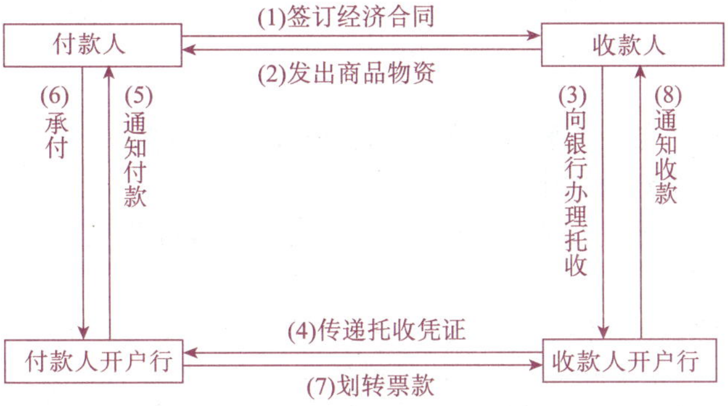

图 2－11　托收承付结算流程

办理托收承付结算的款项，必须是商品交易以及因商品交易而产生的劳务供应的款项。代销、寄销、赊销商品的款项不得办理托收承付结算。收款人办理托收，必须具有商品确已发运的证明及其他有效证明。托收承付结算每笔的金额起点为 1 万元，新华书店系统为 1 000元。

1. 托收。收款人按照签订的购销合同发货后，委托银行办理托收。

2. 承付。付款人开户银行收到托收凭证及其附件后，应及时向付款人发出付款通知。付款人应在承付期内审查核对，安排资金。承付货款分为验单付款和验货付款两种。

验单付款：承付期为 3 天，从银行发出承付通知的次日算起（承付期内遇法定休假日顺延）。

验货付款：承付期为 10 天，从运输部门向付款人发出提货通知的次日算起。

3. 逾期付款。付款人在承付期满日银行营业终了时，如无足够资金支付，其不足部分即为逾期未付款项，按逾期付款处理。

4. 拒绝付款。由于种种原因，付款人提出合理的拒绝付款理由时，必须填写“拒绝付款理由书”并签章。拒绝付款包括部分拒绝和全部拒绝。

【例 2－8】 恒天公司销售给汉江平原时装公司女休闲装 120 套，每套 100 元，计价款 12 000 元，销项税额为 2 040 元。公司已办妥银行托收手续。具体账务处理如下：

（1）恒天公司：

- 办妥托收手续时：

借：应收账款——汉江平原时装公司	14 040	
贷：主营业务收入		12 000
应交税费——应交增值税（销项税额）		2 040

- 收到入账通知时：

借：银行存款	14 040	
贷：应收账款——汉江平原时装公司		14 040

（2）汉江平原时装公司（货未收）：

- 开户行通知付款时：

借：在途物资　　12 000

　　应交税费——应交增值税（进项税额）　　2 040

　　贷：银行存款　　14 040

（八）信用卡

信用卡是指商业银行向个人和单位发行的，凭以向特约单位购物、消费和向银行存取现金，且具有消费信用的特制载体卡片。

信用卡按照使用对象分为单位卡和个人卡；按信誉等级不同分为黑金卡、白金卡、金卡、银卡和普通卡等。

我国相关法律规定：单位卡账户的资金一律从其基本存款账户转账存入，不得交存现金，也不得支取现金；不得用于10万元以上的商品交易、劳务供应款项的结算，不得将销售收入的款项存入其账户。严禁将单位的款项存入个人卡账户。信用卡结算流程见图2－12。

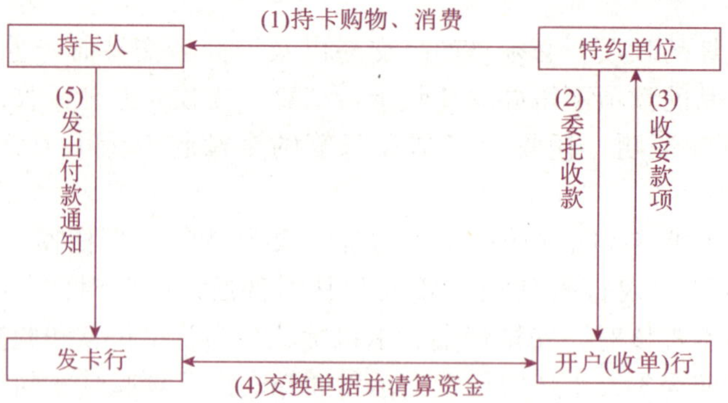

图2－12　信用卡结算流程

信用卡在规定的限额和期限内允许善意透支。

以上所叙述的八种结算方式相互对比情况如表2－25所示。

表2－25　八种结算方式对比表

结算方式	使用者	使用范围	付款期限	相关规定
1. 银行汇票	单位、个人	同城、异地	1个月	按实际金额付款，可背书，可转账也可支现。
2. 商业汇票	单位	同城、异地	一般不超过6个月	分为商业承兑汇票和银行承兑汇票，须具有真实的交易关系或债权债务关系才能使用。提示付款期10天。
3. 银行本票	单位、个人	同城	2个月	可背书，单位不予签发现金本票。
4. 支票	单位、个人	同城、异地	出票后10天	转账支票只能转账，不能签发空头支票。
5. 汇兑	单位、个人	异地		信汇和电汇。
6. 委托收款	单位、个人	同城、异地	3日内通知	邮寄或电报，不受金额限制。
7. 托收承付	单位	异地	3日或10日承付	起点单位金额1万元，新华书店1 000元。
8. 信用卡	单位、个人	同城、异地		单位卡不得存取现金。

三、银行存款收付业务的核算

（一）银行存款收付的主要业务流程及涉及的主要原始凭证

我们以银行汇票为例，说明银行存款收付业务的主要流程及涉及的主要原始凭证，见图2－13。

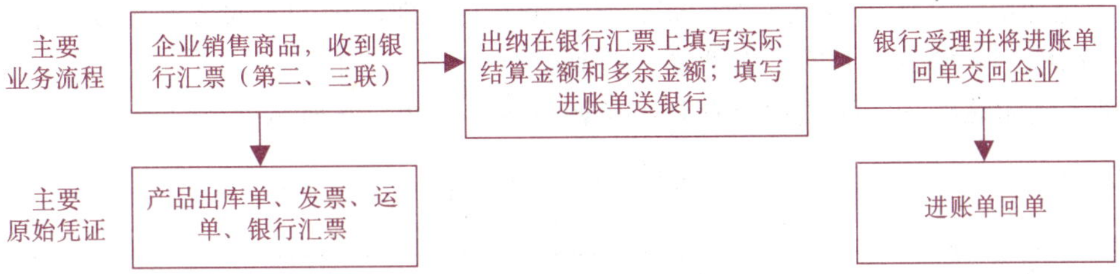

图2－13　银行存款收付业务主要流程及凭证

（二）银行存款的总分类核算

企业在生产经营中发生的银行存款的收付业务，总的来说分为两类：一类是企业将现金存入银行或从银行提取现金；另一类是企业通过银行转账结算收付银行存款。为了总括反映银行存款的收付及其结存情况，企业应设置“银行存款”账户。该账户属于资产类账户，借方登记银行存款的增加，贷方登记银行存款的减少，余额在借方，表示期末银行存款的结余数。

（三）银行存款明细分类账核算

为了全面、系统、连续、详细地反映银行存款的收支情况，企业应设置“银行存款日记账”，由出纳人员根据银行收付款凭证及现金付款凭证，并按经济业务发生的先后顺序逐笔登记。每日终了，应结出余额。

银行存款日记账必须是订本账，一般采用三栏式。借方栏根据银行存款收款凭证及现金付款凭证登记，贷方栏根据银行存款付款凭证登记。

四、银行存款的清查

企业应定期将银行存款日记账的记录与银行送来的对账单进行核对。企业银行存款日记账与银行送来的对账单在核对时可能会不一致，其原因有两个：一是企业和银行某一方发生的记账错误；二是存在未达账项。未达账项产生的原因一般有以下几种：

1. 企业已经收款入账，银行尚未收到入账的款项；
2. 企业已经付款入账，银行尚未付出入账的款项；
3. 银行已经收款入账，企业尚未收到入账的款项；
4. 银行已经付款入账，企业尚未付出入账的款项。

对记账错误造成双方记录不符的，应查明原因进行更正，并进行正确的账务处理；对未达账项造成的双方记录不符，应逐笔核对，一般是通过编制银行存款余额调节表来调整。

【例2－9】 12月31日恒天公司银行存款日记账的余额为32 250元，银行对账单的余额为33 832元，经逐笔核对，查明有下列未达账项：

（1）企业于月末送存银行的185号转账支票1 768元，银行尚未入账；

（2）企业开出的222号转账支票478元，持票人尚未送存银行；

（3）向购货单位收取的销货款3 955元，银行已收妥入账，企业未收到银行收账通知，尚未入账；

（4）企业应付某单位承兑汇票一张，计1 083元，现已到期；对方开出委托收款凭证，银行已主动代企业划款给对方，企业尚未收到银行的付款通知。

根据上述未达账项，编制银行存款余额调节表如表2-26所示。

表2-26 银行存款余额调节表

2017年12月31日

单位：元

项　目	余　额	项　目	余　额
银行存款日记账余额	32 250	银行对账单余额	33 832
加：银行已收而企业未收款 减：银行已付而企业未付款	3 955 1 083	加：企业已收而银行未收款 减：企业已付而银行未付款	1 768 478
调节后余额	35 122	调节后余额	35 122

提示：银行存款余额调节表调节后的余额，（1）表明企业可以动用的银行存款实有数额；（2）不能据此调整企业或银行的账面记录。

第三节　其他货币资金的核算

一、其他货币资金的内容

其他货币资金包括外埠存款、银行汇票存款、银行本票存款、企业信用卡存款、信用证保证金存款及在途货币资金等。企业需设置“其他货币资金”账户，并按“外埠存款”、“银行汇票存款”、“银行本票存款”、“信用卡存款”、“信用证保证金”等具体项目设置明细账户，集中反映这些资金的收入、支出和结存情况。

二、其他货币资金的核算

（一）外埠存款的核算

外埠存款是指企业到外地进行临时采购或零星采购时，汇往采购地银行开立采购专户的款项。

【例2-10】 恒天公司委托当地开户银行汇出26万元到采购地南京开立采购专户，支付手续费50元。财务人员根据信汇凭证（表2-27）、手续费收费单（略），编制记账凭证，见表 2－28。

表 2－27 **1** 中国建设银行信汇凭证（回单） No. 000125

委托日期 2017 年 11 月 6 日

汇款人	全　称	恒天公司			收款人	全　称	恒天公司	
	账号或地址	0012－015－2				账号或住址	2225－1381－76	
	汇出地点	广东省广州市/县	汇出行名称	建行越秀支行		汇入地点	南京市/县	汇入行名称 建行中山支行
金额	人民币（大写）贰拾陆万元整					千 百 十 万 千 百 十 元 角 分	¥ 2 6 0 0 0 0 0 0	
汇款用途：采购					汇出行盖章			
上列款项已根据委托办理，如需查询，请持此回单来行面洽。					中国建设银行 广州越秀支行 ★ 2017.11.6 ★ 票据受理专用章		年　月　日	
单位主管　　会计　　复核　　记账								

此联汇出行给汇款人的回单不作提货或取款的依据

表 2－28 记 账 凭 证

2017 年 11 月 6 日　　　　记字第 10 号

摘　要	会计		借方金额											贷方金额											记账
	总账科目	明细科目	亿	千	百	十	万	千	百	十	元	角	分	亿	千	百	十	万	千	百	十	元	角	分	
外埠存款	其他货币资金	外埠存款				2	6	0	0	0	0	0	0												
	财务费用	手续费								5	0	0	0												
	银行存款																2	6	0	0	5	0	0	0	
附件 × 张	合　计				¥	2	6	0	0	5	0	0	0			¥	2	6	0	0	5	0	0	0	

财务主管：黄依　　记账：张一　　出纳：苏瑞　　审核：刘伟　　制单：张一

（二）银行汇票存款和银行本票存款的核算

银行汇票存款，是指企业为了取得银行汇票，按规定存入银行的款项。余额由银行转回。

银行本票存款，是指企业为了取得银行本票，按规定存入银行的款项。余额由银行转回。

【例 2－11】 11 月 7 日，恒天公司委托银行办理银行汇票 5 万元，公司填制银行汇票申请书后，将 5 万元交存银行，取得银行汇票。支付手续费 5 元。公司用银行汇票购买一批休闲装辅助材料 1 000 套，价款 3.5 万元，增值税 5 950 元，材料未收到。13 日余额已转回。企业账务处理如下：

（1）取得银行汇票（表 2－29），做记账凭证，见表 2－30。

表 2－29　　　　中国建设银行 汇票申请书（存根）　　1

申请日期 2017 年 11 月 7 日　　　　第 0567 号

<table>
<tr><td>申请人</td><td>恒天公司</td><td>收款人</td><td colspan="10">广安公司</td></tr>
<tr><td>账号及地址</td><td>0012－015－2
广州市中山路 10 号</td><td>账号及地址</td><td colspan="10">0012－019－7
广州市五华路 217 号</td></tr>
<tr><td>用　途</td><td>采购</td><td>代理（付款行）</td><td colspan="10">建行五华支行</td></tr>
<tr><td rowspan="2">汇票金额</td><td rowspan="2" colspan="2">人民币（大写）伍万元整</td><td>千</td><td>百</td><td>十</td><td>万</td><td>千</td><td>百</td><td>十</td><td>元</td><td>角</td><td>分</td></tr>
<tr><td></td><td></td><td>¥</td><td>5</td><td>0</td><td>0</td><td>0</td><td>0</td><td>0</td><td>0</td></tr>
</table>

中国建设银行
广州越秀支行
★ 2017.11.7 ★
票据受理专用章

表 2－30　　　　记 账 凭 证

2017 年 11 月 7 日　　　　记字第 12 号

摘要	会计		借方金额											贷方金额											记账
	总账科目	明细科目	亿	千	百	十	万	千	百	十	元	角	分	亿	千	百	十	万	千	百	十	元	角	分	
办理银行汇票	其他货币资金	银行汇票存款					5	0	0	0	0	0	0												
	财务费用	手续费									5	0	0												
	银行存款																	5	0	0	0	5	0	0	
附件 × 张	合计					¥	5	0	0	0	5	0	0				¥	5	0	0	0	5	0	0	

财务主管：黄依　　记账：张一　　出纳：苏瑞　　审核：刘伟　　制单：张一

（2）采购材料，取得增值税专用发票（表 2－31），做记账凭证见表 2－32。

表 2－31　　　　广东增值税专用发票　　　　№ 0102859732

发 票 联

全国统一发票监制章 广东 国家税务总局监制

开票日期：　　　　2017 年 11 月 12 日

<table>
<tr><td>购货单位</td><td colspan="4">名　　称：恒天公司
纳税人识别号：440108680988322
地址、电话：广州市中山路 10 号 020－81572361
开户行及账号：建行越秀支行 0012－015－2</td><td>密码区</td><td colspan="3">（略）</td></tr>
<tr><td>货物或应税劳务名称</td><td>规格型号</td><td>单位</td><td>数量</td><td>单价</td><td>金额</td><td>税率</td><td>税额</td></tr>
<tr><td>西服辅助材料</td><td>/</td><td>套</td><td>1 000</td><td>35</td><td>35 000</td><td>17%</td><td>5 950</td></tr>
<tr><td>合　计</td><td></td><td></td><td></td><td></td><td>¥35 000</td><td>17%</td><td>¥5 950</td></tr>
<tr><td>价税合计（大写）</td><td colspan="7">⊗肆万零玖佰伍拾元整　　　（小写）¥ 40 950.00</td></tr>
<tr><td>销货单位</td><td colspan="4">名　　称：广安公司
纳税人识别号：440106680912773
地址、电话：广州解放路 119 号 020－87075260
开户行及账号：建行解放支行 0012－018－11</td><td>备注</td><td colspan="2">广安公司
发票专用章
440106680912773</td></tr>
</table>

第二联：发票联　购货方记账凭证

收款人：肖华　　复核：张丽　　开票人：黄跃　　销货单位（章）

表 2－32

记 账 凭 证

2017 年 11 月 12 日　　　　记字第 20 号

摘要	会计		借方金额											贷方金额											记账
	总账科目	明细科目	亿	千	百	十	万	千	百	十	元	角	分	亿	千	百	十	万	千	百	十	元	角	分	
采购	在途物资						3	5	0	0	0	0	0												
	应交税费	应交增值税（进项税额）						5	9	5	0	0	0												
	其他货币资金	银行汇票存款																4	0	9	5	0	0	0	
附件 × 张	合计					¥	4	0	9	5	0	0	0				¥	4	0	9	5	0	0	0	

财务主管：黄依　　记账：张一　　出纳：苏瑞　　审核：刘伟　　制单：张一

（3）余额转回时，根据银行多余款收款通知（表 2－33），做记账凭证，见表 2－34。

表 2－33

付款期限
壹个月

中国建设银行

银行汇票（多余款收款通知）　　4 BA/01 0001234

出票日期
（大写）贰零壹柒年壹拾壹月壹拾叁日　　代理付款行：建行越秀支行　　行号：0012

收款人：广安公司

出票金额　人民币（大写）　伍万元整

实际结算金额 人民币（大写）肆万零玖佰伍拾元整	千	百	十	万	千	百	十	元	角	分
			¥	4	0	9	5	0	0	0

申请人：恒天公司　　账号：0012-015-2

出票行：

备　注：

出票行盖章：

2017 年 11 月 13 日

中国建设银行
广州越秀支行
2017.11.13
转讫
(2)

密押										左列退回多余金额已收入你账户内
多余金额										
千	百	十	万	千	百	十	元	角	分	
			¥	9	0	5	0	0	0	

【例 2－12】 11 月 15 日，恒天公司向银行申请办理银行本票 70 200 元，公司填制银行本票申请书（表 2－35）后，将 70 200 元交存银行，取得银行本票（表 2－36）。手续费 5 元。11 月 16 日，公司用银行本票购买一批西服用辅助材料 600 套，价款 60 000 元，增值税 10 200 元，材料已验收入库。余额已转回。财务处理如下：

表 2－34

记 账 凭 证

2017 年 11 月 13 日　　　　　　记字第 23 号

摘要	会计		借方金额											贷方金额											记账
	总账科目	明细科目	亿	千	百	十	万	千	百	十	元	角	分	亿	千	百	十	万	千	百	十	元	角	分	
退回余款	银行存款							9	0	5	0	0	0												
	其他货币资金	银行汇票存款																	9	0	5	0	0	0	
附件 × 张	合计						¥	9	0	5	0	0	0					¥	9	0	5	0	0	0	

财务主管：黄依　　记账：张一　　出纳：苏瑞　　审核：刘伟　　制单：张一

（1）取得银行本票时，编制记账凭证如表 2－37 所示。

表 2－35

中国建设银行 本票申请书（存根）　1

申请日期 2017 年 11 月 15 日　　　　　　第 0765 号

申请人	恒天公司	收款人	华发公司									
账号及地址	0012－015－2 广州市中山路 10 号	账号及地址	0012－017－15 广州市羊城路 168 号									
用途	采购	代理（付款行）	建行羊城路支行									
本票金额	人民币 （大写）柒万零贰佰元整		千	百	十	万	千	百	十	元	角	分
					¥	7	0	2	0	0	0	0

中国建设银行
广州越秀支行
★ 2017. 11. 15 ★
票据受理专用章

表 2－36

付款期限
贰 个 月

中国建设银行
本　　票

E B　01　30122768

出票日期（大写）：贰零壹柒年壹拾壹月壹拾伍日

收款人	华发公司	申请人	恒天公司
凭票即付人民币（大写）柒万零贰佰元整			¥70 200.00
转账√	现金	中国建设银行 广州越秀支行 ★ 2017. 11. 15 ★ 票据受理专用章 出票行签章 2017 年 11 月 15 日	出纳　复核　经办

表 2-37 记 账 凭 证

2017 年 11 月 15 日 记字第 27 号

摘要	会计		借方金额											贷方金额											记账
	总账科目	明细科目	亿	千	百	十	万	千	百	十	元	角	分	亿	千	百	十	万	千	百	十	元	角	分	
办理银行本票	其他货币资金	银行本票存款					7	0	2	0	0	0	0												
	财务费用	手续费									5	0	0												
	银行存款																	7	0	2	0	5	0	0	
附件 × 张	合计					¥	7	0	2	0	5	0	0				¥	7	0	2	0	5	0	0	

财务主管：黄依　记账：张一　出纳：苏瑞　审核：刘伟　制单：张一

（2）采购材料后，根据增值税专用发票（略）、收料单（表 2-38），做记账凭证，见表 2-39。

表 2-38 收 料 单

2017 年 11 月 16 日 收字第 31 号

来料单位：华发公司　发票 0108723125 号　2017 年 11 月 16 日收到

编号	材料名称	规格	送验数量	实收数量	单位	单价	金额							
							十	万	千	百	十	元	角	分
	西服辅助材料			600	套	100		6	0	0	0	0	0	0
							¥	6	0	0	0	0	0	0
备注		验收人				合计 ¥ 60 000.00								

③会计

仓库负责人：周艺　经办人：李桦　收料人：夏云

表 2-39 记 账 凭 证

2017 年 11 月 16 日 记字第 31 号

摘要	会计		借方金额											贷方金额											记账
	总账科目	明细科目	亿	千	百	十	万	千	百	十	元	角	分	亿	千	百	十	万	千	百	十	元	角	分	
采购	原材料	辅助材料					6	0	0	0	0	0	0												
	应交税费	应交增值税（进项税额）					1	0	2	0	0	0	0												
	其他货币资金	银行本票存款																7	0	2	0	0	0	0	
附件 × 张	合计					¥	7	0	2	0	0	0	0				¥	7	0	2	0	0	0	0	

财务主管：黄依　记账：张一　出纳：苏瑞　审核：刘伟　制单：张一

（三）信用卡存款的核算

信用卡存款是企业为取得信用卡，按照规定存入银行的款项。

【例 2－13】 恒天公司向银行交存信用卡备用金 27 万元，申请领用一张信用卡。公司用信用卡购买一批办公用品 19 300 元。账务处理如下：

- 取得信用卡：

借：其他货币资金——信用卡存款　　270 000

　　贷：银行存款　　270 000

- 购物：

借：管理费用　　19 300

　　贷：其他货币资金——信用卡存款　　19 300

两个《准则》对现金清查结果的不同处理

货币资金管理规定范例

第三章
应 收 款 项

面对激烈的市场竞争，恒天公司在销售商品时，为了扩大销售量，除了采用现销外，还采用赊销方式，这就形成了一项应收而未收的款项，也就是我们通常所说的债权。对于债权，企业有时会陷入两难境地，既想利用赊销扩大销售量，又怕款项收不回。对此，财务人员有什么良策吗？

学习目标
- □ 理解应收账款应收票据的含义、确认和计价，并掌握其核算方法
- □ 掌握预付账款、其他应收款的核算
- □ 理解坏账、坏账损失的含义，坏账损失的确认条件，掌握坏账损失的核算

第一节 应收账款的核算

应收账款，是指企业在正常经营活动中，由于销售商品或提供劳务等而应向购货或接受劳务的单位或个人收取的款项，具体包括应向购货（劳务）的单位或个人收取的价款及垫付的有关费用。

- 应向客户收取的价款，是指销售商品开出销货发票或提供劳务开出的发票上注明的货款、增值税等。
- 应向客户收取的代垫费用主要有垫付的包装费、运输费、保险费、装卸费等。

其他非商品交易引起的应收项目不应列入应收账款。如应收职工欠款、应收债务人的利息、应收保险赔款等，应列入“其他应收款”。

应收账款作为一种商业信用，它的应用有利于扩大销售，所以在现代社会经济生活中运用极为广泛。这就不可避免地带来了一系列的会计问题：应收账款应于何时确认？如何计

价？怎样进行账务处理？信用失败的损失如何估计？在资产负债表上如何列示？以下我们将逐一论及。

应收账款的业务流程及涉及的主要凭证见图3－1。

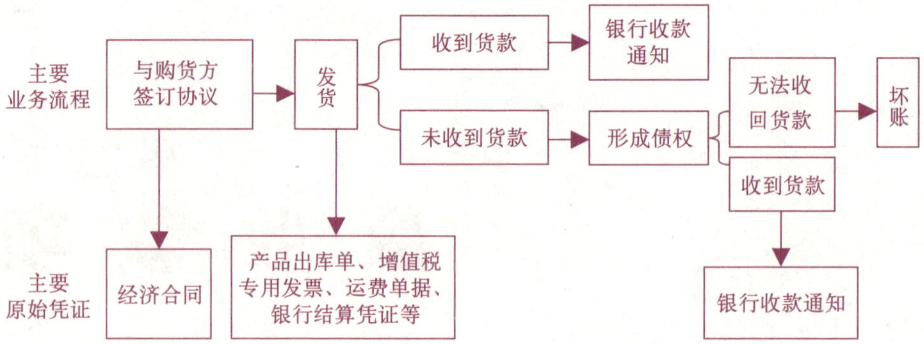

图3－1　应收账款业务流程及凭证

一、应收账款的确认与计价

（一）应收账款的确认

应收账款的确认，是指何时确认应收账款。应收账款是与商品的销售或劳务的提供直接相关的，因此确认应收账款的时间通常应与确认收入的时间相一致。也就是说，在商品的所有权已经转给购货方，或劳务已经提供、收入已经实现时，对未收取的款项确认为应收账款。

（二）应收账款的计价

应收账款的计价就是确认应收账款的入账价值。应收账款是因企业销售商品或提供劳务等产生的债权，应当按照实际发生额记账。其入账价值包括：销售货物或提供劳务的价款、增值税以及代购货方垫付的包装费、运杂费等。

在确认应收账款的入账价值时，应当考虑有关的折扣因素：

1. 商业折扣。它是指企业根据市场供需情况或针对不同的顾客，在商品标价上给予的扣除（简单地说商业折扣就是打折，如打八五折、五折等）。商业折扣对应收账款的入账价值没有什么实质性的影响，企业只需按扣除商业折扣后的净额确认应收账款。

2. 现金折扣。它是债权人为了鼓励债务人在规定的期限内付款而向债务人提供的债务扣除。简单地说，就是企业为了鼓励客户提前付款，通常与客户达成协议，客户在不同的期限内付款可享受不同比例的折扣。现金折扣一般用符号“折扣率/付款期限”来表示。例如，“2/10，1/20，N/30”分别表示：如果买方在10天内付款，企业可按价款给客户2%的折扣；如果买方在第11天至第20天内付款，企业可按价款给客户1%的折扣；如果客户在第21天之后付款，将不能享受到现金折扣，30天为信用期限。

例如，某公司赊销A产品1万元，规定的现金折扣条件是：2/10，1/20，N/30。假设客户在10天内付款，则应收账款的实收金额为9 800元（10 000－10 000×2%）；若客户在20天内付款，应收账款的实收金额为9 900元（10 000－10 000×1%）；若客户超过20天付款，则需按全价1万元付款。

现金折扣通常发生在以赊销方式销售商品及提供劳务的交易中。

提示：企业会计制度规定，在存在现金折扣的情况下，应收账款应以未减去现金折扣的金额作为入账价值（即总价法）。实际发生的现金折扣，作为一种理财费用，计入发生当期的损益，在财务费用中列支。

二、应收账款的核算

为了反映应收账款的增减变动及其结存情况，企业应设置“应收账款”和“预收账款”账户。

“应收账款”账户的借方登记应收账款的增加，贷方登记应收账款的收回及确认的坏账损失，期末余额一般在借方，反映企业尚未收回的应收账款；应收账款应按债务人设置明细账，进行明细分类核算。

“预收账款”账户，贷方登记预先收取的货款，借方登记发出商品实际应收的款项。余额在借方，表示应收而未收的货款；余额在贷方，表示预收的货款，该账户应按债务人设置明细账。

1. 无现金折扣的情况。无现金折扣时，应收账款的账务处理包括应收账款的发生及收回。

（1）应收账款发生的核算。企业发生应收账款时，按应收金额（包括应收货款、增值税和代垫的包装费、运杂费）借记“应收账款”账户，按应收货款金额贷记“主营业务收入”账户，按增值税专用发票上注明的增值税额，贷记“应交税费——应交增值税（销项税额）”账户，按垫付的包装费、运杂费金额贷记“银行存款”（或“库存现金”）账户。

【例3－1】 12月10日，恒天公司销售给太平洋百货公司男士休闲装一批，货款2万元，增值税3 400元，用银行存款代购货方垫付运杂费500元，全部款项暂未收到。恒天公司业务流程及账务处理如下：

①仓管员开具库存商品出库单（表3－1），签章后送交会计人员。

表3－1 库 存 商 品 出 库 单

用途：销售　　　　2017年12月10日　　　　凭证编号：产成品库003

产品名称	型号规格	产品编号	计量单位	数量	单价	金额（元）	备注
男式休闲装			件	200	100	20 000	
合　计						￥20 000	

②记账联

记账：李明　　保管：黄宏　　主管：黄莺　　制单：黄宏

②开票人员根据审核无误的库存产品出库单开具增值税专用发票（略），价款2万元，增值税3 400元。用银行存款支付运费500元（表3－2）。

③会计审核无误，出纳复印增值税专用发票、库存商品出库单等相关凭证，填写一式五联的委托收款凭证，委托银行收款；银行受理后，退回托收凭证（表3-3）。

④办妥托收手续后，依据银行退回的托收凭证回单及销售发票等，编制记账凭证（表3-4），并交审核人员审核。

（2）应收账款收回的核算。企业收回应收账款时，一方面借记"银行存款"账户，同时贷记"应收账款"账户。

【例3-2】 承例3-1资料，12月20日，收到银行入账通知（表3-5），会计审核无误后，编制记账凭证（表3-6），并交审核人员审核。

表3-2

中国建设银行
转账支票存根
10203510
00570312

附加信息
____
____
____

出票日期：2017年12月10日

收款人：	广州捷运公司
金额：	¥500.00
用途：	代太平洋百货公司垫运杂费

单位主管：刘璇　　会计：李明

表3-3

托　收　凭　证（受理回单）　　**1**

委托日期：2017年12月10日

业务类型	委托收款（□邮划、☑电划）														
付款人	全　称	太平洋百货公司	收款人	全　称	恒天有限责任公司										
	账　号	6875851		账　号	0012-015-2										
	开户银行	中国工商银行西南支行		开户银行	建行越秀支行										
托收金额	人民币（大写）	贰万叁仟玖佰元整				千	百	十	万	千	百	十	元	角	分
								¥	2	3	9	0	0	0	0
附件		商品发运情况		合同名称号码											
附寄单证张数或册数	叁张	已发运													
备注：		款项收妥日期　年　月　日		收款人开户银行盖章　年　月　日											

中国建设银行
广州越秀支行
★2017.12.10★
结算专用章

单位主管　　会计　　复核　　记账

表3-4

记　账　凭　证

2017年12月10日　　记字第16号

摘　要	总账科目	明细科目	借方金额	贷方金额
销售男式休闲服	应收账款	太平洋百货公司	23 900	
	主营业务收入			20 000
	应交税费	应交增值税（销项税额）		3 400
	银行存款			500
合　计			¥23 900	¥23 900

附单据×张

财务主管：黄依　　记账：张一　　出纳：苏瑞　　审核：刘伟　　制单：张一

表 3－5

托收凭证（汇款依据收款通知） 4

委托日期：2017 年 12 月 20 日

<table>
<tr><td>业务类型</td><td colspan="4">委托收款（☐邮划、☑电划）</td></tr>
<tr><td rowspan="3">付款人</td><td>全　称</td><td>太平洋百货公司</td><td rowspan="3">收款人</td><td>全　称</td><td>恒天有限责任公司</td></tr>
<tr><td>账　号</td><td>6875851</td><td>账　号</td><td>0012－015－2</td></tr>
<tr><td>开户银行</td><td>中国工商银行西南支行</td><td>开户银行</td><td>建行越秀支行</td></tr>
<tr><td>托收金额</td><td>人民币（大写）</td><td>贰万叁仟玖佰元整</td><td colspan="3">千 百 十 万 千 百 十 元 角 分
¥ 2 3 9 0 0 0 0</td></tr>
<tr><td colspan="2">附件</td><td>商品发运情况</td><td colspan="3">合同名称号码</td></tr>
<tr><td>附寄单证张数或册数</td><td>叁张</td><td>已发运</td><td colspan="3"></td></tr>
<tr><td colspan="2">备注：</td><td>款项收妥日期
2017 年 12 月 20 日</td><td colspan="3">收款人开户银行盖章
年　月　日
中国建设银行
广州越秀支行
★ 2017. 12. 20 ★
结算专用章</td></tr>
</table>

单位主管：　　会计：　　复核：　　记账：

表 3－6

记　账　凭　证

2017 年 12 月 20 日　　记字第 25 号

摘　要	总账科目	明细科目	借方金额	贷方金额
收到货款	银行存款		23 900	
	应收账款	太平洋百货公司		23 900
合　计			¥23 900	¥23 900

附单据×张

财务主管：黄依　记账：张一　出纳：苏瑞　审核：刘伟　制单：张一

2. 存在现金折扣的情况下。企业销售商品发生应收款项时，将未扣减现金折扣前的金额（即总价）作为实际价款，借记“应收账款”，贷记“主营业务收入”、“应交税费——应交增值税（销项税额）”等账户。收回货款时，按实际收到的货款，借记“银行存款”等账户；按实际发生的现金折扣借记“财务费用”账户，贷记“应收账款”账户。

【例 3－3】 12 月 2 日，恒天公司销售给太平洋百货公司一批女士套装，增值税发票上注明售价 10 万元，增值税额 17 000 元。企业为了及早收回货款而在合同中规定的现金折扣条件为：3/10，2/20，N/30。假定计算现金折扣时不考虑增值税，其账务处理如下：

12 月 2 日销售实现时，应按总售价确认收入：

（1）仓管员开具库存商品出库单签章后送交会计人员。数量 500 件，单价 200 元，总计 10 万元。

（2）会计根据审核无误的库存商品出库单开具增值税专用发票（略），金额 10 万元，增值税 17 000 元。

（3）会计根据审核无误的单据，编制记账凭证（表 3－7），并交审核人员审核。

（4）假设太平洋百货公司在 12 月 11 日付清货款。财务科开具给予太平洋百货公司现金折扣的说明，交单位负责人和财务经理签字审批。审批后，太平洋百货公司于 12 月 11 日送来转账支票，出纳当日送存银行办理转账手续。根据审核无误的凭证（表 3－8），编制记账凭证（表 3－9），并交审核人员审核。

表 3-7　　记　账　凭　证

2017 年 12 月 2 日　　记字第 8 号

摘　要	总账科目	明细科目	借方金额	贷方金额
销售女式套装	应收账款	太平洋百货公司	117 000	
	主营业务收入			100 000
	应交税费	应交增值税（销项税额）		17 000
合　计			¥117 000	¥117 000

附单据×张

财务主管：黄依　记账：张一　出纳：苏瑞　审核：刘伟　制单：张一

关于给予太平洋百货公司现金折扣的说明

根据我公司与太平洋百货公司签订的销售协议（2017-2 号）中规定的现金折扣条件(3/10，2/20，N/30，现买方在购货后 10 日内付款，按售价 10 万元享受 3% 的现金折扣，实际应收款 114 000 元（117 000-3 000）。

单位负责人审批：刘璇

财务经理审批：黄莺　2017 年 12 月 11 日

恒天有限责任公司 财务专用章

表 3-8　　银行　进账单（收账通知）

2017 年 12 月 11 日

出票人	全　称	太平洋百货公司	收款人	全　称	恒天有限责任公司
	账　号	6875851		账　号	0012-015-2
	开户银行	工行西南支行		开户银行	建行越秀支行

金额	人民币（大写）：壹拾壹万肆仟元整	千	百	十	万	千	百	十	元	角	分
			¥	1	1	4	0	0	0	0	0

票据种类	转账支票	票据张数	壹
票据号码	1235789		
复核：	记账：		

收款人开户银行签章

中国建设银行 广州越秀支行 2017.12.11 结算专用章

此联是收账通知

表 3-9　　记　账　凭　证

2017 年 12 月 11 日　　记字第 32 号

摘　要	总账科目	明细科目	借方金额	贷方金额
收到货款	银行存款		114 000	
	财务费用		3 000	
	应收账款	太平洋百货公司		117 000
合　计			¥117 000	¥117 000

附单据×张

财务主管：黄依　记账：张一　出纳：苏瑞　审核：刘伟　制单：张一

想一想：

若例 3－2 中买方 12 月 19 日支付货款，应享受多少现金折扣？如何进行账务处理？若 11 月底才付款，又应如何进行账务处理？

3. 存在商业折扣情况下。若涉及商业折扣，则企业应按扣除商业折扣以后的实际售价确定应收账款的入账价值。

【例 3－4】 假设例 3－3 中，给予对方商业折扣。

（1）销售业务员根据客户购买商品的数量和要求，制作申请书申请商业折扣，交由单位负责人和销售部门经理签字审批。

关于给予太平洋百货公司商业折扣的报告

根据我公司销售条款中有关给予购货方销售折扣的相关规定，购货方一次性购买女士套装 500 件以上（含 500 件）的，给予售价 10% 的折扣。太平洋百货公司向我公司购买了 500 件女式套装，按售价 10 万元享受 10% 的商业折扣，实际应收款为 10.53 万元。

单位负责人审批：刘璇　　　　销售经理审批：傅盛　2017 年 12 月 2 日

（印章：有限责任公司销售部 业务章）

（2）仓库根据审批后的申请报告开具库存商品出库单，审核签章后移交给会计。

表 3－10　　库存商品出库单

用途：销售　　　　2017 年 12 月 2 日　　　　凭证编号：产成品库 001

产品名称	型号规格	产品编号	计量单位	数量	单价	金额（元）	备注
女士套装			件	500	180	90 000	
合　计						¥90 000	

②记账联

记账：张一　　　　保管：黄宏　　　　主管：黄依　　　　制单：黄宏

（3）会计根据审核无误的库存产品出库单，按照商业折扣后的金额开具增值税专用发票，金额 9 万元，增值税 15 300 元，价税合计 105 300 元。

（4）会计根据审核无误的单据，编制记账凭证（表 3－11），并交审核人员审核。

（5）假设太平洋百货公司于 12 月 11 日送来转账支票，出纳当日送存银行办理转账手续。根据审核无误的单据，编制记账凭证，并交审核人员审核。见表 3－12、表 3－13。

表 3－11 记 账 凭 证

2017 年 12 月 2 日 记字第 8 号

摘　要	总账科目	明细科目	借方金额	贷方金额
销售女式套装	应收账款	太平洋百货公司	105 300	
	主营业务收入			90 000
	应交税费	应交增值税（销项税额）		15 300
合　计			￥105 300	￥105 300

附单据×张

财务主管：黄依　记账：张一　出纳：苏瑞　审核：刘伟　制单：张一

表 3－12 银行 进账单（收账通知）

2017 年 12 月 11 日

出票人	全　称	太平洋百货公司	收款人	全　称	恒天有限责任公司
	账　号	6875851		账　号	0012－015－2
	开户银行	工行西南支行		开户银行	建行越秀支行

金额	人民币（大写）：壹拾万伍仟叁佰元整	千	百	十	万	千	百	十	元	角	分
			￥	1	0	5	3	0	0	0	0

票据种类	转账支票	票据张数	壹	
票据号码	1235789			收款人开户银行签章
复　核		记　账		

中国建设银行 广州越秀支行 ★2017. 11. 3★ 票据受理专用章

此联是收账通知

表 3－13 记 账 凭 证

2017 年 12 月 11 日 记字第 32 号

摘　要	总账科目	明细科目	借方金额	贷方金额
收到货款	银行存款		105 300	
	应收账款	太平洋百货公司		105 300
合　计			￥105 300	￥105 300

附单据×张

财务主管：黄依　记账：张一　出纳：苏瑞　审核：刘伟　制单：张一

课堂讨论：

1. 商品折扣和现金折扣对应收账款的确认与计价有直接影响吗？
2. “应收账款”的明细账应采用哪种格式？
3. “应收账款”账户的期末余额一定在借方吗？

应收债权融资或出售应收债权的核算

第二节 应收票据的核算

应收票据是除了应收账款以外的又一项主要的应收款项，是指企业因销售商品或提供劳务而收到商业汇票所形成的销货应收款。它与应收账款的不同之处是：应收账款是仅仅凭商业信用而发生的赊销款，没有法律上的可作为结算的书面凭据；而应收票据具有在赊销业务发生时由债权人或债务人签发的表明债务人在约定时间应偿付约定金额的书面文件。应收票据作为商业信用和工具，受到法律保护，无论在付款时限还是在金额上，都具有法律上的约束力，因而可以转让和流通。所以，应收票据的变现能力远大于其他应收款项，在资产负债表上列各应收款项之首。

应收票据的主要业务流程及涉及的凭证见图 3－2。

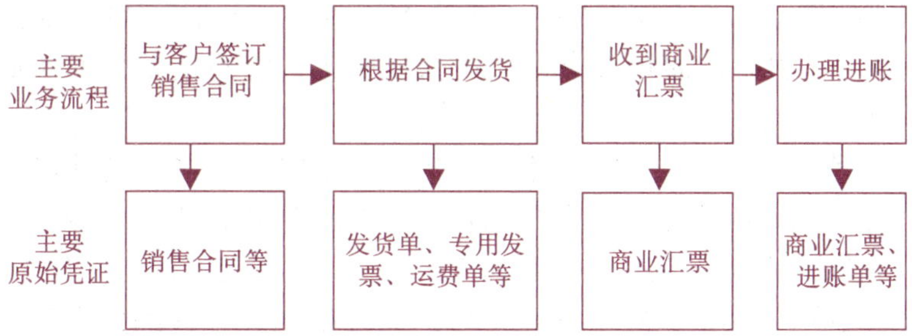

图 3－2 应收票据的主要业务流程及凭证

一、应收票据的种类和计价

（一）应收票据的种类

企业持有的商业汇票按承兑人不同，分为商业承兑汇票和银行承兑汇票；按是否计息，分为不带息商业汇票和带息商业汇票。不带息商业汇票到期时，承兑人只按票面金额（即面值）向收款人或被背书人支付款项；带息商业汇票到期时，承兑人必须按票面金额加上应计利息向收款人或被背书人支付票款。

（二）应收票据的计价

应收票据应按其面值计价，即企业收到应收票据时，按照票据的票面价值或票面金额入账。对于带息的应收票据，应于到期时按应收票据的票面价值和确定的利率计算利息，在收到时计入当期损益，列为财务费用。

提示：到期不能收回的应收票据，应按其账面余额转入“应收账款”账户，如为带息的商业汇票，不再计提利息。

二、应收票据的核算

为了核算应收票据的取得和收回情况，企业应设置“应收票据”账户。该账户借方登记收到开出、承兑的商业汇票的票面金额；贷方登记到期收回、票据转让和贴现以及到期收不回转出商业汇票等的票面金额；期末借方余额反映企业持有的商业汇票的票面价值。该账户应按不同的单位分别设置明细账，进行明细核算，并设“应收票据备查簿”进行登记。

（一）不带息应收票据的账务处理

不带息应收票据的账务处理包括收到或开出承兑的商业汇票和商业汇票到期两个环节的处理。

1. 企业销售商品或提供劳务收到或开出承兑的商业汇票时，按应收票据的面值借记“应收票据”账户，按实现的营业收入贷记“主营业务收入”账户，按专用发票上注明的增值税额贷记“应交税费——应交增值税（销项税额）”账户。

2. 应收票据到期收回时，按票面金额借记“银行存款”账户，贷记“应收票据”账户。商业承兑汇票到期，承兑人违约拒付或无力支付票款，企业收到银行退回的商业承兑汇票、委托收款凭证、未付票款通知书或拒绝付款证明等，将到期票据的票面金额转入“应收账款”账户。

【例 3－5】 3 月 20 日，恒天公司销售一批女士休闲装给华都劝业场，货已发出，货款 2 万元，增值税额为 3 400 元。按合同约定 5 个月后付款，华都劝业场交给恒天公司一张不带息 5 个月到期的商业承兑汇票，面额 23 400 元。恒天公司应作如下账务处理：

（1）收到的商业承兑汇票，经审核无误后，会计根据经审核的销售发票（略）及所收到的商业承兑汇票复印件（表 3－15）编制记账凭证（表 3－16），并交审核人员审核。

表 3－15　　　　商　业　承　兑　汇　票

<table>
<tr><td colspan="14">签发日期贰零壹柒年叁月零贰拾日　　汇票号码：CA74185296</td></tr>
<tr><td rowspan="3">收款人</td><td>全　　称</td><td>恒天有限责任公司</td><td rowspan="3">付款人</td><td colspan="2">全　　称</td><td colspan="8">华都劝业场</td></tr>
<tr><td>账号或地址</td><td>0012－015－2</td><td colspan="2">账号或地址</td><td colspan="8">8527410</td></tr>
<tr><td>开户银行</td><td>建行越秀支行</td><td colspan="2">开户银行</td><td colspan="8">建行中街支行</td></tr>
<tr><td rowspan="2">汇票金额</td><td rowspan="2">人民币（大写）</td><td rowspan="2" colspan="2">贰万叁仟肆佰元整</td><td>千</td><td>百</td><td>十</td><td>万</td><td>千</td><td>百</td><td>十</td><td>元</td><td>角</td><td>分</td></tr>
<tr><td></td><td></td><td>¥</td><td>2</td><td>3</td><td>4</td><td>0</td><td>0</td><td>0</td><td>0</td></tr>
<tr><td>汇票到期日</td><td colspan="5">贰零壹柒年捌月零贰拾日</td><td colspan="3">交易合同号码</td><td colspan="5">321456002</td></tr>
<tr><td colspan="4">本汇票已由本单位承兑，到期日无条件支付票款
此致
（印章：华都劝业场 财务专用章）
承兑人盖章
承兑日期：2017 年 3 月 20 日</td><td colspan="10">出票人盖章：
负责　　经办
（印章：恒天有限责任公司 财务专用章）</td></tr>
</table>

表 3-16 记 账 凭 证

2017 年 3 月 20 日　　　　记字第 48 号

摘　要	总账科目	明细科目	借方金额	贷方金额
销售女式休闲装	应收票据	华都劝业场	23 400	
	主营业务收入			20 000
	应交税费	应交增值税（销项税额）		3 400
合　计			¥23 400	¥23 400

附单据×张

财务主管：黄依　　记账：张一　　出纳：苏瑞　　审核：刘伟　　制单：张一

（2）8 月 9 日票据即将到期，出纳填写一式五联委托收款凭证，到开户银行办理委托收款手续，银行退回委托收款回单（表 3-17）。

表 3-17 托收凭证（受理回单）　　**1**

委托日期：2017 年 8 月 9 日

业务类型	委托收款（☐邮划、☑电划）												
付款人	全　称	华都劝业场	收款人	全　称	恒天有限责任公司								
	账　号	8527410		账　号	0012-015-2								
	开户银行	建行中街支行		开户银行	建行越秀支行								
托收金额	人民币（大写）贰万叁仟肆佰元整			千	百	十	万	千	百	十	元	角	分
						¥	2	3	4	0	0	0	0
附件		商品发运情况		合同名称号码									
附寄单证张数或册数	贰张	已发运		321456052									
备注：		款项收妥日期 年 月 日		收款人开户银行盖章 年 月 日（中国建设银行 广州越秀支行 2017.8.9 结算专用章）									

单位主管：　　会计：　　复核：　　记账：

（3）8 月 20 日收到银行入账通知（托收凭证——汇款依据或收款通知），通知对方已付清全部票据款。会计审核无误后，编制记账凭证（表 3-18），并交审核人员审核。

表 3-18 记 账 凭 证

2017 年 8 月 20 日　　　　记字第×号

摘　要	总账科目	明细科目	借方金额	贷方金额
收到货款	银行存款		23 400	
	应收票据	华都劝业场		23 400
合　计			¥23 400	¥23 400

附单据×张

财务主管：黄依　　记账：张一　　出纳：苏瑞　　审核：刘伟　　制单：张一

（4）上述情况中，8 月 20 日后，如果收到银行转来的委托收款凭证第三联和第四联，注明“无款支付”或“拒绝付款”，编制记账凭证见表 3-19。

表 3－19　　　　记 账 凭 证

2017 年 8 月 20 日　　　　记字第×号

摘　要	总账科目	明细科目	借方金额	贷方金额
尚未收到货款	应收账款	华都劲业场	23 400	
	应收票据	华都劲业场		23 400
合　计			¥23 400	¥23 400

附单据×张

财务主管：黄依　记账：张一　出纳：苏瑞　审核：刘伟　制单：张一

（二）带息应收票据的账务处理

企业收到带息应收票据，除按上述两个环节进行核算外，还应按应收票据的票面价值和确定的利率计算票据利息，并在收到时列为当期损益，记入“财务费用”账户。

票据利息的计算公式为：

应收票据利息＝票面金额×票面利率×期限

公式中的票面利率一般以年利率表示，当票据期限按月表示时，要将年利率换算成月利率；当票据期限按天表示时，要将年利率换算成日利率。

公式中的期限是指从票据签发日至到期日的时间间隔。票据的期限一般有按月表示和按日表示两种。

- 票据期限按月表示时，则到期日为到期月份与出票日相同的那一天；如果出票日在月末，则不论月份大小，到期日均为到期月份的最后一天。如 8 月 15 日出票，承兑期为 3 个月的商业汇票，到期日为 11 月 15 日；再如 4 月 30 日出票，期限为 3 个月的商业汇票，到期日为 7 月 31 日。

想一想：

如 1 月 31 日出票，期限为 1 个月，到期日为哪一天？

- 票据期限按日表示时，应从出票日起按实际经历天数计算。通常出票日和到期日只能计算其中的一天，即“算头不算尾”或“算尾不算头”。如 4 月 15 日签发的 90 天票据，其到期日应为 7 月 14 日：90 天－4 月份剩余天数－5 月份实有天数－6 月份实有天数＝90－（30－15）－31－30＝14 日。

带息应收票据到期收回款项时，应按收到的本息借记“银行存款”账户，按应收票据面值贷记“应收票据”账户，按应收票据的利息，贷记“财务费用”账户。

【例 3－6】 6 月 1 日，恒天公司销售一批男士西服套装给太平洋百货公司，货已发出，专用发票上注明的销售收入 20 万元，增值税额为 3.4 万元。收到太平洋百货公司交来的商业承兑汇票一张，期限为 6 个月，票面利率为 5%。恒天公司应做如下账务处理：

- 收到票据时，编制记账凭证见表 3－20。
- 票据到期收回款项时，编制记账凭证，见表 3－21。

收款金额＝234 000×（1＋5%÷12×6）＝239 850（元）

表 3－20

记 账 凭 证

2017 年 6 月 1 日　　　　记字第 × 号

摘要	总账科目	明细科目	借方金额	贷方金额
销售男士西服	应收票据	太平洋百货公司	234 000	
	主营业务收入			200 000
	应交税费	应交增值税（销项税额）		34 000
合计			¥234 000	¥234 000

附单据 × 张

财务主管：黄依　记账：张一　出纳：苏瑞　审核：刘伟　制单：张一

表 3－21

记 账 凭 证

2017 年 12 月 1 日　　　　记字第 × 号

摘要	总账科目	明细科目	借方金额	贷方金额
收到货款	银行存款		239 850	
	应收票据	太平洋百货公司		234 000
	财务费用			5 850
合计			¥239 850	¥239 850

附单据 × 张

财务主管：黄依　记账：张一　出纳：苏瑞　审核：刘伟　制单：张一

三、应收票据转让、贴现的核算

（一）应收票据转让

应收票据转让，是指持票人将未到期的票据通过背书转让给他人（债权人或销货单位）。背书企业让出票据所有权，取得资产或减少负债。背书企业对票据到期付款承担连带责任。

企业将持有的应收票据背书转让以取得所需物资时，按应取得物资的成本、增值税分别入账，并转销应收票据的账面余额，如有差额，根据情况记入“银行存款”等账户。

【例 3－7】 12 月 6 日，恒天公司向惠美纸箱制造厂采购包装纸箱，价款 1 万元，增值税 1 700 元，材料已验收入库。恒天公司将一票面金额为 1 万元的不带息应收票据背书转让，以偿付惠美纸箱制造厂的货款，差额 1 700 元当即以银行存款支付。账务处理如下：

（1）财务部根据合同协议，用前销售产品收到的商业汇票背书转让支付购货款，在商业汇票背面加盖银行预留印鉴（表 3－22），出纳同时开出转账支票 1 700 元付清余款。复印背书后的商业承兑汇票，然后将支票及商业承兑汇票交收款单位惠美纸箱制造厂。

表 3－22

被背书人惠美纸箱制造厂	被背书人
转让支付购货款 （印章：恒天有限责任公司 财务专用章）（印章：黄依） 背书人签章 2017 年 12 月 6 日	背书人签章 年　月　日
持票人向银行 提示付款签章：	身份证名称：　　发证机关： 号码

（贴粘单处）

（2）根据发票、入库单、支票存根、商业汇票复印件等单据（略），会计审核无误后，编制记账凭证（表3－23），并交审核人员审核。

表3－23

记 账 凭 证

2017年12月6日　　　　记字第×号

摘　要	总账科目	明细科目	借方金额	贷方金额
购买包装纸箱	原材料	周转材料	10 000	
	应交税费	应交增值税（进项税额）	1 700	
	应收票据			10 000
	银行存款			1 700
合　计			￥11 700	￥11 700

附单据×张

财务主管：黄依　　记账：张一　　出纳：苏瑞　　审核：刘伟　　制单：张一

（二）应收票据贴现

企业收到商业汇票，如在票据未到期前需要提前取得资金，可以持未到期的商业汇票向银行申请贴现。**贴现是指企业将未到期的商业汇票经过背书，交给银行，银行受理后，从票面金额中扣除按银行的贴现率计算确定的贴现息并将余额付给贴现企业。**票据贴现实质上是一种融通资金的行为。

企业付给银行的利息称为贴现利息，银行计算贴现利息的利率称为贴现率，企业从银行获得的票据到期值扣除贴现利息后的货币收入，称为贴现所得。其公式为：

贴现所得＝票据到期值－贴现利息

贴现利息＝票据到期值×贴现率×贴现期

贴 现 期＝票据期限－企业已持有票据期限

＝贴现日至票据到期日实际天数－1

> **小资料**
>
> 按照中国人民银行《银行结算办法》的规定，实付贴现金额按票面金额扣除贴现日至汇票到期日前一日的利息计算。承兑人在异地的，贴现利息的计算应另加3天的划款天数。

带息应收票据的到期值，是其面值加上按票据载明的利率计算的票据全部期间的利息；不带息应收票据的到期值就是其面值。

企业将未到期的应收票据向银行贴现，应按实际收到的金额（即减去贴现息后的净额），借记“银行存款”账户；按应收票据的票面余额，贷记“应收票据”账户。按两者的差额，借记或贷记“财务费用”账户。

1. 不带息票据的贴现。

【例3－8】 恒天公司因急需资金，于2017年4月20日将当日收到的、5个月期限、票面金额23 400元的不带息商业汇票向银行贴现，年贴现率10%。

（1）出纳填制一式五联“贴现凭证”，在商业汇票背面加盖预留银行印鉴，复印营业执照、增值税专用发票，一并送交开户银行，向银行贴现（见表3－24）。

表 3 – 24

贴现凭证（代申请书） 1

填写日期 2017 年 4 月 20 日　　第 010 号

申请人	名　称	恒天有限责任公司	贴现汇票	种类	商业承兑汇票	号码 74185296
	账　号	0012 - 015 - 2		发票日	2017 年 4 月 20 日	
	开户银行	建行越秀支行		到期日	2017 年 9 月 20 日	
汇票承兑人	名称	华都劝业场	账号	8527410	开户银行	建行中衡支行

汇票金额（即贴现金额）	人民币（大写）	千	百	十	万	千	百	十	元	角	分
	贰万叁仟肆佰元整			¥	2	3	4	0	0	0	0

贴现率每年	贴现利息	千	百	十	万	千	百	十	元	角	分	实付贴现金额	千	百	十	万	千	百	十	元	角	分
10%						¥	9	7	5	0	0				¥	2	2	4	2	5	0	0

兹根据《支付结算办法》有规定附送承兑汇票申请贴现，请审核。 此致 贴现银行 （恒天有限责任公司 财务专用章） 申请人盖章	银行审批 负责人 吴克 信贷员 陈登	科目 对方科目 复核　　记账

（2）银行审核同意受理后，计算并在贴现凭证上填写贴现率、贴现息和实付金额，在贴现凭证第四联加盖“转讫”章后退回企业，同时将实付贴现金额转入企业账户。利息计算表见表 3 – 25。

表 3 – 25

商业汇票贴现利息计算表

2017 年 4 月 20 日

票据种类	票据号码	签发日期	到期日期	贴现日期
商业承兑汇票	74185296	2017 年 4 月 20 日	2017 年 9 月 20 日	2017 年 4 月 20 日

票据面值	23 400.00	年贴现率	10%	月贴现率		贴现期	5 个月
票据到期值	23 400 元						
贴现息	23 400 × 10% ÷ 12 × 5 = 975 元						
贴现额	23 400 - 975 = 22 425 元						

（3）会计收到有关单据进行审核，无误后，编制记账凭证（表 3 – 26），并交审核人员审核。

表 3 – 26

记　账　凭　证

2017 年 4 月 20 日　　记字第 × 号

摘　要	总账科目	明细科目	借方金额	贷方金额
商业汇票贴现	银行存款		22 425	
	财务费用		975	
	应收票据	华都劝业场		23 400
合　计			¥ 23 400	¥ 23 400

附单据 × 张

财务主管：黄依　记账：张一　出纳：苏瑞　审核：刘伟　制单：张一

2. 带息应收票据贴现。如果企业申请承兑的票据为带息票据，其贴现所得金额为票据到期价值扣除利息的余额。这时，会出现以下两种情况：第一，贴现所得额大于票面金额。这时，应按贴现所得额借记“银行存款”账户，按票面金额贷记“应收票据”账户，按两者的差额贷记“财务费用”账户。第二，贴现所得额小于票面金额。这时，应按贴现所得额借记“银行存款”账户，按票面金额贷记“应收票据”账户，按两者的差额借记“财务费用”账户。

【例3－9】 恒天公司于4月1日将2月1日收到的由华都劝业场开出并承兑的面值为20万元、年利率为8%、5月1日到期的商业承兑汇票向银行贴现，贴现率10%。假设该企业与票据承兑企业在同一票据交换区域内。则

带息票据到期值＝200 000×（1＋8%×90÷360）＝204 000（元）

贴现利息＝204 000×10%÷360×30＝1 700（元）

贴现所得＝204 000－1 700＝202 300（元）

账务处理见表3－27。

表3－27 记 账 凭 证

2017年4月1日 记字第×号

摘　　要	总账科目	明细科目	借方金额	贷方金额
商业汇票贴现	银行存款		202 300	
	应收票据	华都劝业场		200 000
	财务费用			2 300
合　　计			￥202 300	￥202 300

附单据×张

财务主管：黄依　记账：张一　出纳：苏瑞　审核：刘伟　制单：张一

如果贴现的商业承兑汇票到期，承兑人的银行存款不足支付，银行即将已贴现的票据退回申请贴现的企业，同时从贴现企业的账户中将票据款划回。此时，贴现企业应按所付票据本息，借记“应收账款”账户，贷记“银行存款”账户。如果申请贴现企业的银行存款账户余额不足，银行将作为逾期贷款处理，贴现企业应借记“应收账款”账户，贷记“短期借款”账户。

想一想：

若例3－9中，华都劝业场到期无力支付票据款，则恒天公司应如何进行账务处理？

第三节　预付账款和其他应收款的核算

一、预付账款的核算

（一）预付账款的概念

预付账款，是指企业按照购货合同约定预先支付给供货方的款项。当某种商品供不应求

时，企业为了及时采购材料或弄到紧俏的商品以保持正常生产经营活动的顺利进行，往往采取预付货款的方式，以求及时成交，保证生产供应。预付账款是企业在购货过程中发生的一种特殊的应收款项，与其他应收款项不同的是，未来应该收回的是资产而不是货币资金，是事先约定的实物资产，如材料、商品等，即属于非货币形式的债权。

预付款主要业务流程及涉及的主要凭证见图 3－3。

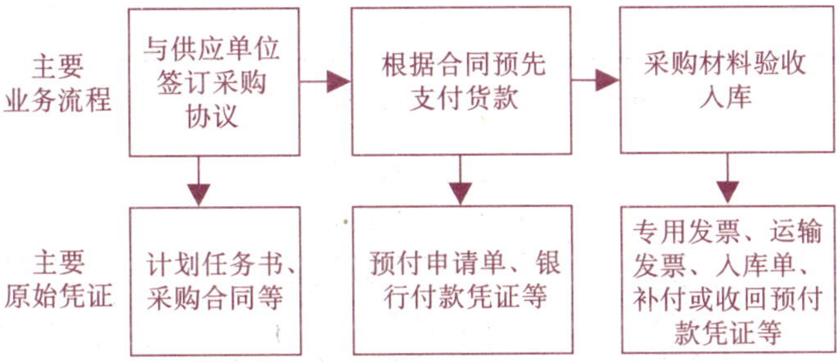

图 3－3　预付款主要业务流程及凭证

（二）预付账款的核算

企业预付账款的核算一般应在“预付账款”账户进行。该账户借方登记预付和补付的货款，贷方登记所购物品的应付金额以及退回的多付款。余额如在借方，表示实际预付的款项；余额如在贷方，表示企业尚未补付的款项。该账户应按供应单位设置明细账进行明细核算。预付货款业务不多的企业，可并入“应付账款”账户进行核算。

> **小资料**
>
> 企业的预付账款，如有确凿证据表明不符合预付账款性质，或者因供货单位破产、撤销等原因已无望再收到所购货物的，应将其从“预付账款”转入“其他应收款——预付账款转入”账户。

预付账款的核算包括预付款项、收回货款和货款结算三个方面。

1. 根据购货合同的规定向供应单位预付款项时，借记“预付账款”账户，贷记“银行存款”账户。

2. 企业收到有关货物时，根据发票账单金额，借记“原材料”、“应交税费——应交增值税（进项税额）”等账户，贷记“预付账款”账户。

3. 当预付货款小于采购货物所需支付的款项时，应将不足部分补付，借记“预付账款”账户，贷记“银行存款”账户；当预付货款大于采购货物所需支付的款项时，对收回的多余款项，应借记“银行存款”账户，贷记“预付账款”账户。

【例 3－10】 12 月 18 日，恒天公司向利民毛纺织有限公司采购西服用材料，所需支付的价款总额为 5 万元，按照合同规定，先预付货款的 30%，验收货物后再补付其余款项。恒天公司应做如下账务处理：

（1）出纳按照合同规定，向利民毛纺织有限公司开出 1.5 万元的转账支票。

（2）会计根据支票存根，编制记账凭证（表 3－28），并交审核人员审核。

（3）12 月 25 日，收到利民毛纺织有限公司发来 1 000 千克材料，经验收无误入库。会计根据仓库转来的材料入库单和采购部门转来的购料发票（货款 5 万元，增值税额 8 500 元），审核无误后，编制记账凭证（表 3－29），并交审核人员复核。

表 3－28

记 账 凭 证

2017 年 12 月 18 日　　　　记字第 36 号

摘　　要	总账科目	明细科目	借方金额	贷方金额
预付货款	预付账款	利民毛纺织有限公司	15 000	
	银行存款			15 000
合　　计			￥15 000	￥15 000

附单据×张

财务主管：黄依　　记账：张一　　出纳：苏瑞　　审核：刘伟　　制单：张一

表 3－29

记 账 凭 证

2017 年 12 月 25 日　　　　记字第×号

摘　　要	总账科目	明细科目	借方金额	贷方金额
西服用材料	原材料	西服材料	50 000	
	应交税费	应交增值税（进项税额）	8 500	
	预付账款	利民毛纺织有限公司		58 500
合　　计			￥58 500	￥58 500

附单据×张

财务主管：黄依　　记账：张一　　出纳：苏瑞　　审核：刘伟　　制单：张一

（4）2017 年 12 月 26 日，用银行存款补付不足款项 43 500 元，会计收到出纳转来的转账支票存根，审核无误后，编制记账凭证（表 3－30），并交审核人员审核。

表 3－30

记 账 凭 证

2017 年 12 月 26 日　　　　记字第×号

摘　　要	总账科目	明细科目	借方金额	贷方金额
补付货款	预付账款	利民毛纺织有限公司	43 500	
	银行存款			43 500
合　　计			￥43 500	￥43 500

附单据×张

财务主管：黄依　　记账：张一　　出纳：苏瑞　　审核：刘伟　　制单：张一

想一想：

若该公司预付货款通过“应付账款”核算，则例 3－10 应如何进行账务处理？

二、其他应收款的核算

（一）其他应收款的概念及内容

其他应收款是指除应收票据、应收账款、预付账款、应收利息和应收股利等以外的其他各种应收、暂付款项，主要包括：（1）应收的各种赔款、罚款；（2）应收出租包装物的租金；（3）应向职工收取的各种垫付款项；（4）备用金（向企业各职能科室、车间等拨出的备用金）；（5）存出的保证金，如租入包装物支付的押金；（6）预付账款转入；（7）其他各种应收、暂付款项。

（二）其他应收款的核算

为了核算和监督其他应收款的发生和结算情况，企业应设置“其他应收款”账户。该账户借方登记各种其他应收款项的发生；贷方登记其他应收款项的收回；期末借方余额反映企业尚未收回的其他应收款。该账户应按其他应收款的项目分类，并按不同的债务人设置明细账，进行明细核算。

其他应收款的核算，这里介绍备用金的核算及备用金以外的一般其他应收款的核算。

1. 备用金的核算。备用金是指为了满足企业内部各部门和职工个人生产经营活动的需要而暂付给有关部门和职工使用的备用现金。

根据备用金的管理制度，备用金的核算分为定额备用金制和非定额备用金制两种情况。

（1）定额备用金制。它是指根据使用部门工作的实际需要，先核定其备用金额并依此拨付备用金，使用后再拨付现金补足其定额的制度。若企业实行定额备用金制度，对于领用的备用金应当定期向财务部门报销。财务部门根据报销数用现金补足备用金定额，报销数和拨补数都不再通过“其他应收款”账户核算，其中，领用和核销定额备用金列入“其他应收款”账户核算。

【例3-11】 12月1日，恒天公司会计部门核定公司办公室的备用金定额为3 000元，以现金拨付。账务处理如下：

- 办公室负责人陈潇填写借款单，经总经理及财务经理审批后，交财务部门办理手续。
- 会计审核无误后，编制记账凭证（表3-31），并交审核人员审核。

表3-31 记 账 凭 证

2017年12月1日　　记字第03号

摘　要	总账科目	明细科目	借方金额	贷方金额
核拨办公室备用金	其他应收款	定额备用金（办公室）	3 000	
	库存现金			3 000
合　计			¥3 000	¥3 000

附单据1张

财务主管：黄依　记账：张一　出纳：苏瑞　审核：刘伟　制单：张一

【例3-12】 12月31日，恒天公司办公室报销日常管理支出2 500元，开出现金支票补足定额。账务处理如下：

- 陈潇填写报销单，经审批同意报销后，交财务部门办理报销手续。会计审核后，交出纳办理付款手续。
- 出纳补足备用金余额后，将报销单交会计入账。会计编制记账凭证（表3-32），并交审核人员审核。

表3-32 记 账 凭 证

2017年12月31日　　记字第×号

摘　要	总账科目	明细科目	借方金额	贷方金额
办公室报销费用	管理费用	办公费	1 500	
		业务招待费	1 000	
	库存现金			2 500
合　计			¥2 500	¥2 500

附单据1张

财务主管：黄依　记账：张一　出纳：苏瑞　审核：刘伟　制单：张一

（2）非定额备用金制。它是指为了满足临时性需要而暂付给有关部门和个人现金，使用后实报实销的制度。

【例3－13】 恒天公司业务部陈立12月5日外出预借差旅费1 500元，以现金付讫。在12月25日出差归来，审批后报销各项费用1 350元，余款交回。账务处理如下：

• 12月5日，业务部陈立填写借支单，提交审批后，交财务部，会计根据有关财务制度和单位内部规章制度进行审核，签字后交给出纳付款。出纳根据会计确定的金额付款后，在单据上盖“现金付讫”章，将单据交给会计。会计审核无误后，编制记账凭证（表3－33），并交审核人员审核。

表3－33 记 账 凭 证

2017年12月5日 记字第03号

摘　要	总账科目	明细科目	借方金额	贷方金额
陈立预支差旅费	其他应收款	陈立	1 500	
	库存现金			1 500
合　计			¥1 500	¥1 500

附单据×张

财务主管：黄依　记账：张一　出纳：苏瑞　审核：刘伟　制单：张一

• 12月25日，陈立持出差的相关批文及有关单据到财务部报销差旅费，将有关单据粘贴在报销单后，经领导审批同意后，交出纳审核，办理报销手续。出纳将有关单据交会计，会计根据审核无误的凭证，编制记账凭证（表3－34），并交审核人员审核。

表3－34 记 账 凭 证

2017年12月25日 记字第52号

摘　要	总账科目	明细科目	借方金额	贷方金额
报销差旅费	管理费用	差旅费	1 350	
	库存现金		150	
	其他应收款	陈立		1 500
合　计			¥1 500	¥1 500

附单据×张

财务主管：黄依　记账：张一　出纳：苏瑞　审核：刘伟　制单：张一

小资料

企业应当定期或者至少于每年年度终了，对其他应收款进行全面检查，预计其可能发生的坏账准备，并计提坏账准备。其他应收款坏账准备的提取及转回，与应收账款坏账准备的核算基本一致。

2. 备用金以外的其他应收款的核算。

【例3－14】 9月20日，恒天公司租入包装物一批，以银行存款向出租方支付押金3 000元。账务处理如下：

会计对使用部门转来的“验收单”和出纳转来的“转账支票存根联”等有关单据进行审核，无误后，编制记账凭证（表3－35），并交审核人员审核。

【例3－15】 10月18日，恒天公司租入包装物，按期如数退回，收到出租方退还的押金3 000元存入银行。账务处理如下：

会计对使用部门转来的单据和出纳转来的收款收据、现金交款单等有关单据进行审核，无误后，编制记账凭证（表3－36），并交审核人员审核。

表3－35

记 账 凭 证

2017年9月20日　　记字第×号

摘　要	总账科目	明细科目	借方金额	贷方金额
租入包装物支付押金	其他应收款	存出保证金	3 000	
	银行存款			3 000
合　计			¥3 000	¥3 000

附单据×张

财务主管：黄依　记账：张一　出纳：苏瑞　审核：刘伟　制单：张一

表3－36

记 账 凭 证

2017年10月18日　　记字第×号

摘　要	总账科目	明细科目	借方金额	贷方金额
收到退回押金	银行存款		3 000	
	其他应收款	存出保证金		3 000
合　计			¥3 000	¥3 000

附单据×张

财务主管：黄依　记账：张一　出纳：苏瑞　审核：刘伟　制单：张一

第四节　坏账核算

一、坏账及坏账损失的确认

（一）坏账的概念

企业无法收回或收回可能性极小的应收款项在会计上称为“坏账”，因坏账而产生的损失称为“坏账损失”。

（二）坏账损失的确认

企业应收及预付账款符合下列条件之一的，减除可收回金额后确认的无法收回的款项，作为坏账损失：

1. 债务人依法宣告破产、关闭、解散、被撤销，或者被依法注销、吊销营业执照，其清算财产不足清偿的。
2. 债务人死亡，或者依法被宣告失踪、死亡，其财产或者遗产不足清偿的。
3. 债务人逾期3年以上未清偿，且有确凿证据证明已无力清偿债务的。
4. 与债务人达成债务重组协议或法院批准破产重整计划后，无法追偿的。
5. 因自然灾害、战争等不可抗力导致无法收回的。

6. 国务院财政、税务主管部门规定的其他条件。

提示：对已确认为坏账的应收账款，并不意味着企业放弃其追索权，一旦重新收回，应及时入账。

二、坏账损失的核算

应收及预付款项计提坏账准备的方法有两种，一种是直接转销法，一种是备抵法。按《企业会计准则》规定，企业应采用备抵法进行坏账损失的核算。

直接转销法

（一）计提坏账准备的范围

企业坏账准备的计提范围包括应收账款、其他应收款，企业的预付账款如有确凿证据表明其不符合预付账款性质，或因供货单位破产、撤销等原因已无望再收到所购货物的，应将原计入预付账款的金额转入其他应收款，并计提坏账准备；持有未到期的应收票据若有确凿证据不能够收回时，可以将其金额转入“应收账款”，一并计提坏账准备。

（二）计提坏账准备的方法

计提坏账准备的方法有账龄分析法、应收账款余额百分比法、销货百分比法和个别认定法等。具体采用何种方法，由企业根据实际情况自行选择，并报有关部门备案，一经确定不得随意变更。坏账准备的计提比例应由企业根据以往的经验、债务单位当前的财务状况和现金流量等相关信息予以合理估计。

1. 账龄分析法。**账龄分析法是根据应收账款账龄的长短来估计坏账的方法。**账龄是指客户所欠账款时间的长短，账款被拖欠的时间越长，发生坏账的可能性也就越大。

运用账龄分析法估计坏账的一般做法是：将应收账款按拖欠时间（即账龄）的长短分为若干区间，计列各个区间上应收账款的金额，并为每一区间估计一个坏账损失百分比；然后，用各区间上的应收账款金额乘以各该区间的坏账损失百分比，估计各个区间上的坏账损失；最后，将各区间上的坏账损失估计数求和，即为坏账损失的估计总额。

【例3－16】 恒天公司某年12月31日应收账款账龄及估计坏账损失如表3－37所示。

表3－37 单位：元

应收账款账龄	应收账款金额	估计损失（%）	估计损失金额
1年以内	30 000	5	1 500
1~2年（含1年）	20 000	10	2 000
2~3年（含2年）	15 000	30	4 500
3~4年（含3年）	10 000	100	10 000
合 计	75 000		18 000

如表3－37所示，该公司12月31日估计的坏账损失为18 000元。

2. 应收账款余额百分比法。**应收账款余额百分比法是按照应收账款余额的百分比来估计坏账损失。**采用这种方法，事先应根据本企业过去的经验和现在的具体情况确定一个综合的坏账损失百分比；然后，用这个综合的坏账损失百分比乘以应收账款的账面余额，即可求得每期的应提坏账准备数额。例如，恒天公司 12 月 31 日应收账款余额 10 万元，估计坏账准备比例为 5%，则年末估计的坏账损失 = 100 000 × 5% = 5 000 元。

3. 销货百分比法。**销货百分比法是以赊销金额的一定百分比作为估计的坏账损失。**采用这一方法的理由是因为坏账仅和当期因赊销而发生的应收款项有关，与当期的现款销售无关，当期赊销业务越多，产生坏账的损失就越大。因此，可以根据过去的经验和有关资料，估计坏账损失与赊销金额之间的比率，也可用其他更合理的方法进行估计。例如，恒天公司全年赊销净额为 20 万元，估计的坏账损失率为 1%，则估计的坏账损失 = 200 000 × 1% = 2 000元。

4. 个别认定法。**个别认定法就是根据每一项应收账款的情况来估计坏账损失的方法。**在采用余额百分比法和账龄分析法时，如果某项应收账款的可收回性与其他各项应收账款存在明显差异，可对该项应收账款采用个别认定法计提坏账准备。例如，恒天公司采用余额百分比法计提坏账准备，计提比例 5%。年末，应收账款余额 10 万元，其中有一项 2 万元的应收账款有确凿证据表明只能收回 80%，则估计的坏账损失 = 80 000 × 5% + 20 000 × 20% = 8 000 元。

（三）坏账损失的账务处理

按照现行制度，企业的坏账损失应采用备抵法进行核算。**备抵法是指按期估计坏账损失，形成坏账准备，当某一应收款项全部或部分被确认为坏账时，应根据其金额冲减坏账准备，同时转销相应的应收款项金额的一种核算方法。**

为了核算企业坏账准备的提取、冲销等情况，应设置“坏账准备”账户。该账户贷方登记期末提取坏账准备以及已核销又予收回的坏账损失；借方登记已确认无法收回的应收款项以及冲销多计的坏账准备。该账户平时（1—11 月）的贷方余额表示坏账准备结余数额；借方余额表示实际发生的坏账损失大于计提坏账准备的差额；年末为贷方余额，表示企业已提取的坏账准备。

坏账准备可按下列公式计算：

$$\text{当期应提取的坏账准备} = \text{当期按应收款项计算应提坏账准备金额} - \text{“坏账准备”账户的贷方余额}$$

当期按应收款项计算应提坏账准备金额大于“坏账准备”账户的贷方余额，应按其差额提取坏账准备；如果当期按应收款项计算应提坏账准备金额小于“坏账准备”账户的贷方余额，应按其差额冲减已计提的坏账准备；如果当期按应收款项计算应提坏账准备的金额为零，应将“坏账准备”账户的余额全部冲回。

企业提取坏账准备时，借记“资产减值损失”账户，贷记“坏账准备”账户。实际发生坏账时，借记“坏账准备”账户，贷记“应收账款”、“其他应收款”等账户。如果已确认并转销的坏账以后又收回，则应按收回的金额，借记“应收账款”、“其他应收款”等账户，贷记“坏账准备”账户；同时，借记“银行存款”账户，贷记“应收账款”、“其他应收款”等账户。

【例 3 - 17】 恒天公司按照应收账款余额的 3‰提取坏账准备。该企业 2015 年末的应收账款余额为 1 000 000 元；2016 年发生 A 单位坏账 6 000 元，年末应收账款余额为 1 200 000 元；2017 年已冲销的上年 A 单位的应收账款 6 000 元又收回 5 000 元，年末应收账款余额为 1 300 000 元。相关账务处理如下：

（1）2015 年末：

借：资产减值损失　　3 000

　　贷：坏账准备　　3 000

（2）2016 年发生坏账损失：

借：坏账准备　　6 000

　　贷：应收账款——A 单位　　6 000

（3）2016 年末应收账款余额为 1 200 000 元时，

“坏账准备”的余额 = 1 200 000 × 3‰ = 3 600（元）

年末应计提的坏账准备 = 3 600 －（3 000 － 6 000）= 6 600（元）

借：资产减值损失　　6 600

　　贷：坏账准备　　6 600

（4）2017 年已冲销的上年应收账款又收回：

借：应收账款——A 单位　　5 000

　　贷：坏账准备　　5 000

同时：

借：银行存款　　5 000

　　贷：应收账款——A 单位　　5 000

（5）2017 年末应收账款余额为 1 300 000 元时，

“坏账准备”的余额 = 1 300 000 × 3‰ = 3 900（元）

年末应计提的准备 = 3 900 －（3 600 + 5 000）= －4 700（元）

借：坏账准备　　4 700

　　贷：资产减值损失　　4 700

第四章
存　货

恒天公司要生产西服，为了避免因制造西服的咔叽布不足而造成停工损失以及咔叽布价格波动所带来的风险，公司储备了一定数额的咔叽布和其他物资以备生产所用。该公司的主要产品男女西服套装要在春节前上市，为了保证供应，国庆节后他们就组织生产，储备销售的商品。以上为生产西服储备的原材料（咔叽布）以及生产完工准备销售的西服，就是我们通常所说的“存货”。

学习目标
- □ 理解存货的概念、存货的确认原则
- □ 掌握存货价值的确定方法
- □ 掌握存货按实际成本核算的方法
- □ 理解期末存货的计价方法

第一节　存货概述

一、存货的概念及确认

（一）存货的概念

存货，是指企业在日常生产经营过程中持有以备出售的产成品或商品、处在生产过程中的在产品、将在生产或提供劳务过程中耗用的材料和物料等，以及企业（农、林、牧、渔业）为出售而持有的、或在将来收获为农产品的消耗性生物资产。存货包括：原材料、在产品、半成品、产成品、商品、周转材料、委托加工物资、消耗性生物资产（大田作物、蔬菜、用材林以及存栏待售的牲畜等）。

存货与其他资产相比，具有以下特点：

1. 与无形资产相比，存货具有实物形态。

2. 与长期资产相比，存货具有较强的流动性。

3. 与货币资产相比，存货具有发生潜在损失的可能性。在正常生产经营活动中，存货能够有规律地转换为货币资产或其他资产，但是长期不能耗用或销售的存货就有可能变为积压物资或降价销售，给企业造成损失。

4. 企业持有存货的目的是准备在正常经营过程中予以出售，如商品、产成品以及某些半成品等；或者将在生产或提供劳务的过程中耗用，制成产成品后再出售，如材料、包装物、低值易耗品等；或者仍然处在生产过程中，如在产品、半成品等。存货的这一特征，使其与企业储存用于工程建造的各种工程物资相区别。

（二）存货的确认

确认一项货物是否属于企业的存货，首先，需要符合存货的概念；其次，还要满足存货确认的两个条件：一是该存货包含的经济利益很可能流入企业；二是该存货的成本能够可靠地计量。

通常，拥有存货的所有权是存货所包含的经济利益很可能流入本企业的一个重要标志。一般情况下，只要在盘存日期内其所有权归属于企业，则不论其存放地点在哪里，都应作为企业的存货，包括：（1）存放在本企业仓库的存货；（2）存放在本企业门市部和陈列馆的存货；（3）已发运但尚未办理托运手续的存货；（4）购入后不需经过本企业仓库，直接发给购货单位或加工单位的存货；（5）委托其他单位加工或代销的存货；（6）已购入，但尚未办理入库手续的在途存货等。反之，企业已经销售的存货，因其所有权已经移交给购买方，故不管其是否已经发运，均不应包括在本企业的存货之内。受托加工材料、代销商品都不属于本企业的存货。

存货确认的另一条件是成本能够可靠计量。存货作为企业资产的组成部分，要予以确认也必须能够对其成本进行可靠地计量。存货的成本能够可靠地计量必须以取得确凿、可靠的证据为依据，并且具有可验证性。如果存货成本不能可靠地计量，则不能确认为一项存货。

二、存货分类

（一）存货按经济用途分类

存货按经济用途可以分为三类：

1. 在正常经营过程中储存以备出售的存货：指企业在正常的经营过程中处于待销售状态的各种物品，如工业企业的库存产成品、商品流通企业的库存商品等。特种储备以及按国家指令专项储备的资产不属于存货范围。

2. 为了最终出售正处于生产过程中的存货：指为了最终出售但目前尚处于生产加工过程中的各种物品，如工业企业的在产品和自制半成品等。

3. 为了生产产品或提供服务以备消耗的存货：指企业为产品生产或提供服务过程中耗用而储存的各种物品，如工业企业为生产产品耗用而储存的原材料、燃料、包装物、低值易耗品等。为建造固定资产等工程而储备的各种材料，不属于为生产产品而储备的材料，所以，不属于存货的范围。

（二）存货按存放地点分类

存货按存放地点可以分为四类：

1. 库存存货：指已经运到企业、并已验收入库的各种材料、商品以及已验收入库的自制半成品和产成品等。

2. 在途存货：包括运入在途存货和运出在途存货。前者指已经付款，正在运输途中或尚未验收入库的存货；后者指按合同规定已经发出或送出，但尚未确认销售收入的存货。

3. 加工中的存货：指企业自行生产加工以及委托外单位加工中的各种存货。

4. 委托代销存货：指存放在受托单位，并委托其代为销售的存货。

注意：同一物品，在不同的企业可能表现为存货，也可能表现为固定资产，这需要根据企业的实际情况来处理。

想一想：

下列哪些项目属于存货：

1. 为建造厂房等各项工程而储备的各种材料。
2. 汽车制造厂生产的汽车。
3. 一般企业运营使用的汽车。

第二节　存货价值的确定

存货的计价是指取得存货价值的确定、发出存货价值的确定以及期末存货价值的确定。

一、取得存货价值的确定

企业存货在取得时应当按照实际成本入账，**存货的实际成本就是在取得存货的过程中发生的全部实际支出。**存货成本包括采购成本、加工成本和其他成本三个组成部分。存货取得的途径不同，其实际成本的构成也有所不同，企业取得存货的途径主要有向外单位购入、自制、委托加工、投资者投入、接受捐赠、非货币性交易取得等。

（一）购入存货的入账价值

外购存货的实际成本 = 买价 + 采购费用 + 相关税费 + 其他直接费用

1. 买价。买价是指供货方发票所开列的货款金额（一般不包括增值税），即购买存货实际支付的不含税价款。

2. 采购费用。采购费用包括运杂费用、运输途中的合理损耗和入库前挑选整理费用等。

（1）运杂费。运杂费是指存货购买后运达企业过程中发生的各项费用，包括运输费、包装费、装卸费、途中保险费、仓储费等。根据现行制度的有关规定，对于取得运输费增值税专用发票的，其增值税税率为11%，列入增值税的进项税额。

（2）运输途中的合理损耗。这是指存货在运输过程中由于客观原因而发生的正常损耗。某些物资由于其特性所决定，运输途中不可避免地会出现破损、毁坏、挥发、霉烂、变质等损失。对于这类运输中因客观原因带来的损失，由最终验收入库的存货来负担。因此，途中合理损耗只是增加入库存货的单位成本，并不影响购货总成本。

（3）入库前的挑选整理费用。这是指存货运达企业入库前，根据工艺加工的需要进行相应的挑选整理过程中发生的费用，包括挑选整理中发生的工、费支出和必要的损耗，并扣除回收的下脚废料价值，如酿酒业购入农产品发生的烘干、分级、筛选等工、费支出等。

3. 存货应负担的税费。如存货应负担消费税、资源税、城建税等价内税、小规模纳税人所支付的增值税等，但不含按照税法规定可以抵扣的增值税进项税额。

注意：商品流通企业在采购商品过程中发生的运输费、装卸费、保险费以及其他进货费用，可以在发生时直接计入当期销售费用。

4. 其他成本。指除采购成本、加工成本以外的、使存货达到预定可使用状态所发生的其他支出。

（二）自制存货的入账价值

自制存货的成本包括：制造过程中发生的直接材料费用、直接人工费用和按一定方法分配转入的制造费用。

经过1年期以上的制造才能达到预定可销售状态的存货发生的借款费用，也计入存货的成本。这里的“借款费用”，是指企业因借款而发生的利息及其他相关成本，包括：借款利息、辅助费用以及因外币借款而发生的汇兑差额等。

（三）委托加工存货的入账价值

委托加工存货的入账价值，以实际耗用的原材料或者半成品的成本和支付的加工费、运输费、装卸费、保险费及按规定应计入成本的税金，作为实际成本。

（四）投资者投入存货的入账价值

投资者投入存货的成本，应当按照合同或协议约定的价值确定。但合同或协议约定价值不公允的除外。

（五）接受捐赠存货的入账价值

接受捐赠存货的入账价值按以下规定确定其实际成本：

1. 捐赠方提供了有关凭据（如发票、报关单、有关协议）的，按凭据上标明的金额加上应支付的相关税费，作为实际成本。

2. 捐赠方没有提供有关凭据的，应参照同类或类似存货的市场价格估计或评估价值的金额，加上应支付的相关税费，作为实际成本。

（六）盘盈存货的入账价值

企业盘盈的存货按照同类或类似存货的市场价格或评估价值作为实际成本。

二、发出存货的计价方法

（一）按实际成本计价

存货发出的计价方法是指对发出存货和每次发出后的结存存货价值的计算确定方法。由于企业存货品种繁多，收发频繁，相同存货的单价会因为取得的方式或采购时间、地点的不同而不同，这样，在每次发出存货时，就会产生按哪一种单价计价的问题，即用什么方法在发出存货与结存存货之间分配成本。一般来说，存货按实际成本计价时，发出存货的实际成本有多种方法可供企业选用，其主要有：

1. 个别计价法。又称个别认定法、具体辨认法等，是对库存和发出的每一特定货物或每一批特定货物的个别成本加以认定的一种方法。这一方法，是假设存货的成本流转与实物流转相一致。采用个别计价法一般需具备两个条件：一是存货项目必须是可以辨别认定的；二是必须要有详细的记录，包括每一存货的品种规格、入账时间、单位成本、存放地点等情况。

【例4－1】 恒天公司8月份包装纸箱的收、发、存数据资料如表4－1所示。

表4－1

日　期	摘　要	收　入		发　出		结存数量（件）
		数　量	单位成本	数　量	单位成本	
8月1日	结存					600（单价10）
8月8日	购入	400	11			1 000
8月15日	发出			800		200
8月20日	购入	600	12			800
8月28日	发出			400		400
8月31日	购入	400	15			800

经具体认定，若8月15日发出的包装纸箱中，属于期初结存的有500件，属于8月8日购入的有300件；8月28日发出的包装纸箱中，属于期初结存的有100件，属于8月20日购入的有300件。则8月份包装纸箱的发出实际成本和期末结存成本可计算如下：

本期包装纸箱发出实际成本 $=500\times10+300\times11+100\times10+300\times12=12\ 900$（元）

期末包装纸箱结存成本 $=100\times11+300\times12+400\times15=10\ 700$（元）

【方法评价】

优点：该方法能准确计算发出存货和期末存货的成本。

缺点：需分批认定和记录存货的批次及各批的单价、数量，工作量较大；另外，容易出现企业随意选用较高或较低价格的存货以调整当期利润的现象。

这种方法一般适用于容易识别、存货品种数量不多、单位成本较高的存货，如房产、船舶、汽车、名画、飞机、珠宝等贵重物品，能够分清批次、整批进整批出的存货也可以采用这种方法。

2. 加权平均法。加权平均法也称“全月一次加权平均法”，指以本月期初结存存货数量和本月全部收入存货数量作为权数，去除本月期初结存存货成本和本月全部收入存货成本，计算出存货的加权平均单价，从而确定存货发出成本和库存成本的一种方法。具体计算方法如下：

$$加权平均单价=\frac{期初结存存货实际成本+本期收入存货实际成本}{期初结存存货数量+本期收入存货数量}$$

本期发出存货成本＝本期发出存货数量×加权平均单价

期末结存存货成本＝期末结存存货数量×加权平均单价

如果计算出加权平均单价不是整数，就要将小数点后数字四舍五入，为了保持账面数字之间的平衡关系，可以采用倒挤成本法计算发出存货的成本，即：

期末结存存货成本＝期末结存存货数量×加权平均单价

本期发出存货成本＝期初结存存货成本＋本期收入存货成本－期末结存存货成本

【例4－2】 承例4－1，采用加权平均法计算包装纸箱本期发出成本和期末结存成本（见表4－2）。

表4－2 **存货明细账**

名称及规格：包装纸箱　　计量单位：件

2017年		摘要	收入			发出			结存		
月	日		数量	单价	金额	数量	单价	金额	数量	单价	金额
8	1	结存							600	10	6 000
8	8	购入	400	11	4 400				1 000		
8	15	发出				800			200		
8	20	购入	600	12	7 200				800		
8	28	发出				400			400		
8	31	购入	400	15	6 000				800		
	31	本月合计	1 400		17 600	1 200	11.80	14 160	800	11.80	9 440

表4－2中有关资料的计算如下：

$$加权平均单价=\frac{6\ 000+17\ 600}{600+1\ 400}=11.80\text{（元）}$$

本月发出包装纸箱成本＝1 200×11.80＝14 160（元）

月末结存成本＝800×11.80＝9 440（元）

【方法评价】

优点：采用加权平均法能简化核算工作，而且在市场价格上涨或下跌时所计算出来的单位成本平均化，对存货成本的分摊较为折中。

缺点：这种方法只有在期末才能计算出加权平均单价，从而确定发出存货成本和结存存货成本，平时无法从账上提供发出和结存存货的单价和金额，不利于对存货加强日常管理。

3. 移动加权平均法。移动加权平均法是指每次收到存货以后，立即根据库存存货的数量和总成本，计算出新的平均单位成本，并对发出存货进行计价的一种方法。移动加权平均法与加权平均法的计算原理基本相同，只是要求在每次收入存货时重新计算加权平均单价。其具体计算方法如下：

$$移动加权平均单价=\frac{以前结存存货实际成本+本批收入存货实际成本}{以前结存存货数量+本批收入存货数量}$$

发出存货成本＝本次发出存货数量×移动加权平均单价

期末存货成本＝期末结存存货数量×移动加权平均单价

【例4－3】 承例4－1，采用移动平均法计算包装纸箱发出成本和结存成本（见表4－3）。

表 4－3　　存货明细账

名称及规格：包装纸箱　　计量单位：件

2017 年		摘要	收入			发出			结存		
月	日		数量	单价	金额	数量	单价	金额	数量	单价	金额
8	1	结存							600	10	6 000
8	8	购入	400	11	4 400				1 000	10.4	10 400
8	15	发出				800	10.4	8 320	200	10.4	2 080
8	20	购入	600	12	7 200				800	11.6	9 280
8	28	发出				400	11.60	4 640	400	11.6	4 640
8	31	购入	400	15	6 000				800	13.3	10 640
	31	本月合计	1 400		17 600	1 200		12 960	800	13.3	10 640

$$第一批购货后的平均单位成本=\frac{6\ 000+4\ 400}{600+400}=10.4（元）$$

$$第二批购货后的平均单位成本=\frac{2\ 080+7\ 200}{200+600}=11.6（元）$$

$$第三批购货后的平均单位成本=\frac{4\ 640+6\ 000}{400+400}=13.3（元）$$

本月发出包装纸箱成本 =8 320 +4 640 =12 960（元）

月末结存成本 =800 ×13.3 =10 640（元）

【方法评价】

优点：采用移动加权平均法可以随时转账，便于加强存货的日常管理；大量核算工作分散在平时进行，减轻了月末工作；而且计算的加权平均单价以及发出和结存存货的成本较客观，企业亦不能任意挑选存货成本以调整当期利润。

缺点：由于每次收入存货都要重新计算一次加权平均单价，计算工作量较大。

4. 先进先出法。先进先出法是假定“先入库的存货先发出”，并根据这种假定的成本流转程序对发出存货和期末结存存货计价的一种方法。具体做法是：领发材料时，先按第一批入库存货的单价计算发出存货的成本；领发完毕后，再按第二批入库存货的单价计算，以此类推。

【例 4－4】 承例 4－1，采用先进先出法计算包装纸箱发出成本和结存成本（见表 4－4）。

表 4－4　　存货明细账

名称及规格：包装纸箱　　计量单位：件

2017 年		摘要	收入			发出			结存		
月	日		数量	单价	金额	数量	单价	金额	数量	单价	金额
8	1	结存							600	10	6 000
8	8	购入	400	11	4 400				600 400	10 11	6 000 4 400
8	15	发出				600 200	10 11	6 000 2 200	200	11	2 200
8	20	购入	600	12	7 200				200 600	11 12	2 200 7 200
8	28	发出				200 200	11 12	2 200 2 400	400	12	4 800
8	31	购入	400	15	6 000				400 400	12 15	4 800 6 000
8	31	本月合计	1 400		17 600	1 200		12 800	400 400	12 15	4 800 6 000

由表 4－4 可以得出：

本月发出包装纸箱成本＝（600×10＋200×11）＋（200×11＋200×12）

＝12 800（元）

月末结存成本＝6 000＋17 600－12 800

＝10 800（元）

【方法评价】

优点：采用先进先出法能随时结转成本，期末存货成本较接近现行的市场价值，企业不能随意挑选存货成本以调整当期利润。

缺点：在存货收发业务频繁和单价经常变动的情况下，企业计价的工作量较大。另外，当物价上涨时，用早期较低的成本与现行收入相配比，会高估企业当期利润；反之则低估当期利润。

（二）按计划成本计价

当存货的取得采用计划成本计价时，存货的发出也应采用计划成本计价。在计划成本计价核算方法下，存货发出时先按照预先确定的计划单位成本计价核算，到月末，对全部存货取得时形成的成本差异在发出存货和期末结存存货之间进行分配，将发出存货的计划成本加上或减去发出存货应负担的成本差异，调整为实际成本，以保证生产经营过程中存货耗费价值的真实性。这一部分内容，我们将放在本章第三节作详细的介绍。

三、存货的期末计价

会计期末，为了客观、真实、准确地反映企业期末存货的实际价值，企业在编制资产负债表时，要确定“存货”项目的金额，即要确定期末存货价值。

企业期末存货的价值通常是以历史成本确定，即可以通过公式“期末存货＝期初存货＋本期增加－本期减少”加以确定。我国企业会计制度规定，企业存货期末应按成本与可变现净值孰低计量，对于可变现净值低于存货成本的差额，应当计提存货跌价准备，记入“资产减值损失”账户中。

成本与可变现净值

四、存货收发业务的凭证

（一）存货收入的凭证

存货收入是指将属于企业的存货按规定手续验收入库。企业收入的存货主要从外部购入，还有自制、委托加工收回等不同来源。收货部门（仓库）对不同来源的存货办理验收入库手续时，应填制规定的原始凭证，这些存货入库时需填制的各种凭证就是存货收入的原始凭证。存货收入原始凭证主要有以下几种：

1. 收货单。制造业企业外购商品一般采用收货单办理入库手续。

收货单一般一式三联，一联作存根备查，其余两联同供货发票一并交仓储部门收货，其中一联由仓库保管员据以验货入库，并作为登记仓库商品明细账的依据；另一联连同发票及其他结算凭证送财会部门，财会部门审核无误后，据以办理货款结算和登记存货账簿。

2. 收料单。收料单亦称为入库单，通常是制造业企业外购材料等存货入库验收时填制的原始凭证。

收料单一般应在材料进库时由经办人填写，材料经仓库验收签章（其中“实收”栏由仓库按实收数填列），然后分别转送有关部门。收料单一式三联，一联送供应部门，据以检查供货合同执行情况；一联送交会计部门据以记账；一联留在仓库，据以进行材料明细核算。

3. 材料交库单。企业生产中回收的残料、废料和自制加工完成的材料，应当采用材料交库单办理入库手续。

材料交库单一般一式三联，随同材料送交材料仓库，仓库保管员签收后，一联留存仓库据以登记库存材料明细账；一联退给交料部门留存备查；另一联送交财会部门，据以进行材料收入的核算。

4. 产成品入库单。企业生产车间加工完成的产品，应当采用产成品入库单办理入库手续。由于成本核算的特殊性，产成品入库单平时无法进行标价，只能据以进行产成品明细账的数量核算。实际工作中，一般于月末根据产成品入库单和生产成本核算资料汇总编制产成品入库汇总表，作为产成品收入总分类核算的依据。

产成品入库单一般由车间按照交库数量填写，送交仓库进行验收，并由车间和仓库双方签章。产成品入库单通常一式三联，车间、仓库各留一联，一联送财会部门，据以登记有关账簿。

（二）存货发出的凭证

企业发出存货，不论是车间还是部门领用，或是对外销售，都要有企业的有关部门、车间办理领取手续，填制必要的存货发出凭证，并经有关人员签章。只有经过审核签证的、合法的存货发出凭证，才能作为存货发出的核算依据。存货发出凭证主要有下列几种：

1. 发货单。仓库发出产品或商品主要是销售。企业销售部门销售产品时，应填制产品出库凭证，通知成品仓库和运输部门办理产品出库手续，并由销售部门开出发货票，作为企业与购货单位办理货款结算的凭证。发货单一般是销售发票的一个副联，即为简化业务手续，企业可以把存货发出的出库凭证与销售发票结合在一起使用。在销货时，填制一式四联的发货票，一联是存根，填制部门留存；一联作为销售凭证，交财会部门，据以办理结算和记账；一联作为提货的出库凭证，仓库保管员凭以发货并据以登记存货明细账。

2. 领料单。领料单是一种一次使用有效的领发料凭证，适用于临时性需要或没有消耗定额的各种材料的领用。领料单应由领料部门填制，经负责人签章后据以办理领料手续。为了便于分类和汇总，领料单一般一式三联，一联由仓库连同发出的材料退给领料部门备查；一联留仓库据以登记材料明细账或材料卡片；一联由仓库交财会部门，据以进行材料费用核算。

3. 限额领料单。限额领料单是一种在规定的领用限额之内、多次使用的累计发料凭证，适用于经常需要并规定有消耗定额的各种材料的领用。

限额领料单通常由生产部门会同供应部门根据车间生产计划、材料消耗定额以及有关资料计算各种材料计划用量，按照领用车间每一种材料编制限额领料单。限额领料单为一式两联，经计划部门和供应部门签章后，一联送交领料单位据以领料；另一联送交仓库据以发料。

4. 退料单。对于已领未用的多余或不再需用的材料等存货，应填制退料单办理退料。月末，对于本月已领未用而下月继续需用的材料，可以同时填制本月份的退料单和下月份的领料单，而将材料留存在车间或部门。这种做法一般称为“假退料”。

退料单应由退料单位填制，一式三联，一联由仓库收料后退回退料部门；一联留存仓库据以登记材料明细账；一联交财会部门据以记账。

存货收发业务相关凭证见表4－5。

表4－5

存货收入凭证	存货发出凭证
收货单	发货单
收料单	领料单
材料交库单	限额领料单
产成品入库单	退料单

第三节　材料的核算

一、材料核算的内容

材料，是指企业用于制造产品并构成产品实体的购入物料，以及购入的用于产品生产耗用但不构成产品实体的辅助性物资等。按其经济内容，材料可分为：

1. 原料及主要材料，是指直接用于产品制造，经过加工后构成产品主要实体的各种原料和材料。原料是指直接取自于自然界的劳动对象，如纺纱用的棉花、炼铁用的矿石等；材料是指已被加工过的劳动对象，如织布用的棉纱、机械制造用的钢材等。

2. 辅助材料，是指不构成产品的主要实体，但直接用于产品生产、有助于产品形成的各种材料。

3. 外购半成品，是指从外部购入，需要本企业进一步加工或装配的、已完成一定生产步骤的半成品。对购入企业而言，外购半成品如同原材料。如果外购半成品数量不大，也可列作原料及主要材料。

4. 修理用备件，是指为修理本企业的机器设备等从外部购入的专用零部件。

5. 燃料，是指在工艺技术过程中用于燃烧取得热能的各种材料。包括各种固体、液体和气体燃料。

6. 包装材料，是指用于包装本企业商品并作为商品组成部分的各种包装用材料。

提示：按《企业会计准则》规定，材料中有些项目如果数量、品种较多，也可以单设会计账户进行核算，如可以单设“燃料”或“包装物”账户核算企业各种燃料和包装物的收发与结存情况。

上述六类材料在会计核算上可以归为原材料，即通过设置“原材料”账户进行核算。

材料的日常核算分为按实际成本计价和按计划成本计价两种方法，企业可以根据自身生产经营特点及管理要求，自行决定采用哪一种核算方法。

材料核算的主要业务流程及涉及的原始凭证见图 4 - 1。

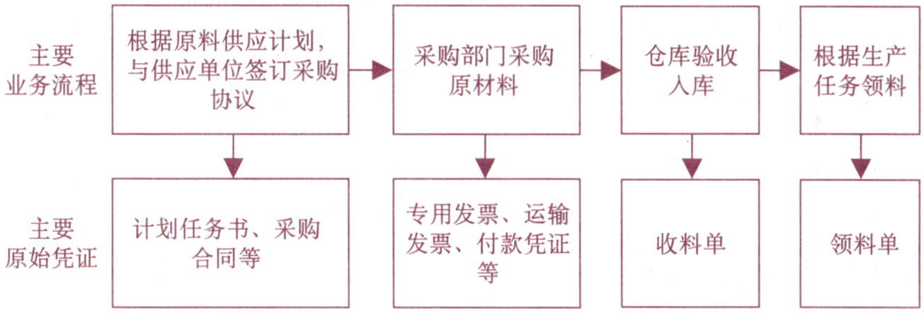

图 4 - 1 材料核算的主要业务流程及凭证

二、原材料按实际成本计价的核算

原材料按实际成本计价的核算特点是材料从收发凭证到明细分类账和总分类账全部按实际成本计价反映。

（一）账户设置

1. “原材料” 账户。用于核算企业库存的各种材料的实际成本，包括原料及主要材料，辅助材料，外购半成品，修理用备件、燃料、包装材料等的实际成本增加、减少与结存情况。该账户属于资产类账户，借方登记验收入库的各种材料的实际成本；贷方登记发出的各种材料的实际成本；期末借方余额反映企业库存各种材料的实际成本。该账户应按材料的保管地点（仓库），材料的类别、品种和规格设置明细账。

2. “在途物资” 账户。用于核算企业已支付货款，但尚未到达或尚未验收入库的各种物资的实际成本。该账户属于资产类账户，借方登记已付款或已开出、承兑商业汇票的物资的实际成本；贷方登记已验收入库物资的实际成本；期末借方余额反映企业已付款或已开出、承兑商业汇票但尚未到达或尚未验收入库的在途物资的实际成本。该账户应按供应单位设置明细账进行明细核算。

（二）原材料的总分类核算

1. 原材料收入的核算。原材料收入包括三种情况：外购材料、自制材料、废料入库。

（1）外购材料。由于结算方式和采购地点的不同，材料入库和货款的支付在时间上不一定完全同步，外购材料的账务处理也有所不同，大致有以下七种情况：

①货款已经付清，同时收料。企业应根据发票账单和收料单等确定的材料实际成本，借记 “原材料” 账户；根据取得的增值税专用发票上注明的税额，借记 “应交税费——应交增值税（进项税额）” 账户，根据实际付款金额贷记 “银行存款”、“其他货币资金” 等账户，或根据已开出、承兑商业汇票的票面价值，贷记 “应付票据” 账户。

【例 4 - 5】 3 月 26 日恒天公司从利民有限公司购入西服用材料一批，价款 2 万元，增值税额 3 400 元，发票账单等结算凭证已收到，材料已验收入库，货款全部支付。账务处理如下：

会计人员收到增值税专用发票（略）、银行电汇凭证（表4－6）及收料单（表4－7）后，进行审核，无误后编制记账凭证（表4－8）。

表4－6 中国建设银行电汇凭证（回单） **1**

☑普通 ☐加急 委托日期：2017年3月26日

<table>
<tr><td rowspan="3">汇款人</td><td>全称</td><td colspan="3">恒天有限责任公司</td><td rowspan="3">收款人</td><td>全称</td><td colspan="10">利民有限责任公司</td></tr>
<tr><td>账号</td><td colspan="3">0012－015－2</td><td>账号</td><td colspan="10">2752700</td></tr>
<tr><td>汇出地点</td><td>广州市</td><td>汇出行名称</td><td>建行越秀支行</td><td>汇入地点</td><td colspan="3">徐州市</td><td colspan="3">汇入行名称</td><td colspan="4">工行交易城支行</td></tr>
<tr><td rowspan="2">金额</td><td colspan="6" rowspan="2">人民币（大写）贰万叁仟肆佰元整</td><td>千</td><td>百</td><td>十</td><td>万</td><td>千</td><td>百</td><td>十</td><td>元</td><td>角</td><td>分</td></tr>
<tr><td></td><td></td><td>¥</td><td>2</td><td>3</td><td>4</td><td>0</td><td>0</td><td>0</td><td>0</td></tr>
<tr><td colspan="5" rowspan="2">汇出行盖章
年 月 日</td><td colspan="12">支付密码：</td></tr>
<tr><td colspan="12">附加信息及用途：支付货款</td></tr>
</table>

此联给付款人的回单

中国建设银行 广州越秀支行 2017.03.26 转账 付讫

表4－7 收料单（记账联）

供应单位：利民有限责任公司 收料仓库：1号仓库

发票号码：0003621 2017年3月25日 第1228号

材料编号	材料名称	规格	单位	数量		单价	采购费用		金额（元）	
				应收	实收		运费	其他	单位成本	总成本
	西服用材料		批	1	1	20 000			20 000	20 000
合计										20 000

仓库负责人：刘同 经办人：张伟 收料人：陈芸

表4－8 记账凭证

2017年3月26日 记字第58号

摘要	总账科目	明细科目	借方金额	贷方金额
购买西服用材料	原材料	西服用材料	20 000	
	应交税费	应交增值税（进项税额）	3 400	
	银行存款			23 400
合计			¥23 400	¥23 400

附单据×张

财务主管：黄依 记账：张一 出纳：苏瑞 审核：刘伟 制单：张一

②付款在先，收料在后。此类业务发生时，企业应根据有关结算凭证中记载的已付款材料的价值借记“在途物资”账户，根据已付款材料的增值税额借记“应交税费——应交增值税（进项税额）”账户，根据实际付款金额贷记“银行存款”、“其他货币资金”等账户。待材料到达、验收入库后，再根据收料单，借记“原材料”账户，贷记“在途物资”账户。

【例4－6】 承例4－5，假设3月26日收到相关的结算凭证，但3月30日材料才验收入库。

• 3月26日，会计收到购料发票、付款凭证，审核无误后，编制记账凭证（表4－9），反映材料采购成本，并交审核人员审核。

表4－9　　记　账　凭　证

2017年3月26日　　记字第58号

摘　要	总账科目	明细科目	借方金额	贷方金额
购买西服用材料	在途物资	利民有限责任公司（西服用材料）	20 000	
	应交税费	应交增值税（进项税额）	3 400	
	银行存款			23 400
合　计			¥23 400	¥23 400

附单据×张

财务主管：黄依　记账：张一　出纳：苏瑞　审核：刘伟　制单：张一

• 3月30日，会计收到收料单，审核无误后，编制记账凭证（表4－10），并交审核人员审核。

表4－10　　记　账　凭　证

2017年3月30日　　记字第62号

摘　要	总账科目	明细科目	借方金额	贷方金额
西服用材料验收入库	原材料	西服用材料	20 000	
	在途物资	利民有限责任公司（西服用材料）		20 000
合　计			¥20 000	¥20 000

附单据×张

财务主管：黄依　记账：张一　出纳：苏瑞　审核：刘伟　制单：张一

③收料在先，付款在后。这类业务，具体应分两种情况处理：

第一种情况： 材料验收入库时，因为发票账单未到，所以未付款。由于一般在短时间内发票账单就可能达到，为了简化核算手续，在月份内发生的，可以暂不进行总分类核算，只将收到的材料登记明细分类账，待收到发票账单时，再进行总分类核算。月末，对于那些结算凭证和发票账单尚未到达的入库材料，可以按材料的合同价格或计划成本计价，暂估入账，借记“原材料”账户，贷记“应付账款——暂估应付账款”账户，下月初，用红字作同样的记账凭证，予以冲回，以便下月付款或开出、承兑商业汇票时，按正常程序处理。

【例4－7】 假设例4－5中，3月25日收到仓库转来的收料单，但是尚未收到增值税专用发票等结算凭证。

• 3月25日，暂不作账务处理，收料单单独保管。

• 3月31日，月末仍未收到结算凭证，估计材料价值19 000元。会计依据材料入库单，编制记账凭证（表4－11），并交审核人员审核。

表 4－11

记 账 凭 证

2017 年 3 月 31 日　　记字第 80 号

摘　要	总账科目	明细科目	借方金额	贷方金额
西服用材料验收入库	原材料	西服用材料	19 000	
	应付账款	暂估应付账款		19 000
合　计			¥19 000	¥19 000

附单据×张

财务主管：黄佩　记账：张一　出纳：苏瑞　审核：刘伟　制单：张一

• 4 月 1 日，会计编制记账凭证，红字冲销暂估的材料价值，并交审核人员审核。

借：原材料——西服用材料　19 000

　　贷：应付账款——暂估应付款　19 000

• 4 月 3 日，收到购料的相关结算凭证，会计审核无误后，编制记账凭证（表 4－12），并交审核人员审核。

表 4－12

记 账 凭 证

2017 年 4 月 3 日　　记字第 0103 号

摘　要	总账科目	明细科目	借方金额	贷方金额
收到西服用材料发票单据	原材料	西服用材料	20 000	
	应交税费	应交增值税（进项税额）	3 400	
	银行存款			23 400
合　计			¥23 400	¥23 400

附单据×张

财务主管：黄佩　记账：张一　出纳：苏瑞　审核：刘伟　制单：张一

第二种情况：材料已验收入库，发票账单也已到达，款项未支付。这种情况一般是因为企业银行存款不足而暂未付款，表明企业因购入材料已占用了供应单位的资金，形成了应付账款，企业应在收到材料和发票账单时进行账务处理。

【例 4－8】 假设例 4－5 中，材料已验收入库，发票等结算凭证也已收到，但企业存款不足无力支付。账务处理见表 4－13。

④采用预付货款的方式采购材料。预付款项购料业务，具体账务处理在第三章第三节已作介绍，此略。

⑤购料短缺与损耗的处理。企业在核算外购材料业务时，对于采购材料在途中发生的短缺和毁损，应根据造成短缺和毁损的原因，分别情况进行处理：

其一，定额内合理的途中损耗，计入材料采购成本。

表 4-13

记　账　凭　证

2017年3月26日　　　　记字第58号

摘　要	总账科目	明细科目	借方金额	贷方金额
购买西服用材料	原材料	西服用材料	20 000	
	应交税费	应交增值税（进项税额）	3 400	
	应付账款	利民有限责任公司		23 400
合　计			¥23 400	¥23 400

附单据×张

财务主管：黄依　　记账：张一　　出纳：苏瑞　　审核：刘伟　　制单：张一

其二，能确定由供应单位、运输单位、保险公司或其他过失人负责赔偿的，应向有关单位或责任人索赔，从“在途物资”账户转入“应付账款”或“其他应收款”账户。

其三，属于自然灾害造成的损失，应按扣除残料价值和保险公司赔偿后的净损失，记入“营业外支出——非常损失”账户；属于无法收回的其他损失，报经批准后，记入“管理费用”账户。

【例4-9】 承例4-6，3月30日，材料验收入库。会计收到仓库转来的收料单（略），发现甲材料应收1 000千克，实收980千克，短缺20千克（单价20元）。

• 若查明上述短缺系定额内损耗，则会计根据审核无误的凭证，编制如下记账凭证（表4-14），并交审核人员审核。

表 4-14

记　账　凭　证

2017年3月30日　　　　记字第62号

摘　要	总账科目	明细科目	借方金额	贷方金额
西服用材料验收入库	原材料	西服用材料	20 000	
	在途物资	利民有限责任公司		20 000
合　计			¥20 000	¥20 000

附单据×张

财务主管：黄依　　记账：张一　　出纳：苏瑞　　审核：刘伟　　制单：张一

• 若查明上述短缺系供应单位责任，则会计根据审核无误的凭证，编制如下记账凭证（表4-15），并交审核人员审核。

表 4-15

记　账　凭　证

2017年3月30日　　　　记字第62号

摘　要	总账科目	明细科目	借方金额	贷方金额
西服用材料验收入库	原材料	西服用材料	19 600	
	应付账款	利民有限责任公司	400	
	在途物资	利民有限责任公司		20 000
合　计			¥20 000	¥20 000

附单据×张

财务主管：黄依　　记账：张一　　出纳：苏瑞　　审核：刘伟　　制单：张一

• 若查明上述短缺系意外事故造成，则会计根据审核无误的凭证，编制如下记账凭证（表4－16），并交审核人员审核。

表4－16

记 账 凭 证

2017年3月30日　　记字第62号

摘　要	总账科目	明细科目	借方金额	贷方金额
西服用材料验收入库	原材料	西服用材料	19 600	
	营业外支出	非常损失	468	
	在途物资	利民有限责任公司		20 000
	应交税费	应交增值税（进项税额转出）		68
合　计			¥20 068	¥20 068

附单据×张

财务主管：黄依　记账：张一　出纳：苏瑞　审核：刘伟　制单：张一

⑥购进免税农产品。企业购进免税农产品应按购入农产品的收购价和规定的扣除率（13%）计算进项税额。

【例4－10】 A公司购进免税农产品一批，收购价5万元，材料验收入库，价款以银行存款支付。根据农产品的收购发票或销售发票，作账务处理如表4－17所示。

表4－17

记 账 凭 证

2017年3月27日　　记字第60号

摘　要	总账科目	明细科目	借方金额	贷方金额
购进农产品	原材料	农产品	43 500	
	应交税费	应交增值税（进项税额）	6 500	
	银行存款			50 000
合　计			¥50 000	¥50 000

附单据×张

财务主管：黄依　记账：张一　出纳：苏瑞　审核：刘伟　制单：张一

⑦小规模纳税人购入材料。小规模纳税人购入材料（货物）支付的货款和增值税额，均应直接计入有关材料（货物）的成本。

【例4－11】 假设例4－6恒天有限责任公司属于小规模纳税人，会计收到有关凭证，审核无误后，编制记账凭证（表4－18），并交审核人员审核。

表4－18

记 账 凭 证

2017年3月26日　　记字第58号

摘　要	总账科目	明细科目	借方金额	贷方金额
购买西服用材料	原材料	西服用材料	23 400	
	银行存款			23 400
合　计			¥23 400	¥23 400

附单据×张

财务主管：黄依　记账：张一　出纳：苏瑞　审核：刘伟　制单：张一

（2）自制材料。企业生产车间自制材料，应设置“生产成本——基本生产成本（辅助生产成本）”账户核算其发生的料、工、费支出。自制完成的材料验收入库时，应填制材料交库单，并按其实际生产成本借记“原材料”账户，贷记“生产成本”账户。

（3）废料入库。企业回收的交库废料应填制材料交库单，办理入库手续。若是生产中回收的下脚废料，应借记“原材料”账户，贷记“生产成本”；若是低值易耗品报废交回的残料，应借记“原材料”账户，贷记“制造费用”或“管理费用”账户；对于固定资产报废清理回收的残料，应借记“原材料”账户，贷记“固定资产清理”账户。

提示：企业收入材料还有委托加工收回、投资者投入、接受捐赠、债务人以材料抵偿债务、以非货币性交易换入材料等方式，其账务处理将在以后有关章节中介绍。

企业收入材料的总分类核算，可根据不同情况确定总分类账的登记方法。对于材料收入业务较少的企业，收入核算的工作量不大，可以根据收料凭证逐日编制记账凭证，并据以登记总分类账；对于收料业务较多的企业，则可以根据收料凭证，整理汇总，定期（或月终一次）编制收料凭证汇总表，并据以编制记账凭证，登记总分类账，进行总分类核算。收料凭证汇总表的一般格式如表 4－19 所示。

表 4－19　　收料凭证汇总表　　单位：元

应借账户 / 应贷账户		原材料							应交税费	总计
		原料及主要材料	辅助材料	外购半成品	修理用备件	包装材料	燃料	合计		
在途物资	1～10 日									
	11～20 日									
	21～31 日									
	小计									
生产成本										
……										
合　计										

2. 材料发出的核算。企业发出的材料不管其用途如何，均应办理必要的手续和填制领发料凭证，据以进行发出材料的核算。由于发料业务繁多，发料凭证数量大，为了简化核算工作，平时一般只根据发料凭证登记材料明细分类账，不直接根据领发料凭证填制记账凭证，而是在月末根据当月的领发料凭证，按领用部门和用途进行归类汇总，编制发料凭证汇总表（见表 4－20），据以进行材料发出的总分类核算。

发出材料应根据不同用途借记有关账户，贷记“原材料”账户。主要包括：生产产品领用的材料应记入“生产成本——基本生产成本”账户；用于辅助生产的材料应记入“生产成本——辅助生产成本”账户；车间管理及一般消耗领用的材料应记入“制造费用”账户；厂部管理部门领用的材料应记入“管理费用”账户；专设销售机构领用的应记入“销售费用”账户；销售的材料记入“其他业务成本”账户；用于职工集体福利的材料记入“应付职工薪酬——职工福利”账户；专项工程领用的应记入“在建工程”账户。

企业购入材料用于生活福利的，属购进货物改变用途，如为一般纳税人的企业，应按使用材料的规定税率，计算结转应转出的应交增值税，借记“应付职工薪酬——非货币性福利”账户，贷记“应交税费——应交增值税（进项税额转出）”账户。

【例4－12】 恒天公司10月份根据领发料凭证，汇总编制发料凭证汇总表（见表4－20），据以进行本月材料发出的总分类核算（该公司为一般纳税人）。

表4－20 发料凭证汇总表

2017年10月 单位：元

类别 / 用途	原料及主要材料	辅助材料	燃　料	外购半成品	修理用备件	包装物	合　计
生产产品领用	300 000	50 000		110 000		6 000	466 000
辅助生产车间领用	40 000	2 000					42 000
车间一般性消耗		1 000	3 000		2 000		6 000
厂部管理部门领用		2 000	500		500		3 000
不动产专项工程领用		5 000			2 000		7 000
对外销售	2 000						2 000
合　计	342 000	60 000	3 500	110 000	4 500	6 000	526 000

- 根据发料凭证汇总表，做如下账务处理：

借：生产成本——基本生产成本　466 000
　　　　　　——辅助生产成本　42 000
　　制造费用　6 000
　　管理费用　3 000
　　在建工程　7 000
　　其他业务成本　2 000
　　贷：原材料——原料及主要材料　342 000
　　　　　　　——辅助材料　60 000
　　　　　　　——燃料　3 500
　　　　　　　——外购半成品　110 000
　　　　　　　——修理用备件　4 500
　　　　周转材料——包装物　6 000

- 同时结转出40%的不动产增值税于第二年抵扣：

借：应交税费——待抵扣进项税额　476
　　贷：应交税费——应交增值税（进项税额转出）　476

提示：根据“营改增”的有关规定，增值税一般纳税人2016年5月1日后取得并在会计制度上按固定资产核算的不动产，以及2016年5月1日后发生的不动产在建工程，其进项税额60%的部分于取得扣税凭证的当期从销项税额中抵扣；40%的部分为待抵扣进项税额，于取得扣税凭证的当月起第13个月从销项税额中抵扣。

（三）材料的明细分类核算

材料的明细分类核算包括数量核算和金额核算两部分。材料收发、库存的数量核算，由仓库保管人员负责，而金额核算由企业财会人员负责。根据这一要求，材料的明细分类核算通常有以下两种形式：

1. “两套账”形式，也称为“账卡分设”，即企业的仓库和财会部门各自设置一套材料账簿进行材料的明细分类核算，仓库设置“材料卡片”核算各种材料收发结存的数量，材料卡片的一般格式见表4－21。材料卡片根据品种规格设置，并按材料类别和编号顺序排列，或按类别装订成活页账，以便保管。财会部门设置材料明细账，核算各种材料收发结存的数量和金额。材料明细账应采用数量金额式，按材料品种、规格设置，采用收、发、余三栏，分别记录“数量”、“单价”和“金额”三项内容，其收入栏根据收料凭证序时逐笔登记；发出栏中的数量可根据发料凭证序时逐笔登记，但单价和金额应根据发出材料计价方法来加以确定，进行登记。材料明细账格式见表4－2、表4－3。

表4－21　　材　料　卡　片

材料账户：材料　　卡片编号：
材料类别：原料及主要材料　　存放地点：
材料编号：118　　最高储备量：
材料名称规格：A材料　　最低储备量：
计量单位：

2017年		凭证		收入数量	发出数量	结存数量	稽核	
月	日	名称	编号				日期	签章
8	1					600		
	8			400		1 000		
	15				800	200	15	×××
	20			600		800		
	28				400	400		×××
	31			400		800	31	
				1 400	1 200	800	31	×××

这种方式的使用可以起到仓库和会计部门相互制约的作用，但核算工作量较大，而且存在重复记账的情况。

2. “一套账”形式，也称“账卡合一”，即将仓库按材料的品种、规格设置的卡片与会计部门设置的材料明细分类账合并为一套数量金额式的“材料明细账”。这套账平时放在仓库，由仓库管理员根据收发凭证序时逐笔登记收、发数量并逐日结出结存数；会计部门的材料会计定期到仓库稽核、收单，并在材料收发凭证上标价以及在材料明细账上登记金额。

三、材料按计划成本计价的核算

材料按计划成本核算的特点是所有材料收发凭证按预先确定的计划成本计价，总账及明细分类账按计划成本登记；材料的实际成本与计划成本的差异，通过“材料成本差异”账户核算。月份终了，通过分配材料成本差异，将发出材料的计划成本调整为实际成本。

（一）账户设置

1. “原材料”账户。该账户与按实际成本计价的核算内容相同。但该账户借方、贷方及余额均按照计划成本记账。

2. “材料采购”账户。该账户核算企业购入材料的采购成本，反映采购业务成果。借方登记外购物资的实际成本和结转实际成本小于计划成本的节约差异；贷方登记验收入库物资的计划成本和结转实际成本大于计划成本的超支差异，期末余额在借方，反映已经收到发票账单付款或已开出、承兑商业汇票，但物资尚未到达或尚未验收入库的在途物资。该账户应按供应单位和物资品种设置明细账，进行明细核算。

3. “材料成本差异”账户。该账户核算企业各种材料实际成本与计划成本的差异。这是一个调整账户，借方登记入库材料实际成本大于计划成本的差异（超支差），贷方登记入库材料实际成本小于计划成本的差异（节约差）和分配发出材料应负担的材料成本差异（超支差用蓝字，节约差用红字）。期末余额在借方，反映库存材料的超支差异；若在贷方，则反映库存材料的节约差异。该账户应区分“原材料”、“低值易耗品”等，按照类别或品种进行明细核算，不能使用一个综合差异率。

（二）材料的总分类核算

1. 材料收入的核算。如同按实际成本计价的账务处理一样，企业收入的材料都要根据不同的来源、结算方式、付款及收料等不同情况进行账务处理。其核算内容包括三个方面：一是反映材料采购成本的发生；二是按计划成本反映材料验收入库；三是结转入库材料的成本差异。

（1）外购材料。

第一，货款付清，同时收料。

【例4－13】 恒天公司购入西服用材料一批，货款10万元，增值税17 000元，发票账单已收到，计划成本为11万元，已验收入库，全部款项以银行存款支付。账务处理如下：

- 按实际价付款时：

借：材料采购——原材料　　100 000
　　应交税费——应交增值税（进项税额）　　17 000
　　贷：银行存款　　117 000

- 材料验收入库时：

借：原材料——西服用材料　　110 000
　　贷：材料采购——原材料　　110 000

- 结转入库材料成本差异：

借：材料采购——材料　　10 000
　　贷：材料成本差异——原材料　　10 000

第二，付款在先，收料在后。

【例4－14】 恒天公司采用汇兑结算方式购入西服用材料一批，货款16 000元，增值税2 720元，发票账单已收到，计划成本17 000元，材料尚未入库。账务处理如下：

借：材料采购——原材料　　16 000
　　应交税费——应交增值税（进项税额）　　2 720
　　贷：银行存款　　18 720

待以后材料验收入库时，再做按计划成本验收入库及结转材料成本差异处理。若到月末材料仍未收到，则“材料采购”账户有借方余额，表示有在途材料。

第三，收料在先，付款在后。这类业务包括两种情况：

其一，发票账单已经到达，企业无力支付价款。在这种情况下，企业购料业务已发生，尚未支付的价款形成企业的负债。

【例4－15】 假设例4－14中的材料采购业务，企业因存款不足尚未付款，则账务处理如下：

借：材料采购——原材料	100 000	
应交税费——应交增值税（进项税额）	17 000	
贷：应付账款		117 000
借：原材料——西服用材料	110 000	
贷：材料采购——原材料		110 000
借：材料采购——原材料	10 000	
贷：材料成本差异——原材料		10 000

其二，发票账单尚未到达，因而尚未支付价款。对于发票账单未收到的，平时暂不进行总账处理，至月末仍未收到发票账单的，按计划成本暂估入账，下月初用红字冲回，其账务处理与按实际成本计价的基本相同。下月付款或开出、承兑商业汇票后，按正常程序通过“材料采购”账户核算。

【例4－16】 恒天公司采用委托收款结算方式从A公司购入休闲装用材料一批，材料已验收入库，月末发票账单尚未到达，计划价格为83 000元。

- 月末按计划成本暂估入账时：

借：原材料——休闲装材料	83 000	
贷：应付账款——A公司		83 000

- 下月初用红字冲回：

借：原材料——休闲装材料	[83 000]	
贷：应付账款——A公司		[83 000]

上述购入的材料于次月收到发票账单时，按正常程序进行账务处理。

第四，材料短缺和毁损的处理。材料验收入库时发现的短缺与损耗，其账务处理与按实际成本计价的大致相同。对于运输途中的合理损耗，应计入材料的实际成本；对于应由供应单位、外部运输机构或有关责任人负责赔偿的材料短缺与损耗，应按照材料的实际成本及负担的增值税，借记“应付账款”、“其他应收款”等账户，贷记“材料采购”、“应交税费——应交增值税”账户。

上述外购材料计划成本和成本差异的结转也可在月终进行。月份终了，财会部门根据仓库转来的收料凭证，将其中已经付款的或已开出承兑商业汇票的部分，按计划成本和实际成本分别汇总，按汇总的计划成本借记有关材料账户，贷记“材料采购”账户；同时将实际成本大于计划成本的差异，借记“材料成本差异”账户，贷记“材料采购”账户；实际成本小于计划成本的差异，作相反的账务处理。

（2）自制材料和废料入库。企业收到自制材料和废料，应按计划成本借记“原材料”账户，按其实际成本贷记“生产成本”账户，同时结转材料成本差异。

2. 材料发出的核算。为了简化日常核算工作，企业可于月末编制发料凭证汇总表，据以进行发出材料的总分类核算。在按计划成本计价的方式下，原材料发出的总分类核算包括以下两方面内容：

（1）结转发出材料的计划成本。这是根据材料发出汇总表中材料的计划成本，按发出材料的用途进行分配。

（2）结转本月发出材料应分配的成本差异额。发出材料的成本差异额是根据发出材料的计划成本和材料成本差异率计算确定的，分配的去向与材料计划成本的去向一致。结转发出材料成本差异额，无论是节约额，还是超支额，均是材料成本差异的减少。为此，结转发出材料的成本差异一般都记入“材料成本差异”账户的贷方，结转发出材料的节约差异用红字登记，超支用蓝字登记。

【例 4－17】 恒天公司各部门本月领用材料如下：基本生产车间制造产品领用 5 万元，辅助生产车间领用 2 万元，车间管理部门领用 1 万元，企业管理部门领用 0.5 万元，若月终计算材料成本差异率为－1%，则账务处理为：

借：生产成本——基本生产成本	50 000	
——辅助生产成本	20 000	
制造费用	10 000	
管理费用	5 000	
贷：原材料		85 000
借：生产成本——基本生产成本	500	
——辅助生产成本	200	
制造费用	100	
管理费用	50	
贷：材料成本差异——原材料		850

【例 4－18】 恒天公司基本生产车间制造产品领用休闲服材料一批，该批材料计划成本 5 万元，材料成本差异率为 1%。则账务处理为：

借：生产成本——基本生产成本	50 500	
贷：原材料——休闲服材料		50 000
材料成本差异——原材料		500

（三）材料的明细分类核算

采用计划成本计价核算材料，应对库存材料、材料采购、材料成本差异率分别进行明细分类核算。

1. 库存材料的明细分类核算。在按计划成本计价情况下，库存材料的明细核算与按实际成本计价的明细核算基本相同，由仓库管理人员和财会部门的材料核算员配合进行。所不同的是，“账卡合一”的明细账和材料二级分类核算都是按计划成本计价反映的。同时，在明细账的登记上也有一定的差别，由于计划价格是一个单一的价格，所以，该账户平时只需登记材料收发的数量，至于其金额，只需在期末结账时计算登记。其格式如表 4－22 所示。

表 4－22　　原材料明细账

材料类别：　　　　存放地点：

材料编号：　　　　最高储备量：

材料名称规格：甲材料　　　　最低储备量：

计划单价：3 元/千克

2017 年		凭证编号	摘　要	收入数量	发出数量	结　存	
月	日					数量	金额
10	1					1 000	3 000
	5		购入	6 000		7 000	
	10	略	领用		4 000	3 000	
	20		购入	5 000		8 000	
	25		领用		1 000	7 000	
	31		合计	11 000	5 000	7 000	21 000

2. 材料采购的明细分类核算。材料采购明细核算是通过“材料采购”明细账来进行的。“材料采购”明细账是用来提供外购材料的实际成本与计划成本的详细核算资料的。一般情况下，材料采购明细账可按材料的大类，如材料、低值易耗品等设置，若材料储备量较大，材料费用在产品成本中所占的比重也较大，可按材料类别或品种设置。材料采购明细账的一般格式如表 4－23 所示。

表 4－23　　材料采购明细账

明细账户：材料　　　　2017 年 11 月　　　　单位：元

2017 年		记账凭证号数	发票账单	供应单位或采购人员姓名	摘要	借方（实际成本）				2017 年		记账凭证号数	收料凭证号数	摘要	贷　方			
月	日					买价	运杂费	其他	合计	月	日				计划成本	成本差异	其他	合计
11	5			肖明钢铁厂	A 钢材	25 600			25 600	11	5							
11	8	（略）	（略）	胜利钢铁厂	B 钢材	46 000	1 400		47 400	11	15							
11	20			宏伟钢铁厂	A 钢材	3 000	100		3 100									
					本月发生额	746 000	1 500		76 100									
					月末余额（在途材料）				3 100									

材料采购明细账采用横线登记法进行登记，即同一批外购材料的付款和收料业务在同一行中登记。登记的依据是审核后的发票账单和收料单等有关凭证。月终，将已在借方栏和贷方栏登记的材料成本差异结转到“材料成本差异”账户。对于只有借方金额而无贷方金额的，即已付款（或已开出、承兑商业汇票）尚未验收入库的在途材料，应逐笔转入下月材料采购明细账内，以便材料验收入库时进行账务处理。

3. 材料成本差异的明细分类核算。为了计算各种材料成本差异率，反映各种材料实际发生的成本差异，将发出材料的计划成本调整为实际成本，应进行材料成本差异的明细分类核算。材料成本差异明细核算是通过“材料成本差异”账户进行的。材料成本差异明细账与物资采购明细账的设置应该一致，一般也是按材料大类设置。材料成本差异明细账的一般格式如表 4－24 所示。

表 4－24 材料成本差异明细账

明细账户：材料 2017 年 8 月 单位：元

2017 年		凭证号数	摘要	收入			发出			结存		
月	日			计划成本	借方差额（超支）	贷方差额（节约）	差异率（%）	计划成本	成本差异	计划成本	借方差额（超支）	贷方差额（节约）
8	1		期初余额							25 000	500	
8	31		购入	75 000		2 500				100 000		2 000
8	31		领用				－2	60 000	－1 200	40 000		800
			本月合计	75 000		2 500	－2	60 000	－1 200	40 000		800

材料成本差异明细账中本月收入和发出材料的计划成本，应分别根据收料凭证汇总表和发料凭证汇总表填列；本月收入和本月发出材料的成本差异，应分别根据有关凭证登记，实际成本大于计划成本的差额为超支，记在“借方差额”栏内，实际成本小于计划成本的差额为节约，记在“贷方差额”栏内。

发出材料的成本差异，应根据发出材料计划成本乘以材料成本差异率计算。材料成本差异率是指材料成本差异与计划成本之间的比率。超支差异用“＋”表示，节约差异用“－”表示。其计算公式为：

$$\text{材料成本差异率}=\frac{\text{月初结存材料成本差异}\pm\text{本月收入材料差异}}{\text{月初结存材料计划成本}+\text{本月收入材料计划成本}}\times 100\%$$

发出材料应负担的成本差异＝发出材料的计划成本×材料成本差异率

发出材料的实际成本＝发出材料的计划成本±发出材料应负担的成本差异

结存材料的实际成本＝结存材料的计划成本±结存材料应负担的成本差异

【例 4－19】 恒天公司材料成本差异明细账如表 4－24 所示，月初结存材料的计划成本为 2.5 万元，本月收入材料的计划成本为 7.5 万元；月初结存材料的成本差异为超支差异 500 元，本月收入材料的成本差异为节约差异 2 500 元；本月发出材料的计划成本为 6 万元。则：

$$\text{材料成本差异率}=\frac{500-2\,500}{25\,000+75\,000}\times 100\%=-2\%$$

发出材料应分摊的成本差异＝60 000×（－2%）＝－1 200（元）

发出材料实际成本＝60 000－1 200＝58 800（元）

从理论上讲，在计算材料成本差异率时，本月收入材料的计划成本中，应剔除发票账单未到、款项未付、实际成本不能确定，但已验收入库的那部分材料的计划成本，因为其未产生成本差异，但在实际工作中，为简化核算工作，往往不作剔除。

发出材料应负担的成本差异，也可以按上月的材料成本差异率计算。一般只有在物价较为稳定、各月材料成本差异变动幅度不大的情况下，才可以按上月材料成本差异率计算结转成本差异。但计算方法一经确定以后，就不得任意改变。

$$\text{上月材料成本差异}=\frac{\text{月初结存材料的成本差异}}{\text{月初结存材料的计划成本}}\times 100\%$$

提示：材料按计划成本计价，有利于简化材料核算的计价工作，能比较有效地避免按实际成本计价的不足。但由于材料成本差异一般只能按材料大类计算，所以会影响材料成本计算的准确性，从而影响企业成本费用与损益确定的正确性。这种计价方法适用于材料品种规格多，收发业务频繁，且具备材料计划成本资料的大中型企业。

第四节 周转材料的核算

一、周转材料的概念

周转材料，是指企业能够多次使用、逐渐转移其价值但仍保持原有形态且不确认为固定资产的材料。包括：包装物、低值易耗品，以及建筑业常用的钢模板、木模板、脚手架等。

周转材料按取得时的实际成本入账，发出周转材料，采用一次转销法进行会计处理，即在领用时就将其全部账面价值计入相关资产成本或当期损益；金额较大的周转材料，也可以采用五五摊销法进行会计处理，即在领用时先摊销其成本的一半，在报废时再摊销其成本的另一半。出租或出借周转材料，不需要结转其成本，但应当进行备查登记。

周转材料主要业务流程及涉及的主要原始凭证见图4－2。

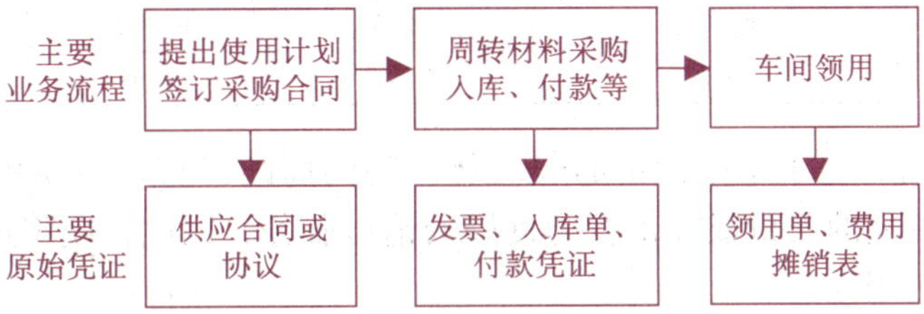

图4－2 周转材料的主要业务流程及凭证

二、包装物的核算

（一）包装物的核算内容

包装物是指为包装本企业商品而储备的各种包装容器，如桶、箱、瓶、坛、袋等。具体包括：（1）生产过程中用于包装产品作为产品组成部分的包装物；（2）随同商品出售而不单独计价的包装物；（3）随同商品出售而单独计价的包装物；（4）出租给购货单位的包装物；（5）出借给购货单位的包装物。

下列各项不属于包装物核算的范围：（1）各种包装材料，如纸、绳、铁丝、铁皮等，应在“原材料——包装材料”账户核算；（2）用于储存和保管商品、材料而不对外出售的包装物，应按其价值大小和使用年限长短，分别作为“固定资产”或“周转材料——低值易耗品”进行管理和核算；（3）单独列作企业商品产品的自制包装物，这类包装物应作为库存商品进行核算。

（二）包装物核算的账务处理

企业的各种包装物，应设置“周转材料——包装物”账户进行核算。该账户借方登记购入、自制、委托外单位加工完成验收入库，以及清查盘点盘盈等原因增加的包装物实际成本；贷方登记企业领用、摊销、对外销售以及盘亏等原因减少的包装物的实际成本；期末借方余额反映库存未用包装物的实际成本。

包装物可以按实际成本计价核算，也可以按计划成本计价核算。

1. 生产领用包装物。生产过程中领用的包装物，在包装产品后，就成为产品的一部分，因此，应将包装物的成本计入产品的生产成本。

【例4－20】 12月5日，恒天公司生产车间为包装产品领用包装物一批，实际成本3 000元。

- 会计收到仓库转来的领料单（见表4－25），进行审核。
- 审核无误后，做如下账务处理：

借：生产成本——基本生产成本　　3 000

　　贷：周转材料——包装物　　3 000

表4－25　　领　料　单（记账联）

领料部门：生产车间　　日期：2017年12月5日　　第1201号

材料编号	材料名称	规格	单位	请领数量	实发数量	单价	金额（元）
	包装物		个	500	500	6	3 000
用途	包装产品	领料部门			发料部门		
		负责人		领料人	核准人		发料人
		王新		张冬	刘同		陈芸

附单据×张

2. 随同商品出售，但不单独计价的包装物。随同商品出售、但不单独计价的包装物主要是为了确保销售商品的质量或提供较为良好的销售服务，因此，应将这部分包装物成本作为企业发生的营业费用处理。

【例4－21】 12月5日，恒天公司在商品销售过程中领用不单独计价的包装物一批，实际成本6 000元，账务处理为：

- 会计收到仓库转来的领料单（略），进行审核。
- 审核无误后，编制记账凭证（表4－26），并交审核人员审核。

表4－26　　记　账　凭　证

2017年12月5日　　记字第13号

摘　要	总账科目	明细科目	借方金额	贷方金额
销售领用	销售费用		6 000	
	周转材料	包装物		6 000
合　计			¥6 000	¥6 000

附单据×张

财务主管：黄依　记账：张一　出纳：苏瑞　审核：刘伟　制单：张一

3. 随同商品出售并单独计价的包装物。包装物随同商品出售并单独计价，实际上就是出售包装物，其账务处理与出售材料相同。出售包装物取得的收入记入“其他业务收入”账户，出售包装物的成本记入“其他业务成本”账户。

【例4－22】 12月10日，恒天公司在商品销售过程中领用包装物一批，实际成本600元，该批包装物随同商品出售，单独计算售价为1 000元，应收取的增值税额170元，款项已收到。账务处理为：

● 会计收到仓库转来的库存商品出库单（略）和领料单（表4－27），开具增值税专用发票（表4－28）。

表4－27　　领　料　单（记账联）

领料部门：销售部门　　日期：2017年12月10日　　第1211号

材料编号	材料名称	规格	单位	请领数量	实发数量	单价	金额（元）
	包装物		个	100	100	6	600
用途	包装商品出售	领料部门			发料部门		
		负责人		领料人	核准人		发料人
		傅盛		徐晃	刘同		陈芸

表4－28　　广东省增值税专用发票　　No 0003621

全国统一发票监制章 福建 国家税务总局监制

记　账　联

开票日期：2017年12月15日

购货单位	名　称：红星公司 纳税人识别号：350120045026358612OO 地址、电话：广州市环城路40号　2338512 开户行及账号：中国工商银行西南支行　6875301			密码区	（略）		
货物或应税劳务名称	规格型号	单位	数量	单价	金额	税率	税额
A产品		件	100	1 000	100 000	17%	17 000
包装物		个	100	10	1 000	17%	170
合　计					¥101 000		¥17 170
价税合计（大写）	壹拾壹万捌仟壹佰柒拾元整				（小写）¥118 170.00		
销货单位	名　称：恒天有限公司 纳税人识别号：350120045013458600OO 地址、电话：广州市中山路10号　2278512 开户行及账号：建行越秀支行　0012－015－2			备注	恒天有限责任公司 6453210 发票专用章		

收款人：刘洪　　复核：陈丽　　开票人：李明　　销货单位：（章）

第一联 记账联 销货方记账凭证

● 收到购货方转账支票一张，出纳于销售当日到银行填写银行进账单（表4－29），办理转账手续。

● 会计根据审核无误的相关单据，做如下账务处理：

借：银行存款　　1 170

贷：其他业务收入——出售包装物　　1 000

　　应交税费——应交增值税（销项税额）　　170

借：其他业务成本——包装物　　600

　　贷：周转材料——包装物　　600

产品销售账务处理略。

表 4－29　　　　银行　进账单（收账通知）

2017 年 12 月 15 日

出票人	全　称	红星有限责任公司	收款人	全　称	恒天有限责任公司	
	账　号	6875301		账　号	0012－015－2	
	开户银行	工行西南支行		开户银行	建行越秀支行	
金额	人民币（大写）：壹拾壹万捌仟壹佰柒拾元整			千 百 十 万 千 百 十 元 角 分	1 8 1 7 0 0 0（万 千 百 十 元 角 分）	此联是收账通知
票据种类	转账支票	票据张数	壹	中国建设银行 广州越秀支行 ★ 2017.12.15 ★ 结算专用章		
票据号码	1234567					
复核	记账			收款人开户银行签章		

4. 出租出借包装物的账务处理。企业可将长期周转使用的包装物出租或出借给客户，并要求客户用完后归还。出租的包装物，要求客户支付租金，该租金作为企业的其他业务收入；相应的，该包装物的损耗和修理支出也应列入其他业务成本。企业出借的包装物，因不向客户收取费用，没有业务收入，所以，出借包装物的成本及修理费用等支出列入销售费用。为了督促使用单位能按时归还，无论是出租还是出借包装物，一般都要收取一定数额的押金。包装物押金应通过“其他应付款”账户核算。

出租或出借的包装物在使用过程中发生的价值损耗，可根据包装物本身价值大小和使用期限的长短，采用不同的摊销方法。通常采用的方法有一次摊销法和五五摊销法两种。

（1）出租包装物的账务处理。包装物出租是指企业因销售产品，以出租方式有偿提供给购货单位暂时使用的包装物。出租包装物的租金收入及包装物在出租过程中发生的各种费用、支出，应作为其他业务收支处理。销售过程中出租包装物的租金收入按税法规定，应随产品销售计征增值税等。

包装物逾期不能收回而将押金没收时，应借记“其他应付款”账户，贷记“营业外收入”、“应交税费——应交增值税（销项税额）”账户。

【例 4－23】 12 月 14 日，恒天公司在销售过程中，租给购货单位新包装物一批 300 个，单价 6 元，实际成本 1 800 元，收取押金 2 000 元和租金 468 元（其中增值税 68 元）存入银行。租期一个月，期满未收回，没收押金。该企业包装物采用一次摊销法。有关账务处理如下：

- 会计收到仓库转来的领料单（略）和出纳开具的收款收据（见表 4－30）及现金交款单（见表 4－31），进行审核。

表 4－30

收 款 收 据

2017 年 12 月 14 日　　　　No. 13245611

今收到	金马有限责任公司
人民币（大写）	贰仟肆佰陆拾捌元整　现金收讫　¥2 468.00
事　由	出租包装物的押金 2 000 元和租金 468 元

单位盖章　　　　会计 李明　　　　收款人（签章） 刘洪

表 4－31

中国建设银行现金进账（交款）单

2017 年 12 月 14 日　　　　第 1205 号

收款人	全　称	恒天有限责任公司		
	账　号	0012-015-2	款项来源	包装物的押金和租金
	开户银行	建行越秀支行	交款人	刘洪
人民币（大写）	贰仟肆佰陆拾捌元整			

千	百	十	万	千	百	十	元	角	分
			¥	2	4	6	8	0	0

票面	张数	票面	张数	票面	张数	记账	复核
100	24	20	3	1	8	出纳	复核

中国建设银行 越秀支行 2017.12.14 收讫

记账凭证

- 会计根据审核无误的单据，做账务处理如下：

借：其他业务成本——包装物　　1 800
　　贷：周转材料——包装物　　1 800
借：银行存款　　2 468
　　贷：其他应付款——存入保证金　　2 000
　　　　其他业务收入——出租包装物租金　　400
　　　　应交税费——应交增值税（销项税额）　　68

（2）出借包装物的账务处理。出借包装物是企业因销售产品，以出借的形式无偿提供给购货单位的包装物。

企业出借包装物的账务处理与出租包装物的账务处理大体相同，所不同的是，出借不会取得收入。出借包装物的成本及相关费用应直接列为销售费用。

【例 4－24】 9 月 21 日，恒天公司发出包装物一批，出借给 A 公司，包装物的实际成本 1 000 元，收取押金 1 200 元存入银行，包装物采用五五摊销法进行摊销。

根据上述经济业务，做账务处理如下：

- 出借包装物时：

借：周转材料——包装物（在用）　　1 000
　　贷：周转材料——包装物（库存未用）　　1 000

- 收取押金时：

借：银行存款　　1 200
　　贷：其他应付款——存入保证金　　1 200

- 领用时摊销 50%：

借：销售费用　　500

　　贷：周转材料——包装物（摊销）　　500

• 期满收回包装物，退还押金时：

借：周转材料——包装物（库存已用）　　1 000

　　贷：周转材料——包装物（在用）　　1 000

借：其他应付款——存入保证金　　1 200

　　贷：银行存款　　1 200

• 若收回报废，残料 10 元作为辅助材料入库，并摊销剩余 50%：

借：销售费用　　490

　　原材料——辅助材料　　10

　　贷：周转材料——包装物（摊销）　　500

借：周转材料——包装物（摊销）　　1 000

　　贷：周转材料——包装物（库存已用）　　1 000

想一想：

如果包装物逾期不能收回，如何进行账务处理？

二、低值易耗品的核算

（一）低值易耗品的内容与分类

1. 低值易耗品的内容。**低值易耗品是指不能作为固定资产的各种用具物品，**如工具、管理用具、玻璃器皿以及在经营过程中周转使用的包装容器等。由于其价值较低，且易于损坏，为便于核算和管理，在会计上把它归入存货类，视同存货进行实物管理。低值易耗品的低值与易耗是相对固定资产而言的，其确认可以根据是否符合固定资产条件来判断，不符合固定资产条件的劳动资料就可以确认为低值易耗品。

2. 低值易耗品的分类。低值易耗品按用途可以分为以下六大类：

（1）一般工具，指生产中常用的工具，如刀具、量具、夹具、装配工具等；

（2）专用工具，指专用于制造某一特定产品，或在某一特定工序上使用的工具、专用模具等；

（3）替换设备，指容易磨损或为制造不同产品需要替换使用的各种设备；

（4）管理用具，指在管理上使用的各种家具、用具，如办公用具等；

（5）劳动保护用品，指为了安全生产而发给工人作为劳动保护用的工作服、工作鞋和各种防护用品等；

（6）其他，指不属于上述各类的低值易耗品。

（二）低值易耗品的特点

低值易耗品的性质属于劳动资料，它可以多次参加生产经营周转而不改变其原有的实物形态，价值随着实物的不断磨损逐渐地转移到产品的成本、费用中去；在使用过程中需要进行维修，报废时有一定的残值。从这些方面看，低值易耗品与固定资产是相同的。但低值易耗品又具有品种多、数量大、价值较低、使用年限较短、容易损坏、收发频繁等特点，因而在核算上应有别于固定资产，其价值转移不必采用折旧方式进行，应当根据具体情况，采用分期摊销方法计入成本、费用。

作为存货，低值易耗品的采购、收发、储存、清查等业务的处理均与材料的核算基本相同。但由于低值易耗品领用后可以较长期地使用，报废时又有残值，因而企业对低值易耗品的核算要建立健全领用、报废、以废换新、定额管理等制度，加强低值易耗品的实物管理。

（三）低值易耗品的核算

1. 低值易耗品核算的账户设置。为了核算与监督各种低值易耗品的收入、领用、摊销和结存情况，企业应设置“周转材料——低值易耗品”账户进行核算。该账户的借方登记企业购入、自制、委托外单位加工完成验收入库的低值易耗品成本；贷方登记企业领用、摊销以及盘亏的低值易耗品成本；期末余额在借方，表示期末企业库存低值易耗品的成本。

企业应按低值易耗品的类别、品种规格进行数量和金额的明细分类核算。

低值易耗品和其他材料一样，可以采用实际成本计价进行核算，也可以采用计划成本计价进行核算。采用计划成本计价核算的企业，低值易耗品实际成本与计划成本差异的形成及分摊，应设置“材料成本差异——低值易耗品”账户核算。

2. 低值易耗品领用摊销的账务处理。低值易耗品采购、入库的核算，不论是按实际成本计价还是按计划成本计价，均与材料的账务处理基本相同，这里不再重述。

企业领用的低值易耗品，其价值可以根据低值易耗品的特点及企业的实际情况，分别采用一次摊销法、五五摊销法进行摊销。

（1）一次摊销法，是指在领用低值易耗品时，就将其价值一次全部计入当期的成本费用中去的摊销方法。

【例 4－25】 12 月 21 日，恒天公司生产车间领用专用工具一批，实际成本 1 000 元；厂部领用办公用具一批，实际成本 1 500 元。

会计收到仓库转来的领料单（略），审核无误后，编制记账凭证（表 4－32），并交审核人员审核。

表 4－32　　　　记　账　凭　证

2017 年 12 月 21 日　　　　记字第 24 号

摘　要	总账科目	明细科目	借方金额	贷方金额
领用专用工具	制造费用		1 000	
	管理费用		1 500	
	周转材料	专用工具（在库）		2 500
合　计			¥2 500	¥2 500

附单据×张

财务主管：黄依　　记账：张一　　出纳：易瑞　　审核：刘伟　　制单：张一

一次摊销法比较简便易行。但低值易耗品的价值虽然一次转为成本费用，而它的实物形态并未随其价值转移而消失。这样势必发生账外资产，不利于实物管理，而且价值一次结转也影响费用成本的均衡性。所以，这种方法适用于一次领用数量不多、价值较低、使用期限较短或者容易破损的低值易耗品的摊销。

（2）五五摊销法，是指在领用低值易耗品时摊销其成本的一半，报废时再摊销其成本的另一半。

【例4－26】 2017年12月23日恒天公司生产车间领用工具一批，实际成本1.8万元，按五五摊销法摊销。使用期满，工具报废，残料计价200元，作为辅助材料入库。

- 会计收到仓库转来的领料单（见表4－33），审核无误后，按规定编制摊销计算表，反映领用和摊销。具体账务处理如下：

表4－33 领　料　单（记账联）

领料部门：生产车间　　日期：2017年12月23日　　第1219号

材料编号	材料名称	规格	单位	请领数量	实发数量	单价	金额（元）
	工具		个	3	3	6 000	18 000
用途	使用	领料部门			发料部门		
		负责人		领料人	核准人	发料人	
		王新		张冬	刘同	陈芸	

借：周转材料——工具（在用）　　18 000

　　贷：周转材料——工具（在库）　　18 000

借：制造费用　　9 000

　　贷：周转材料——专用工具（摊销）　　9 000

- 2018年5月20日，车间转来低值易耗品处理报告单（表4－34），仓库转来收料单（工具残料200元）。

表4－34 低值易耗品处理报告单

2018年5月20日　　NO：0501

编号	资产名称	价值		使用状态
		数量	金额	
	工具	3	18 000	报废
合计			18 000	
处理意见	使用部门	清查小组		审批部门
	车间	残料200元入库		同意。 刘璇 2018年5月18日

制表：张雪　　财务主管：黄莺　　企业主管：刘璇

会计审核无误后，做如下账务处理：

借：制造费用　　8 800

　　原材料——辅助材料　　200

　　贷：周转材料——专用工具（摊销）　　9 000

借：周转材料——专用工具（摊销）　　18 000

　　贷：周转材料——专用工具（在用）　　18 000

采用一次摊销法和五五摊销法，对于在用低值易耗品以及使用部门退回仓库的低值易耗品，应加强实物管理，并在备查簿上进行登记。

第五节　自制半成品和库存商品的核算

自制半成品和库存商品核算的主要业务流程和涉及的原始凭证见图 4－3。

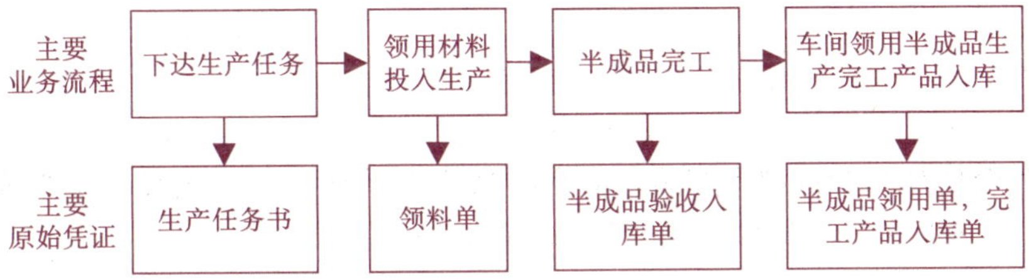

图 4－3　自制半成品和库存商品主要业务流程及凭证

一、自制半成品

（一）自制半成品的核算内容

自制半成品是指经过一定生产过程并已检验合格交付半成品仓库，但尚未制造完成为商品产品，仍需继续加工的中间产品。

由于企业生产过程的特点不同，因而对自制半成品的管理也有所不同，有的半成品从一个生产车间加工完成后，直接转移给另一个车间继续进行加工，不需送交半成品仓库。对这一类半成品，在会计上视同为在产品，直接在“生产成本”账户核算，不需单独组织核算；有的半成品在完成了某一生产过程后，经检验合格后会交进半成品仓库，留待下一生产车间（工序）需要时再领用。对于这类自制半成品，则需单独设置“自制半成品”账户进行核算。

提示：企业外购的半成品（外购件），应作为材料处理，不属于自制半成品范畴。

（二）自制半成品核算的账户设置

为了核算入库自制半成品的实际成本，企业应设置“自制半成品”账户。本账户借方登记入库自制半成品的实际成本，贷方登记领用、发出和对外销售的自制半成品的实际成本，期末借方余额表示库存未用自制半成品的实际成本。为了详细反映企业库存半成品和委托外单位加工半成品的收发、结存情况，企业应在“自制半成品”账户下设“库存半成品”和“委托加工半成品”明细账户，再分别按照库存半成品的类别或品种和委托加工半成品的加工单位、类别或品种设置明细账，进行明细分类核算。

（三）自制半成品的账务处理

1. 已经生产完成并经检验入库的自制半成品，应按其实际成本借记“自制半成品”账户，贷记“生产成本”账户。

【例4-27】 本月第一车间已经生产完成并检验合格入库自制半成品一批，实际成本2.5万元。

会计收到仓库转来的入库单（略），审核无误后，编制记账凭证，并交审核人员审核。账务处理如下：

借：自制半成品——库存半成品　　25 000

　贷：生产成本——基本生产成本（一车间）　　25 000

2. 领用自制半成品继续加工时，按其实际成本，借记“生产成本”，贷记“自制半成品”账户。

【例4-28】 本月二车间领用自制半成品一批，用于继续加工，实际成本2万元。账务处理如下：

借：生产成本——基本生产成本（二车间）　　20 000

　贷：自制半成品——库存半成品　　20 000

3. 委托外单位加工的自制半成品，应在本账户中单独设置“委托加工半成品”明细账户进行核算。具体账务处理比照委托加工物资的核算。

【例4-29】 12月3日，发出一批半成品，委托外单位加工，该批半成品的实际成本为1万元。

- 委托加工时，账务处理见表4-35。

表4-35

记 账 凭 证

2017年12月3日　　记字第×号

摘　要	总账科目	明细科目	借方金额	贷方金额
委托加工	自制半成品	委托加工半成品	10 000	
	自制半成品	库存半成品		10 000
合　计			¥10 000	¥10 000

附单据×张

财务主管：黄依　记账：张一　出纳：苏瑞　审核：刘伟　制单：张一

- 12月8日，通过银行向加工单位支付加工费1 000元，代垫运杂费100元，另付应负担的增值税170元。账务处理见表4-36。

【例4-30】 上述委托外单位加工的自制半成品加工完毕并已验收入库，加工后实际成本为11 100元。账务处理如下：

借：自制半成品——库存半成品　　11 100

　贷：自制半成品——委托加工半成品　　11 100

表4-36

记 账 凭 证

2017年12月8日　　记字第×号

摘　要	总账科目	明细科目	借方金额	贷方金额
支付加工费等	自制半成品	委托加工半成品	1 100	
	应交税费	应交增值税（进项税额）	170	
	银行存款			1 270
合　计			¥1 270	¥1 270

附单据×张

财务主管：黄依　记账：张一　出纳：苏瑞　审核：刘伟　制单：张一

二、库存商品的核算

（一）库存商品的核算内容

工业企业库存商品，是指企业已经完成全部生产过程并已验收入库，符合标准规格和技术条件，可以按照合同规定的条件送交订货单位，或者可以作为商品对外销售的产成品。企业接受外来原材料加工制造的代制品和为外单位加工修理的代修品，在制造和修理完成验收入库后，也视同企业的产成品。企业可以降价出售的不合格品，也作为产成品核算，但应当与合格商品分开记账。

（二）库存商品的总分类核算

工业企业的产成品一般应按实际成本计价。在这种计价方式下，产成品收入和发出，平时只记数量不记金额；月度终了，计算入库产成品的实际成本；对发出和销售的产成品，可以采用先进先出法、加权平均法、移动平均法、个别计价法等方法确定其实际成本。

产成品的种类比较多的企业，也可以按计划成本计价。在这种计价方式下，企业还要单独设置“产品成本差异”账户，核算产成品的实际成本与计划成本的差额，平时，对产成品的收入、发出和销售可以按计划成本进行核算；月度终了，应将入库产成品的成本差异额转入“产品成本差异”账户。同时，还要将产成品差异在发出、销售及结存产成品之间进行分配，将发出和销售产成品的计划成本调整为实际成本。

1. 设置“库存商品”账户。为了反映企业产成品的收、发、结存情况，企业应设置“库存商品”账户，本账户的借方登记已经完成生产过程并已验收入库的产成品实际成本，以及盘盈产成品的实际成本；贷方登记发出（售出）、盘亏产成品的实际成本，月末借方余额表示库存产成品的实际成本。

2. 产成品入库的账务处理。产成品制造完工经检验合格后，应由生产车间按照交库数量，填写产成品入库单交仓库点收数量并登记明细账。月终，根据产成品入库单和成本计算资料编制产成品入库汇总表，并据以借记“库存商品”账户，贷记“生产成本”账户。

企业生产完工验收入库的产成品按成本计算单中确定的实际成本计价入账；代外单位制造、修理完工入库的代制品、代修品，应按代制、代修过程实际发生的加工成本入账，不包括代制品的原材料价值和代修品的原价值。

【例4－31】 恒天公司月终汇总编制产成品入库汇总表（见表4－37）。

表4－37　　产成品入库汇总表　　单位：元

产品名称	单　位	数　量	单位成本	总成本
男西服套装	件	500	300	150 000
女西服套装	件	300	200	60 000
合　计				210 000

根据上述产成品入库汇总表，公司应做如下账务处理：

借：库存商品——男西服套装　　150 000

——女西服套装　　6 000

贷：生产成本——基本生产成本　　210 000

3. 产成品发出的账务处理。产成品发出主要是销售。为了汇总反映全月发出产成品的实际成本，便于进行产成品发出的总分类核算，还应根据各种产成品出库单计列出库数量和各产成品明细账所列发出产成品的实际单位成本，编制产成品发出汇总表，作为编制会计凭证的依据。产成品发出汇总表的一般格式如表 4－38 所示。月终，结转发出和销售的产品成本。对已经实现销售的产成品成本，应结转记入“主营业务成本”账户。

表 4－38　　产成品发出汇总表　　单位：元

产品名称	单　位	数　量	单位成本	总成本
男西服套装	件	100	300	30 000
女西服套装	件	250	200	50 000
合　计				80 000

【例 4－32】 恒天公司本月份根据表 4－38 做如下账务处理：

借：主营业务成本——委托加工半成品　　80 000

贷：库存商品——男西服套装　　30 000

——女西服套装　　50 000

（三）库存商品的明细分类核算

库存商品收发的明细分类核算包括两方面的内容，即数量核算和价值核算，应分别按照产成品的品种和规格，序时地反映各种产成品实物的收发和结存的数量以及成本的增减和占用情况。

企业应按产成品的品种和规格设置产成品明细分类账。在实际工作中，为了简化核算工作，企业可以只在仓库设置一套既有数量又有金额的产成品明细分类账，由仓库保管人员根据产成品的收发凭证登记数量，会计人员定期到仓库进行稽核，同时签收产成品收发凭证，登记金额。产成品明细分类账平时只登记数量不登记金额，月末再根据成本计算资料核算登记入库产成品的单位成本和金额，并计算发出和结存产成品的单位成本和金额。

第六节　委托加工物资的核算

一、委托加工物资核算的内容

委托加工物资就是将一些物资，如材料、半成品等委托外单位进行加工，制造成具有另一种性能和用途的存货，此存货既可以作为产品出售，也可以作为原材料继续生产，还可以自用。委托加工物资虽然存放在外单位，但其所有权属本企业，加工完成后要收回。加工收回的物资不仅实物形态、性能会发生变化，而且，在其加工过程中要消耗原材料，还要发生各种费用支出等，从而使其价值相应增加。企业进行委托加工物资的核算就是要正确反映和监督委托加工材料的发出、加工费用的发生、加工完工以后的验收入库等，以保证加工物资的安全完整和成本计算的准确，在进行核算时，首先要对委托加工物资进行正确的计价。

委托加工物资应按实际成本计价核算，其实际成本包括：发出加工材料或半成品的实际成本、支付的加工费用及加工物资的往返运杂费、应负担的相关税金，包括委托加工物资应负担的增值税和消费税（指属于消费税应税范围的加工物资）。

二、委托加工物资的账务处理

（一）账户设置

为了核算委托加工物资的实际成本，企业应设置“委托加工物资”账户。该账户属资产类账户，借方登记发出加工物资的实际成本、支付的加工费、应负担的外地运杂费和应计入委托加工物资成本的税金等；贷方登记加工完成收回物资和退回剩余物资的实际成本；期末借方余额反映企业委托外单位加工但尚未加工完成物资的实际成本（包括原发出的材料价值、已发生的加工费和运杂费等）。企业应按加工合同和委托加工单位设置“委托加工物资”明细账，反映加工单位名称，加工合同号数，发出加工物资的名称、数量，发生的加工费和运杂费，退回剩余物资的数量，实际成本以及加工完成物资的实际成本等资料。

（二）账务处理

委托加工业务在会计处理上，主要包括拨付加工物资、支付加工费用和税金、收回加工物资和剩余加工物资等几个环节。

1. 发出委托加工物资。企业发出委托外单位加工的物资时，应将物资的实际成本由“原材料”、“库存商品”等账户转入“委托加工物资”账户，即借记“委托加工物资”，贷记“原材料”、“库存商品”等账户。如果发出物资采用计划成本（或售价）核算的，还应同时结转成本差异（或商品进销差价）。

2. 支付加工费用、应负担的运杂费。企业支付加工费用、运杂费等，应计入委托加工物资成本，支付委托加工物资负担的增值税应区分不同情况处理。凡属加工物资用于应交增值税项目并取得增值税专用发票的一般纳税人，可将这部分增值税作为进项税额，不计入加工物资成本，即借记“应交税费——应交增值税（进项税额）”等账户，贷记“银行存款”等账户。如果加工物资收回后用于非应纳增值税项目或免征增值税项目的，以及未取得增值税专用发票的一般纳税人或小规模纳税人的加工物资，应将交纳的增值税计入加工物资的成本，借记“委托加工物资”账户，贷记“银行存款”等账户。

3. 支付的消费税。委托加工物资属于应纳消费税的应税消费品，应由受托方在向委托方交货时代收代缴消费税。委托方交纳消费税时，应区别不同情况处理：如果委托加工的应税消费品收回后直接用于销售的，委托方应将受托方代收代缴的消费税随同应支付的加工费一并计入委托加工的应税消费品的成本，借记“委托加工物资”账户，贷记“银行存款”、“应付账款”等账户；如果委托加工的应税消费品收回后用于连续生产应税消费品而不是直接对外销售的，则已纳消费税款按规定准予抵扣以后销售环节应交纳的消费税，借记“应交税费——应交消费税”账户，贷记“银行存款”等账户。

4. 加工完成收回加工物资和退回剩余物资。委托加工物资加工完成验收入库或退回剩余物资，应按加工收回物资的实际成本和剩余物资的实际成本，借记“原材料”、“库存商品”等账户，贷记“委托加工物资”账户。采用计划成本或售价核算的企业，应按计划成本或售价记入“原材料”或“库存商品”等账户，实际成本与计划成本或售价之间的差异，记入“材料成本差异”或“商品进销差价”账户。

【例 4－33】 甲企业发出 A 材料一批，委托乙企业加工成 B 材料（属于应税消费品）。A 材料的实际成本为 1 万元，支付的加工费 2 000 元（不含增值税），运杂费 1 500 元，消费税为 3 000 元，B 材料加工完成收回后继续用于生产应税消费品。B 材料加工完毕验收入库，加工费用等已用银行存款支付。双方适用的增值税税率均为 17%。甲企业的账务处理如下：

（1）发出委托加工材料时：

借：委托加工物资——乙企业	10 000	
贷：原材料——A 材料		10 000

（2）支付加工费、运杂费等时：

借：委托加工物资——乙企业	3 500	
应交税费——应交增值税（进项税额）	340	
——应交消费税	3 000	
贷：银行存款		6 840

（3）加工完成收回委托加工原材料时：

借：原材料——B 材料	13 500	
贷：委托加工物资——乙企业		13 500

想一想：

若上述委托加工物资收回后直接用于销售，应如何进行账务处理？

第七节　存货清查和存货跌价准备的核算

一、存货的清查

（一）存货清查的目的

由于存货种类繁多、收发频繁，在日常收发过程中可能发生计量错误、计算错误、自然损耗，还可能发生损坏变质以及贪污、盗窃等情况，造成账实不符。为了保证各项存货登记的准确性、真实性，保护各项存货的安全完整，加速资金周转，加强资金管理，企业应定期或不定期地对存货进行清查。

（二）存货清查的方法

存货清查主要采用实地盘点法。这就是通过点数、过磅、测量、计算等方法点清存货的数量，并鉴定其质量，对大堆、廉价和笨重的物资，可以采用技术测量法或估算法确定其实存数量，并与账面资料核对，从而确定存货实有数与账面数是否相符的一种专门方法。存货清查按照清查对象和范围不同，分为全面清查和局部清查。其中，局部清查是指根据需要对一部分或某个仓库的存货进行的清查；全面清查是指对所有物资进行的清查。

在存货清查过程中，企业应认真做好清查记录，并将清查结果逐项登记在存货盘点报告表中（见表4－39）。

表4－39　　　　**存货盘点报告表**

××单位　　　　年　月　日　　　　仓库：

存货类别	名称规格	计量单位	数量		单价（元）	盘盈		盘亏		盈亏原因
			账存	实存		数量	金额	数量	金额	

为了便于归类汇总，存货盘点报告表应按照存货明细账的分类和顺序填写，注明盘盈盘亏的真实原因，并总结存货管理的经验和存在的问题，提出处理意见，并由清查人员和仓库保管人员签章，同时上报审批。

（三）存货清查结果的账务处理

1. 存货盘盈的账务处理。存货发生盘盈，主要是由于收发计量或核算上的错误等原因造成的，应按其市价或同类、类似材料的市场价格或评估价值确定。借记“原材料”账户，贷记“待处理财产损溢——待处理流动资产损溢”账户；经批准后，作借记“待处理财产损溢——待处理流动资产损溢”账户，贷记“管理费用”账户处理。

【例4－34】　年末，恒天公司对原材料进行盘点，发现盘盈包装材料100千克，实际单位成本2.20元。经查属于材料收发计量方面的错误。公司应作如下账务处理：

● 财产清查人员清查存货，编制“存货清查登记表”（表4－40），并填写“存货清查报告单”（表4－41），交财务部门处理入账。

表4－40　　　　**存货清查登记表**

填报单位：1号仓库　　　　2017年12月31日　　　　单位：元

序号	资产名称	计量单位	单价	账存		实存		盘盈		盘亏	
				数量	金额	数量	金额	数量	金额	数量	金额
1	包装材料	千克	2.20	900	1 980	1 000	2 200	100	220		
2	男装西服哔叽布	米	50	2 100	105 000	2 000	100 000			100	5 000
3	休闲针织布	米	10	2 000	20 000					2 000	20 000

仓库负责人：刘同　　仓库保管员：陈芸　　财产清查员：郑丹　　制单：曹倩

表 4－41

存货清查报告单

2017 年 12 月 31 日 No. 12001

编号	资产名称	价值		盘查结果	查明原因
		数量	金额		
	包装材料	100	220	盘盈	材料收发计量错误
	男装西服咔叽布	100	5 000	盘亏	管理不善
	休闲针织布	2 000	20 000	盘亏	自然灾害
	处理意见	存入部门	清查小组		审批部门
	包装材料盘盈	1 号仓库	作营业外收入		同意。 刘璇 2017 年 12 月 31 日
	男装西服咔叽布		过失人赔偿 500 元，其余列入管理费用		
	休闲针织布		保险赔偿 15 000 元，其余为营业外支出		

制表：张雪 财务主管：黄依 企业主管：刘璇

- 会计收到“存货清查登记表”及“存货清查报告单”，审核无误后，作如下账务处理：

批准前：借：原材料——包装材料 220

贷：待处理财产损溢——待处理流动资产损溢 220

批准后：借：待处理财产损溢——待处理流动资产损溢 220

贷：管理费用 220

2. 存货盘亏和毁损的账务处理。按盘亏或毁损的账面价值转入“待处理财产损溢——待处理流动资产损溢”账户，经批准后，应根据不同的原因，分别不同情况进行账务处理。

（1）属于自然损耗产生的定额内损耗，计入管理费用。

（2）属于计量收发差错和管理不善原因造成的存货短缺或毁损，应先扣除残料价值和可收回的过失人的赔偿，然后将净损失记入“管理费用”。

（3）属于自然灾害或意外事故造成的存货毁损，应先扣除残料价值和可收回的保险赔偿，然后将净损失记入“营业外支出”。

【例 4－35】 恒天公司在年末进行存货清查，男式西服咔叽布盘亏 100 米，单位实际成本 50 元；休闲针织布盘亏 2 000 米，单位实际成本 10 元。经查男式西服咔叽布属管理不善毁损，应收过失人赔偿 500 元；休闲针织布属自然灾害损毁，应收保险公司赔偿款 15 000 元。公司账务处理如下：

批准前：借：待处理财产损溢——待处理流动资产损溢 29 250

贷：原材料——男式西服咔叽布 5 000

——休闲针织布 20 000

应交税费——应交增值税（进项税额转出） 4 250

批准后：借：其他应收款——应收赔偿（过失人） 500

——应收保险赔偿款 15 000

管理费用 5 350

营业外支出 8 400

贷：待处理财产损溢——待处理流动资产损溢 29 250

若企业存货是采用计划成本（或售价）核算的，盘亏和毁损的存货应当同时结转成本差异。

二、存货跌价准备的核算

（一）存货期末计价方法

根据规定，企业应当定期或者至少每年年度终了，对存货进行全面清查，对由于存货遭受毁损、全部或部分陈旧过时或销售价格低于成本等原因，使存货可变现价值低于成本的部分，应当提取存货跌价准备。即，期末存货应按成本与可变现净值孰低法进行计价。

（二）存货跌价准备的账务处理

1. 成本低于可变现净值。如果期末结存存货的成本低于可变现净值，则不需作账务处理，资产负债表中的存货按期末账面价值列示。

2. 可变现净值低于成本。如果期末存货的可变现净值低于成本，则必须在当期确认存货跌价损失，并进行有关账务处理。这种情况下，企业应设置“存货跌价准备”账户，用于核算企业提取的存货跌价准备。该账户贷方登记存货可变现净值低于成本的差额；借方登记已计提跌价准备的存货的价值以后又得以恢复的金额和其他原因冲减已计提跌价准备的金额；期末贷方余额反映企业已提取的存货跌价准备。“存货跌价准备”账户是有关存货账户的备抵调整账户，有关存货账户的期末借方余额减去“存货跌价准备”账户的期末贷方余额，即为期末存货的价值。

当存在下列情况之一时，表明存货发生减值，期末存货按可变现净值计价，并计提存货跌价准备：

（1）市价持续下跌，并且在可预见的未来无回升的希望。

（2）企业使用该项材料生产的产品的成本大于产品的销售价格。

（3）企业因产品更新换代，原有库存材料或商品已不适应新产品的需要，而相关材料或商品的市场价格又低于其账面成本。

（4）因企业所提供的商品或劳务过时或消费者偏好改变而使市场的需求发生变化，导致市场价格逐渐下跌。

（5）其他足以证明有关存货实质上已经发生减值的情况。

企业在每一会计期末计提存货跌价准备时，首先要比较期末存货的成本与可变现净值，计算出应计提的存货跌价准备数额，然后与“存货跌价准备”账户的余额比较，若应提数大于已计提数，应按差额补提，借记“资产减值损失”账户，贷记“存货跌价准备”账户；若应提数小于已计提数，表明前已计提跌价准备的存货的价值以后得以部分恢复，应按恢复部分的数额，冲销已计提数，借记“存货跌价准备”账户，贷记“资产减值损失”账户；若已计提跌价准备的存货的价值以后全部恢复，其冲减的跌价准备金额，应以“存货跌价准备”账户的余额冲减至零为限。

【例 4－36】 恒天公司采用成本可变现净值孰低法进行期末存货计价。公司在 2016 年年末开始计提存货跌价准备，有关年度某类存货的资料如表 4－42 所示。

表 4-42　　存货资料表　　单位：元

日期	历史成本	可变现在净值
2016 年 12 月 31 日	75 000	73 400
2017 年 12 月 31 日	93 350	91 550
2018 年 12 月 31 日	76 500	75 075
2019 年 12 月 31 日	84 165	86 000

2016 年年末：

应计提的存货跌价准备为 1 600 元（75 000 - 73 400），做如下账务处理：

借：资产减值损失——计提的存货跌价准备　　1 600
　　贷：存货跌价准备　　1 600

2017 年年末：

应计提存货跌价准备为 1 800 元（93 350 - 91 550）。应补提的存货跌价准备为：200 元（1 800 - 1 600）。做如下账务处理：

借：资产减值损失——计提的存货跌价准备　　200
　　贷：存货跌价准备　　200

2018 年年末：

应计提的存货跌价准备为 1 425 元（76 500 - 75 075），应冲销计提的存货跌价准备为：375 元（1 800 - 1 425），做如下账务处理：

借：存货跌价准备　　375
　　贷：资产减值损失——计提的存货跌价准备　　375

2019 年年末：

因为可变现净值大于成本 1 835 元，所以，应冲销已计提的存货跌价准备 1 425 元，做如下账务处理：

借：存货跌价准备　　1 425
　　贷：资产减值损失——计提的存货跌价准备　　1 425

提示：根据制度规定，存货跌价准备应按单个存货项目的成本与可变现净值孰低计量。对于数量繁多，单价较低的存货，可以按存货类别计量成本与可变现净值。

第五章
固 定 资 产

进入恒天公司，我们可以看到厂房、缝纫机等各种设施设备。在会计核算中，将厂房、设备统一称为“固定资产”。那么，这些资产与上一章存货有何不同，其增减变动情况如何进行反映，设备报废如何处理等，这一系列问题在本章都能找到答案。

学习目标

- ☐ 理解固定资产的概念、特征，掌握固定资产取得入账价值的确定原则
- ☐ 理解固定资产折旧的含义、影响因素，掌握固定资产折旧的计算方法
- ☐ 掌握固定资产的增加、减少、折旧以及后续支出的核算

第一节 固定资产概述

一、固定资产的概念和特征

（一）固定资产的概念

固定资产，是指为生产产品、提供劳务、出租或经营管理而持有的，使用年限超过一年的有型资产。包括：房屋、建筑物、机器、机械、运输工具、设备、器具、工具等。一项资产确认为固定资产需要满足两项标准：一是符合固定资产定义；二是符合确认条件。固定资产的确认条件是：（1）该固定资产包含的经济利益很可能流入企业；（2）该固定资产的成本能够可靠计量。

（二）固定资产的特征

固定资产作为企业生产经营的物质基础具有以下特征：（1）企业持有固定资产的目的

是为生产商品、提供劳务、出租或经营管理；（2）固定资产使用寿命超过一个会计年度；（3）固定资产为有形资产。

二、固定资产的分类

对固定资产进行合理的分类是完善固定资产管理和核算的前提。目前固定资产常用的分类标准有以下四种：

（一）按经济用途分类

1. 生产经营用固定资产，即直接服务于工业企业生产经营过程的各种固定资产，如生产经营用房屋建筑物、机器设备、运输工具等。

2. 非生产经营用固定资产，即间接服务于企业生产经营过程的各种固定资产，如职工宿舍、食堂、浴室等使用的房屋、设备和其他固定资产等。

（二）按使用情况分类

1. 在用固定资产，即企业正在使用中的生产用和非生产用固定资产。因季节性停用、大修理停用、放在车间替换备用及出租给其他单位使用的固定资产，均视同在用固定资产。

2. 未使用的固定资产，即已完工或已购建的尚未交付使用的新增固定资产以及因进行改建、扩建等原因停止使用的固定资产。如企业购建的尚待安装的固定资产，因经营任务变更、停止使用的固定资产等。

3. 不需用的固定资产，即本企业多余或不适用、需要调配处理的固定资产。

4. 出租的固定资产，即企业以经营性租赁方式租给其他单位使用的固定资产。

（三）按所有权分类

1. 自有固定资产，即企业拥有的可供企业自由支配长期使用的固定资产。自有固定资产又可分为自用固定资产和出租固定资产。

2. 租入固定资产，即企业采用租赁方式从其他单位租入的固定资产。按租赁性质划分，租入固定资产分为经营性租入和融资性租入。

（四）固定资产的综合分类

固定资产综合分类即按经济用途、使用情况和所有权分类，可分为以下七类：（1）生产经营用固定资产；（2）非生产经营用固定资产；（3）租出固定资产；（4）不需用固定资产；（5）未使用固定资产；（6）融资租入固定资产，指企业采取融资租赁方式租入的固定资产，在租赁期内，应视同自有固定资产进行管理；（7）土地，主要是指已经估价单独入账的土地。企业取得的土地使用权不能作为固定资产，而应作为无形资产。

提示：固定资产综合分类的项目往往是设置“固定资产”的二级账户的依据。

三、固定资产的计价

（一）固定资产的计价基础

固定资产的计价是指对固定资产的价值核算。比如企业现使用的运输工具3年前购买时支付了35万元，因使用磨损现在只有七成新。按固定资产的计价方法，当时支付的35万元为原始价值，原始价值减去磨损的价值（350 000 × 30%）为固定资产净值（350 000 − 350 000 × 30% = 245 000元）。下面对固定资产的两种计价基础分别予以介绍：

1. **固定资产的原始价值，也称原价或原值，是指企业通过建造或购置等方式取得某项固定资产达到预定可使用状态前所发生的一切合理、必要的支出。**原始价值反映的是固定资产的历史成本，表明企业固定资产的最初投资规模。同时，原始价值也是企业计算折旧、确定固定资产利用率的重要依据。

2. **固定资产净值，也称折余价值，是指固定资产原始价值减去累计折旧后的净额。**净值反映的是固定资产的现时实际价值，将其同原始价值相对比，可以分析企业固定资产的新旧程度，同时也便于企业对固定资产及时进行更新改造。

（二）固定资产的入账价值

根据《企业会计准则》的要求，**固定资产应按其取得时的成本作为入账价值。**由于固定资产取得的途径不同，其入账价值确定的方法也有所不同。

1. 外购固定资产的成本包括买价、相关税费，以及为使固定资产达到预定可使用状态前所发生的可直接归属于该资产的其他支出，如场地整理费、运输费、装卸费、安装费和专业人员服务费等。购入固定资产专用发票上注明的增值税额和运输专用发票注明的增值税额，如果符合税法规定可以抵扣，应借记"应交税费——应交增值税（进项税额）"账户，不能计入固定资产的价值中。

实例演练：

恒天公司10月外购两台设备，具体情况如下：

1. 不需安装的多功能缝纫机：买价50 000元，增值税8 500元，运费2 000元；

2. 需要安装的定型机：买价100 000元，增值税17 000元，运费3 000元，安装费6 000元。

根据计价原则：多功能缝纫机入账价值为______元；定型机入账价值为______元。

2. 自制、自行建造的固定资产，按建造该项资产达到预定可使用状态前所发生的必要支出作为其成本。

实例演练：

公司机修车间自制一台小型裁剪机，发生材料费30 000元，增值税进项税额5 100元，人工费6 200元，分摊机修车间的制造费用3 800元。根据计价原则，这台裁剪机的入账价值为________元。

3. 投资者投入的固定资产，按投资合同或协议约定的价值加上应支付的相关税费作为入账价值。

4. 接受捐赠的固定资产，捐赠方提供了有关凭据的，按凭据上标明的金额加上应支付的相关税费，作为固定资产的成本；如果捐赠方未提供有关凭据的，则按其同类或类似固定资产的市场价格估计的金额，加上由企业负担的运输费、保险费、安装调试费等，作为固定资产成本。

实例演练：

国外某厨具品牌向公司食堂捐赠一套厨具用于改善公司职工的膳食。企业未得到这套厨具的有关凭据。公司从海关提货时支付关税5 000元，运费1 000元。据了解，该种品牌及规格的厨具市场价格80 000元。根据上述计价原则，该套厨具的入账价值为________元。

5. 企业接受的债务人以非现金资产抵偿债务方式取得的固定资产，或以应收债权换入固定资产的，按应收债权的账面价值加上应支付的相关税费，作为入账价值。

6. 以非货币性交易换入的固定资产，按换出资产的账面价值加上应支付的相关税费，作为入账价值。

提示：

1. 工业企业购置计算机硬件所附带的未单独计价的软件部分应列为固定资产的管理内容。

2. 已达到预定可使用状态、但未办理竣工决算手续的固定资产可先按估价入账，确定实际造价后，再予以调整。

3. 固定资产发生后续支出后，如该项支出引起的可能流入企业的经济利益超出了原先的估计，或延长了固定资产的使用寿命，或使产品质量得到实质性提高，或使产品成本实质性降低等，该项支出应计入固定资产价值。

第二节　固定资产增加的核算

工业企业固定资产增加的途径一般有企业购入、自行建造、投资者投入、租入和接受捐赠等，企业应根据不同的来源渠道对增加的固定资产进行会计核算。

一、账户的设置

（一）“固定资产”账户

“固定资产”账户核算固定资产原值增减变动和结存情况，借方登记企业购建、其他单位投资转入、接受捐赠、盘盈等原因增加的固定资产原值，贷方登记企业出售、报废、盘亏等原因减少的固定资产原值，余额在借方，反映企业现有固定资产的原始价值。同时企业应设置“固定资产登记簿”、“固定资产卡片”，按类别和使用部门对固定资产进行明细核算。

（二）“累计折旧”账户

“累计折旧”账户是用来核算企业固定资产的累计折旧数额的账户，贷方登记计提折旧及其他原因增加的固定资产已提折旧，借方登记因出售、盘亏及其他原因减少的固定资产已提折旧，贷方余额表示企业固定资产已提折旧的累计数。该账户属于“固定资产”账户的抵减账户，此账户可以只进行总分类核算，不进行明细分类核算。如果需要查明某项固定资产已提折旧的累计数，可以根据固定资产卡片登记的固定资产原值、折旧率和已使用时间等资料计算。

（三）“工程物资”账户

“工程物资”账户是用来核算企业为建筑工程等准备的各种工程物资实际成本增加、减少和结存情况的账户。该账户借方登记购入工程物资的实际成本，贷方登记领用工程物资的实际成本，期末借方余额反映企业结存的各项工程物资实际成本。该账户可按所购入工程物资的品种设置明细账。

小常识：会计实务中，“工程物资”常设的明细账户有专用材料、专用设备、预付大型设备款、工具和器具。

工程完工后剩余的物资，如转作企业存货的，按材料的实际成本，借记“原材料”账户，贷记“工程物资”账户。

小测试

和同学讨论一下“工程物资”与“原材料”的区别和联系。

（四）“在建工程”账户

“在建工程”账户是用来核算企业进行建筑工程、安装工程、技术改造工程等发生的实际成本的账户。该账户借方反映各项工程发生的实际成本，贷方登记结转的完工工程成本，期末余额在借方，反映期末尚未完工工程的实际成本。该账户应按建筑工程、安装工程、技术改造工程和其他支出设置明细账。

小常识：在实务中，购入设备待安装、工程用材料不入库而直接使用及采用出包方式购建固定资产预付的承包工程款通常在“在建工程”账户中核算；购入需安装设备且需暂时入库的，则应按实际支出先记入“工程物资”的借方。

固定资产增加的主要业务流程和涉及的主要原始凭证见图5－1。

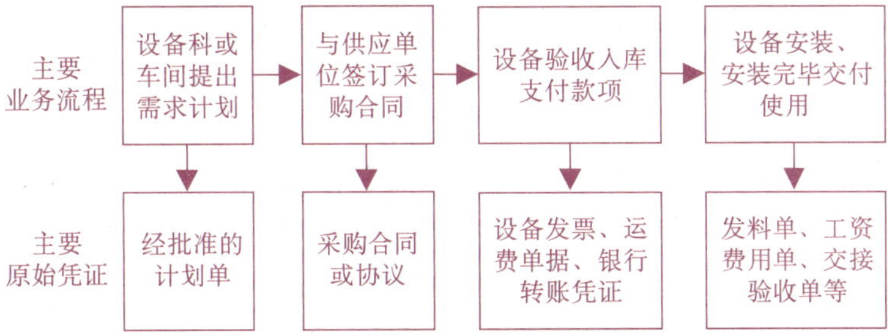

图5－1 固定资产增加主要业务流程及凭证

二、固定资产购入的核算

根据增值税的有关实施条例，一般纳税人购入的机器设备等固定资产增值税和运输专用发票所注明的增值税额，在符合增值税抵扣的范围内，允许从销项税额抵扣；取得按固定资产核算的不动产，其进项税额分两年从销项税额抵扣，第一年抵扣比例为60%，第二年抵扣比例为40%。而小规模纳税人则应计入固定资产的成本。

（一）购入不需要安装固定资产的核算

企业购入不需要安装的固定资产，如企业购买的交通工具以及购入后直接交付使用（或由销售方负责安装）的电子设备、洗衣机、空调等，购入时可按实际支付的买价、运杂费、包装费等直接记入“固定资产”账户。并按照取得的增值税专用发票上注明的增值税额（含运输专用发票注明的增值税额），记入“应交税费——应交增值税（进项税额）”的借方。

【例5-1】 恒天公司新增一条流水线，购入不需要安装的多功能缝纫机40台，每台2 500元，增值税专用发票上注明价款10万元，增值税1.7万元，另支付运输费2 000元，增值税220元，已取得增值税合法抵扣凭证，款项均以银行存款支付。

解：

应抵扣的固定资产进项税额 = 17 000 + 220 = 17 220（元）

固定资产的入账价值 = 40 × 2 500 + 2 000 = 102 000（元）

根据专用发票、固定资产验收单、银行支付凭证等编制会计分录为：

借：固定资产——生产用固定资产	102 000	
应交税费——应交增值税（进项税额）	17 220	
贷：银行存款		119 220

（二）购入需要安装固定资产的核算

购入需要安装的固定资产，是指购置的固定资产需经过安装以后才能交付有关部门和单位使用，在安装工程未达到可使用状态前不能作为固定资产入账。企业购入固定资产时，按照专用发票上注明的增值税额（含运输专用发票），在符合增值税抵扣范围内，借记“应交税费——应交增值税（进项税额）”账户，按照专用发票上载明的应计入固定资产价值的金额，先借记“在建工程”（设备未入库）或“工程物资”（设备需入库）账户，贷记“银行存款”等账户；发生的安装费用等，借记“在建工程”账户，贷记“银行存款”等账户；安装完毕交付使用时按发生的实际支出借记“固定资产”账户，贷记“在建工程”账户。

注意：固定资产安装工程分为自营安装和出包安装两种方式。在自营安装方式下，安装费包括安装工程耗用的材料、人工及其他支出；在出包安装方式下，安装费为向承包单位支付的承包款。

1. 出包安装工程核算。出包的安装工程一般采取招标方式由建筑安装企业承包进行。安装工程开始之前，出包企业与承包企业需签订合同并按规定预付一部分安装工程款。安装完工时，双方应办理工程的验收交接手续，并由出包企业付清合同规定的全部工程价款。

【例5-2】 恒天公司购入需要安装的货物升降机一台，需经安装调试后方能交付使用。该升降机采用出包方式由专业安装公司负责安装调试，根据合同安装承包款为1万元，且在工程开始前先预付承包款的40%，其余部分在工程完工验收后付清。购入升降机的发票价格为60万元，增值税10.2万元，运输途中发生运费为8 000元（含税）。已取得增值税合法抵扣凭证，各项支出均用银行存款支付。

● 取得购买升降机的增值税专用发票、运费发票及银行转账支票存根（略），根据上述购买设备的原始凭证，进行账务处理如下：

借：在建工程——安装工程　　607 207

　　应交税费——应交增值税（进项税额）$\left(102\ 000+\frac{8\ 000}{1+11\%}\times 11\%\right)$

　　102 793

　贷：银行存款　　710 000

● 预付升降机安装费 4 000 元，取得预付费用收据（表 5－1）、银行转账支票存根（略）。

表 5－1　　**海西市企业单位统一收据**

2017 年 12 月 10 日

交款单位 恒天公司

人民币（大写）肆仟元整　　¥4 000.00

系　付 升降机安装费用

（印章：转讫）

（印章：三江机械制造有限公司财务专用章）

现　金	
支　票	√
付　委	

②发票联

收款单位（盖章有效）　　财务：李梅　　经手人：吴明

根据上述预付工程价款的有关票据，进行账务处理如下：

借：在建工程——安装工程　　4 000

　贷：银行存款　　4 000

● 支付升降机安装费用 6 000 元，取得安装费收据及银行转账支票存根（略）。根据上述票据，做账务处理如下：

借：在建工程——安装工程　　6 000

　贷：银行存款　　6 000

表 5－2　　**固定资产验收单**

2017 年 12 月 20 日

名称	单位	数量	价格	预计使用年限	使用部门
升降机	台	1	617 207	10	包装车间
备注					

审核：刘大江　　验收：李刚

● 根据完工交付使用验收单（表 5－2），做如下账务处理：

借：固定资产　　617 207

贷：在建工程——安装工程　　617 207

2. 自营安装工程的核算。自营安装工程一般由企业的建筑安装部门或机修部门进行。在自营安装时，安装工程发生的包括固定资产的买价、包装费、运杂费及安装过程中发生的相关支出等全部支出，均应记入“在建工程”科目的借方。安装过程中需要领用工程物资、原材料或库存商品，应按其实际成本转入所建工程成本。其中，领用本企业生产的库存商品，应按视同销售，计算增值税销项税额。

【例5－3】 恒天公司购入需安装的服装模板机一台，该设备由公司机修部门自行安装。设备科转来相关票据如下：

- 以银行存款支付模板机的价税款94 710元，其中，设备买价8万元，增值税13 600元，运费1 000元，增值税110元。模板机暂验收入库等待安装。取得增值税专用发票（略）、运费专用发票（略）、信汇凭证（见表5－3）及入库单（略）。

表5－3　　中国建设银行信汇凭证　（回单）

日期：2017年12月14日

汇款人	全　称	恒天公司	收款人	全　称	鸿源机械制造有限公司
	账　号	0012－015－2		账　号	工行西山办266－188
	汇出地	建行越秀支行		汇入地	福建省滨海市
金额	人民币（大写）：玖万肆仟柒佰壹拾元整				¥ 94 710.00
汇款用途： 支付货款及运费			留行待取预留 收款人印鉴		
上列款项已代进账，如有错误，请持此联来面洽。 汇入行盖章 年　月　日		上列款项已照收无误。 收款人盖章 年　月　日		科目（借） 对方科目（贷） 汇入行解汇日期　年　月　日 复核　记账　出纳	

根据上述购买设备的增值税、运费发票，做如下账务处理：

借：工程物资——专用设备　　81 000

　　应交税费——应交增值税（进项税额）　　13 710

　贷：银行存款　　94 710

- 模板机交由机修车间安装，取得出库单（见表5－4）。

表5－4　　出　库　单

领用部门：机修车间　　2017年12月16日　　收货仓库：材料库

名称	单位	数量	计划价格	实际价格
模板机	台	1		81 000
备注	安装设备			

主管：赵明　　出库：李斌　　制单：刘翔

根据出库单，作如下账务处理：

借：在建工程——安装工程　81 000

　贷：工程物资——专用设备　81 000

- 安装时领用原材料3 000元，取得领料单一张（见表5－5）。

表5－5　领　料　单　No. 32007

领用部门：机修车间　2017年12月16日　收货仓库：材料库

材料类别	名称	计量单位	数量		实际成本		计划成本		成本差异	
			应领	实领	单价	金额	单价	金额		记账联
原材料	配件	套	30	30	100	3 000				
合　计			30	30	100	3 000				

主管：赵明　发料：李斌　制单：刘翔

根据领料单，做如下账务处理：

借：在建工程——安装工程　3 000

　贷：原材料　3 000

- 结转机修车间安装工人工资2 070元。根据工资结算汇总表（表5－6）做如下账务处理：

借：在建工程——安装工程　2 070

　贷：应付职工薪酬　2 070

表5－6　工资结算汇总表

2017年12月23日

部门	工资标准	奖金	加班工资	应发工资	备注
机修车间	—	—	2 070	2 070	

- 模板机安装完工，交付生产车间使用。根据固定资产验收单（表5－7）作如下账务处理：

借：固定资产——生产经营用固定资产　86 070

　贷：在建工程——安装工程　86 070

表5－7　固定资产验收单

2017年12月24日

名称	单位	数量	价格	预计使用年限	使用部门
模板机	台	1	86 070	8	制衣车间
备注					

三、投资者投入固定资产的核算

投资转入的固定资产，按照专用发票上注明的增值税额，借记“应交税费——应交增值税（进项税额）”账户，按照确认的固定资产价值，借记“固定资产”、“工程物资”等账户，按照增值税与固定资产价值的合计数，贷记“实收资本”等账户。

【例5-6】 恒天公司接受上海缝纫机车总厂投资机车一批，评估确认价值为50万元，对方提供的增值税专用发票上注明的增值税额为8.5万元。机车交付生产使用。

根据取得的增值税专用发票及固定资产验收单（略），做账务处理如下：

借：固定资产——生产经营用固定资产　　500 000
　　应交税费——应交增值税（进项税额）　　85 000
　　贷：实收资本——上海缝纫机车总厂　　585 000

四、接受捐赠固定资产的核算

捐赠转入的固定资产，按照专用发票上注明的增值税额，借记“应交税费——应交增值税（进项税额）”账户，按照确认的固定资产价值（已扣除增值税），借记“固定资产”、“工程物资”等账户；如果捐出方代为支付了固定资产进项税额，则按照增值税进项税额与固定资产价值的合计数，贷记“营业外收入”等账户。

【例5-7】 恒天公司接受华侨捐赠的服装打板机一台，发票价格为2万元，增值税3 400元，各项合法凭证均已取得，设备已交付使用。相关账务处理如下：

借：固定资产　　20 000
　　应交税费——应交增值税（进项税额）　　3 400
　　贷：营业外收入　　23 400

五、租入固定资产的核算

企业的固定资产，除了采用购入和自行建造等方式取得外，也会以租赁的方式取得。按租赁物所有权是否转移，分为经营租赁和融资租赁两大类。

（一）经营性租赁

经营性租赁固定资产主要是为满足企业短期或季节性原因对固定资产的需求，因此经营性租赁方式的特点是：租赁期短；租赁合同灵活；租赁期满后，租赁的资产一般归还给出租人；一般由出租人提供设备的保养、维修、保险等专门服务；承租人按承租合同支付租金，在承租期内对租入的固定资产只享有使用权，而没有所有权。鉴于此，企业对经营性租入的固定资产不应在本企业入账，也不应计提折旧。

【例5-8】 恒天公司因赶一批货，从外单位租入机车30台，账面价值15万元，租期6个月，每月租金1.5万元，于每月20日支付，出租方每月计提折旧13 500元，账务处理如下：

（1）租入方支付租金：

借：制造费用　　15 000
　　贷：银行存款　　15 000

（2）出租方业务处理：

- 出租时：

借：固定资产——出租固定资产　　150 000

贷：固定资产——不需用固定资产　　150 000

• 收取租金时：

借：银行存款　　15 000

　贷：其他业务收入　　15 000

• 计提折旧时：

借：其他业务成本　　13 500

　贷：累计折旧　　13 500

（二）融资租赁

融资租赁，又称为财务租赁，通常为长期租赁，可解决企业对固定资产的长期需要，故有时也称为资本租赁。与经营租赁相比，其具有以下特点：

1. 承租人要提出正式租赁申请。
2. 租期较长（一般可达租赁资产正常使用期限的75%以上）。
3. 租赁合同稳定。
4. 租约期满后，一般将设备作价转让给承租人。
5. 在租赁期间内，出租人一般不提供维修和设备保养服务。

根据融资租赁的特点，企业应将融资租入的固定资产视同企业自有的固定资产进行管理和核算，按期计提租入固定资产的折旧，并承担修理及其他有关费用。企业在租赁期开始日，承租人应当将租赁开始日租赁资产公允价值与最低租赁付款额现值两者中较低者作为租入资产的入账价值，将最低租赁付款额作为长期应付款的入账价值，其差额作为未确认融资费用。

小测试

1. 融资租赁资产的租金包括哪些内容？
2. 想一想企业为什么采用融资租赁方式租入资产？为什么不到银行贷款购买资产呢？

第三节　固定资产折旧的核算

一、固定资产折旧的概念

企业的固定资产长期参与生产经营过程，其价值是以折旧的形式从产品的销售收入中逐步得到补偿的。即：**固定资产折旧是固定资产在生产经营过程中磨损和损耗而转移到成本费用中去的那部分价值。**折旧既是企业的一项费用，也是固定资产更新改造的资金来源。因此，按照规定正确地计算和计提折旧是会计核算的一项重要内容。

二、影响固定资产折旧的因素

固定资产计提折旧，就是企业在固定资产的使用寿命周期内，按照确定的方法，对固定资产应计折旧额进行系统分摊。

固定资产的折旧额受以下四方面因素的影响：（1）固定资产原值的大小；（2）预计使用年限的长短；（3）预计净残值的多少；（4）折旧的计算方法。

> **小资料**
>
> 固定资产损耗分为有形损耗和无形损耗两种。**有形损耗**是因使用或自然力影响引起的固定资产价值的损失，其影响固定资产的自然寿命；**无形损耗**是因科技进步等原因引起的固定资产价值的贬值，其影响固定资产的经济寿命。

（一）固定资产原值

固定资产原值是固定资产取得时的成本，是固定资产价值补偿的依据。因此，固定资产原值是影响固定资产折旧的重要因素。

为了便于计算固定资产折旧，企业计提折旧的固定资产原值为“固定资产”账户月初余额，即当月增加的固定资产，当月不提折旧，次月开始提；当月减少的固定资产，当月照提，次月开始不提。

一般情况下，计提固定资产折旧应以固定资产取得时的原始成本，即固定资产的账面原价为基数。采用双倍余额递减法计算折旧的企业，是以固定资产的账面净值作为计提折旧的依据。

（二）固定资产的预计使用年限

固定资产使用年限的长短直接影响各期应提的折旧额。在确定固定资产使用年限时，不仅要考虑固定资产的有形损耗，还要考虑固定资产的无形损耗。由于固定资产的有形损耗和无形损耗很难准确估计，因此，固定资产的使用年限也只能预计，同样具有主观性。《企业所得税法》规定的最低折旧年限：（1）房屋、建筑物，为20年；（2）飞机、火车、轮船、机器、机械和其他生产设备，为10年；（3）与生产经营活动有关的器具、工具、家具等，为5年；（4）飞机、火车、轮船以外的运输工具，为4年；（5）电子设备，为3年。企业可根据国家的有关规定，结合企业自身的实际确定固定资产的折旧年限。

（三）固定资产的预计净残值

预计净残值是指预计固定资产报废时可以收回的残余价值扣除预计清理费用后的余额。预计净残值是在固定资产开始计提折旧时进行预计的。例如，已知企业某种固定资产的原值为50万元，对该种固定资产的预计净残值率为10%，则该种固定资产的净残值为5万元，企业对该种固定资产应计提的折旧额为45万元。由于在计算折旧时，对固定资产的残余价值和清理费用只能人为估计，所以净残值的确定有一定的主观性。

> **小资料**
>
> 1. 残余价值是指固定资产报废时收回的零件或部件的残料或其变价收入；
> 2. 清理费用是固定资产报废时发生的拆卸、搬运、整理等费用；
> 3. 净残值是残余价值与清理费的差额，在实际操作中，净残值可能为正数，也可能为负数。

（四）固定资产的折旧方法

同一类（或同一种）固定资产，因企业选用的折旧计算方法不同，计算的折旧额也会有所差异。具体的差异额将在固定资产的折旧计算中体现。企业应当根据固定资产所含经济利益预期实现方式选择折旧计算方法，方法一经确定，不得随意变更。如需变更，应将变更的内容及原因在变更当期会计报表附注中说明。企业可选用的折旧方法包括平均年限法、工作量法、双倍余额递减法和年数总和法。

三、固定资产折旧的范围

合理确定固定资产折旧的范围是正确计算固定资产折旧的保证之一。按《企业会计准则》规定，除对已提足折旧仍继续使用的固定资产和按规定单独估价作为固定资产入账的土地不再提取折旧外，企业应对所有固定资产提取折旧。

在确定计提折旧范围时还应注意以下几点：

1. 固定资产应当按月计提折旧，当月增加的固定资产，当月不计提折旧，从下月起计提折旧；当月减少的固定资产，当月仍计提折旧，从下月起不计提折旧。

2. 固定资产提足折旧后，不论是否继续使用，均不再计提折旧；提前报废的固定资产，也不再补提折旧。所谓“提足折旧”是指提足该项固定资产的应计折旧额。

3. 对已达到预定可使用状态的固定资产，如果尚未办理竣工决算的，应当按照估计价值暂估入账，并计提折旧；待办理了竣工决算手续后，再按照实际成本调整原来的暂估价，但不需要调整原已计提的折旧额。

提示： 融资租入和以经营租赁方式租出的固定资产，企业应照提折旧。

四、固定资产折旧的计算方法

目前，企业可选择的折旧方法有两类四种，如图 5－2 所示。

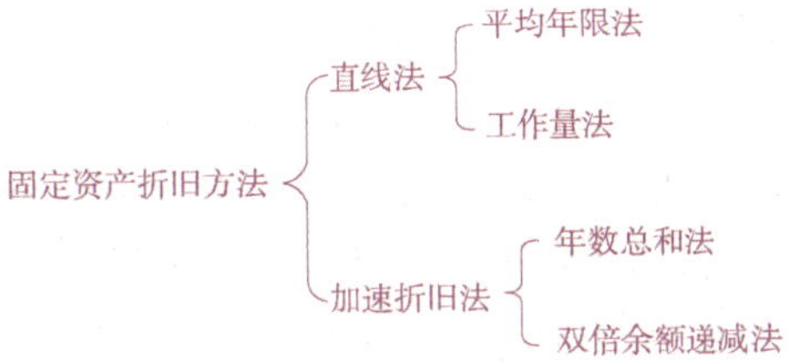

图 5－2　固定资产折旧方法

（一）直线法

1. 平均年限法。**平均年限法是指按照固定资产的预计使用年限，将固定资产应提的折旧额均衡地分摊到各期的一种方法。**采用这种方法，对于某一项固定资产而言，每期的折旧额均是相等的。

采用平均年限法计提折旧需要考虑固定资产的原始价值、折旧年限、残余价值和清理费用四个基本因素。

（1）固定资产应计提的折旧额＝固定资产原值－预计残余价值＋预计清理费用

（2）$年折旧额=\frac{固定资产原值-(预计残值-预计清理费)}{预计使用年限}$

$$=\frac{固定资产原值-预计净残值}{预计使用年限}$$

$$=\frac{\text{固定资产原值}\times(1-\text{预计净残值率})}{\text{预计使用年限}}$$

$$=\text{固定资产原值}\times\text{年折旧率}$$

（3）月折旧额 = 年折旧额 ÷ 12 = 固定资产原值 × 月折旧率

（4）$\text{年折旧率}=\frac{\text{年折旧额}}{\text{固定资产原值}}\times100\%=\frac{1-\text{预计净残值率}}{\text{预计使用年限}}\times100\%$

（5）月折旧率 = 年折旧率 ÷ 12

$$=\frac{\text{月折旧额}}{\text{固定资产原值}}\times100\%$$

提示：对于已计提减值准备的固定资产，固定资产的应计折旧额还应当扣除已计提的固定资产减值准备累计金额。

【例5-10】 恒天公司生产车间月初缝纫机车原值为80万元，预计使用年限10年，其预计净残值率为5%，用平均年限法计算机车的折旧额和折旧率。

解：年折旧额 $=\frac{800\,000\times(1-5\%)}{10}=76\,000$（元）

月折旧额 = 76 000 ÷ 12 ≈ 6 333.33（元）

年折旧率 = 76 000 ÷ 800 000 × 100% ≈ 9.5%

月折旧率 = 6 333.33 ÷ 800 000 × 100% ≈ 0.79%

小测试

试一试，运用平均年限法公式，你还可以通过哪种方式计算出年折旧额？

上述折旧额和折旧率是按个别固定资产（仅是公司的缝纫机车）计算的，其折旧率称为个别折旧率。按个别折旧率计算的折旧额结果比较准确，但计算的工作量很大。个别折旧的计算方法一般适用于固定资产种类较少的企业。在实际工作中，为了体现会计核算的重要性原则，减轻计算折旧的工作量，提高工作效率，企业通常对固定资产按一定的标准进行归类，对某类固定资产确定一个相对不变的月折旧率，从而可直接计算该类固定资产的月折旧额，并进行账务处理，这可以大大简化每月折旧计算的工作量。其计算公式如下：

$$\text{某类固定资产月折旧率}=\frac{\text{该类固定资产月折旧额之和}}{\text{该类固定资产的原值}}\times100\%$$

某类固定资产月折旧额 = 该类固定资产月初账面原值之和 × 该类固定资产的月折旧率

将各类固定资产的月折旧额相加，即为企业当月全部固定资产的月折旧额，将企业当月全部固定资产的月折旧额与企业当月全部固定资产月初原值相比，即可得出企业全部固定资产的月折旧率，又称为固定资产综合折旧率。分类计算固定资产的折旧额减少了计算的工作量，但与个别折旧相比，折旧额计算的准确性比较差。分类计算计提折旧的方法一般适用于固定资产种类、数量均较多的企业，在实务中，还应注意相关的制度和规定。

2. 工作量法。**工作量法是按照固定资产在一定时期内所完成的实际工作量（如汽车的行驶里程、机器设备的运转小时等）计算折旧额的一种方法**。这种方法一般适用于企业的运输汽车、大型的机械设备等可以确定工作量的固定资产。采用这种方法，计算折旧的关键在于确定固定资产的预计工作总量和实际工作量。其计算公式如下：

$$\text{某种固定资产月折旧额}=\text{该项固定资产月实际工作量}\times\text{该项固定资产单位工作量折旧额}$$

$$\text{某固定资产单位工作量折旧额}=\frac{\text{固定资产应提的折旧额}}{\text{固定资产预计总工作量}}$$

【例5-11】 恒天公司购置一辆运输用汽车，原值为20万元，预计净残值率为5%，预计行驶总里程为76万公里，本月该汽车行驶4 000公里。用工作量法计算其折旧额。

解： 单位工作量折旧额=200 000×(1-5%)÷760 000=0.25（元/公里）

该月折旧额=0.25×4 000=1 000（元）

（二）加速折旧法

加速折旧法又称为快速折旧法或递减折旧法，其特点是在固定资产的前期计提折旧较多而在后期计提折旧较少，目的是使固定资产的价值在使用期内尽快得到补偿。这种方法也是谨慎性原则的具体应用。

1. 年数总和法。**年数总和法又称合计年限法，是以固定资产的原值减去预计净残值后的净额乘以一个逐年递减的分数计算每年折旧额的一种方法。**这个分数的分子代表固定资产尚可使用的年数，分母代表使用年数的逐年数字总和。如果将固定资产预计使用年限用n表示，则分母为1+2+3+…+n=n（n+1）/2，分子则是由n逐年递减到1的数字。其计算公式如下：

$$\text{年折旧额}=(\text{固定资产原值}-\text{预计净残值})\times\text{年折旧率}$$

$$\text{年折旧率}=\frac{\text{尚可使用年数}}{\text{年数总和}}=\frac{n-\text{已使用年限}}{n(n+1)/2}$$

$$\text{月折旧率}=\text{年折旧率}/12$$

【例5-12】 恒天公司进口的一台压边机采用加速折旧法计提折旧，其原值为50万元，预计净残值率为10%，预计使用年限为5年。该项固定资产采用年数总和法计提折旧。各年的折旧率和折旧额如表5-8所示。

表5-8

年限	原值-净残值①	尚可使用年限	年折旧率②	年折旧额③=①×②	累计折旧额
1	450 000	5	5/15	150 000	150 000
2	450 000	4	4/15	120 000	270 000
3	450 000	3	3/15	90 000	360 000
4	450 000	2	2/15	60 000	420 000
5	450 000	1	1/15	30 000	450 000

说明：从表中计算可知：（1）5年折旧率之和等于1；（2）年折旧额逐年递减；（3）5年累计折旧额等于应提折旧额45万元。

2. 双倍余额递减法。**双倍余额递减法是指在不考虑固定资产净残值的情况下，用双倍直线折旧率乘以固定资产期初账面净值（固定资产账面余额减累计折旧），以计算固定资产折旧额的一种方法。**其计算公式如下：

$$\text{年折旧额}=\text{期初固定资产账面净值}\times\text{双倍直线年折旧率}$$

$$双倍直线年折旧率=\frac{2}{预计使用年限}\times 100\%$$

月折旧率＝年折旧率/12

月折旧额＝期初固定资产账面净值×月折旧率

由于双倍余额递减法设定年折旧率时没有考虑预计净残值，因此，采用这种方法时必须注意不能使固定资产的账面净值低于预计的净残值。所以，我国制度规定，采用双倍余额递减法计提折旧的固定资产，应当在预计折旧年限到期的前两年内，将固定资产期初账面净值扣除预计净残值后的余额平均摊销，即在固定资产预计使用年限内的最后两年，改按平均年限法（直线法）计提折旧。

提示：双倍余额递减法折旧计算的要点：确定年折旧率；计算折旧的基数；最后两年改为平均年限法；最后一年的账面净值等于预计净残值。

【例5－13】 恒天公司滚边机采用双倍余额递减法计提折旧，该项固定资产原值为25万元，预计净残值率4%，预计使用年限为5年。各年折旧额计算如表5－9所示。

表5－9　　双倍余额递减法折旧计算表

年份	期初账面净值	年折旧率	年折旧额	累计折旧额	期末账面净值	备　注
1	250 000	40%	100 000	100 000	150 000	（1）年折旧率＝2÷5×100%＝40% （2）第四、五年折旧额＝（54 000－10 000）÷2＝22 000（元）
2	150 000	40%	60 000	160 000	90 000	
3	90 000	40%	36 000	196 000	54 000	
4	54 000	—	22 000	218 000	32 000	
5	32 000	—	22 000	240 000	10 000	

五、固定资产折旧的账务处理

在实际工作中，企业计提的固定资产折旧是按月根据固定资产计提折旧的范围和采用折旧的方法，通过编制固定资产折旧计算表进行的。实际中通常的做法是：

本月应计提的折旧额＝上月计提的折旧额＋上月增加固定资产本月应提的折旧额－上月减少的固定资产本月不应再提的折旧额

【例5－14】 某企业固定资产折旧计算表如表5－10所示。

表5－10　　固定资产折旧计算表

使用部门	上月折旧额	上月增加本月应提折旧额	上月减少本月不提折旧额	本月应提折旧额
基本生产车间	13 400	1 500	2 000	12 900
裁剪车间	5 600		1 200	4 400
成衣车间	7 800	1 500	800	8 500
辅助生产车间	1 600	1 250	250	2 600
机修车间	700	550		1 250
供电车间	900	700	250	1 350
公司行政管理部门	6 500	1 600	900	7 200
合　计	21 500	4 350	3 150	22 700

根据固定资产折旧计算表，做账务处理如下：

借：制造费用——裁剪车间	4 400	
——成衣车间	8 500	
生产成本——辅助生产成本——机修车间	1 250	
——供电车间	1 350	
管理费用	7 200	
贷：累计折旧		22 700

提示：基本生产车间范围固定资产的折旧记入“制造费用”账户；辅助生产车间范围固定资产的折旧记入“辅助生产成本”账户；行政管理等部门固定资产的折旧记入“管理费用”账户；销售机构固定资产的折旧记入“销售费用”账户；经营性租出固定资产的折旧记入“其他业务支出”账户。

《企业所得税实施条例》对加速折旧方法使用的规定

第四节　固定资产后续支出的核算

固定资产在长期的使用过程中，往往会发生局部的磨损或损坏，以致影响产品的质量和生产经营的正常进行。同时随着技术的进步，企业也有必要对现有的固定资产进行改良，以便更好地发挥固定资产的使用效能，延长固定资产的使用寿命。因此，企业在固定资产使用过程中发生的更新改造支出、修理费用等，我们称为**固定资产的后续支出**。

企业发生的与固定资产有关的后续支出，按其是否能计入固定资产的成本，分为资本化支出和费用化支出。

一、资本化的后续支出

企业发生的固定资产更新改造支出、房屋装修费用等，若符合固定资产两个确认条件，应当计入固定资产成本，同时将被替换部分的账面价值从该固定资产的原账面价值中扣除。

当企业进行固定资产更新改造、房屋装修等可资本化后续支出时，企业一般应将该固定资产的原价、累计折旧和减值准备转销，将固定资产的账面价值转入在建工程，并停止计提折旧。所发生的资本化后续支出，通过“在建工程”账户核算。当完工并达到预定可使用状态时，应从“在建工程”转为固定资产，并按重新确定的使用寿命，预计净残值和折旧方法计提折旧。

【例 5－15】 公司于 2 月 1 日开始对厂房进行改建，原价 1 200 万元，已提折旧 700 万元，工程期限为半年，于 8 月 1 日达到预定可使用状态，公司共支付了工程款 2 000 万元，残值回收 4 万元，款项均以银行存款进行结算。

企业应根据固定资产改建申请表、固定资产工程款支付表、固定资产工程款结算单、固定资产验收报告单等单据作如下账务处理：

借：在建工程——厂房改建工程　　5 000 000
　　累计折旧　　7 000 000
　　贷：固定资产——生产用（厂房）　　12 000 000
借：在建工程——厂房改建工程　　20 000 000
　　贷：银行存款　　20 000 000
借：银行存款　　40 000
　　贷：在建工程——厂房改建工程　　40 000
借：固定资产——生产用（厂房）　　24 960 000
　　贷：在建工程——厂房改建工程　　24 960 000

注意：公司从 9 月起应该按新确认的固定资产原值计提折旧。

二、费用化的后续支出

与固定资产有关的修理费用等后续支出，不符合固定资产确认条件的，应当根据不同情况，分别在发生时计入当期管理费用或销售费用。如固定资产日常修理费用，发生时计入当期的管理费用，不得采取待摊或预提的方式。企业专设销售机构发生的日常修理费用，发生时计入销售费用。

【例 5－16】 恒天公司对一批缝纫机车进行日常修理，领用备用件价值 3 000 元。账务处理如下：

借：管理费用　　3 000
　　贷：原材料——备用件　　3 000

【例 5－17】 结转车间设备维修人员的加班工资 2 000 元，账务处理如下：

借：管理费用　　2 000
　　贷：应付职工薪酬——工资　　2 000

提示：

1. 生产车间发生的机器设备日常修理费用，计入“管理费用”，而不是“制造费用”账户。

2. 企业经营租入固定资产的改良支出应资本化，作为“长期待摊费用”进行摊销。

第五节　固定资产处置的核算

固定资产处置是固定资产核算的另一重要内容。在企业中，固定资产会因使用期限到期而发生报废；因生产条件改变，致使某种固定资产不适用或不需用而需要有偿或无偿地转出；因自然灾害等非正常原因发生毁损；或因技术进步造成固定资产的提前报废。以上情形都会引起企业固定资产的减少。企业应根据减少的原因进行相应的账务处理。

企业为核算因出售、报废、毁损、捐赠等原因转入清理的固定资产价值及在清理过程中发生的清理费用和清理收入等，应设置“固定资产清理”账户。“固定资产清理”账户的借方核算转入清理的固定资产账面净值、清理过程中发生的清理费及应交纳的税金、结转固定资产清理的净收益；该账户的贷方核算收回出售固定资产的价款、残料价值及变价收入、保险公司或过失人赔偿的损失、结转固定资产清理的净损失。清理完毕，该账户应无余额。

固定资产处置的会计核算，具体包括以下几个环节：

1. 固定资产转入清理。将固定资产的账面价值，借记“固定资产清理”，按已计提的累计折旧，借记“累计折旧”，按固定资产的账面原价，贷记“固定资产”。

2. 发生清理费用等。固定资产清理过程中应支付的清理费用和相关的增值税等税费，借记“固定资产清理”，贷记“银行存款”、“应交税费”。

3. 收回出售固定资产的价款、残料收入和变价收入等。借记“银行存款”、“原材料”，贷记“固定资产清理”。

4. 结转清理净损益。固定资产清理完成后，如属于生产经营期间正常的处置损益，应将“固定资产清理”账户的余额转入“营业外收入——非流动资产处置利得”或“营业外支出——非流动资产处置损失”；如属于自然灾害等非正常原因造成的损失，应将“固定资产清理”账户的余额转入“营业外支出——非常损失”。

固定资产处置主要业务流程及涉及的主要凭证见图 5－3。

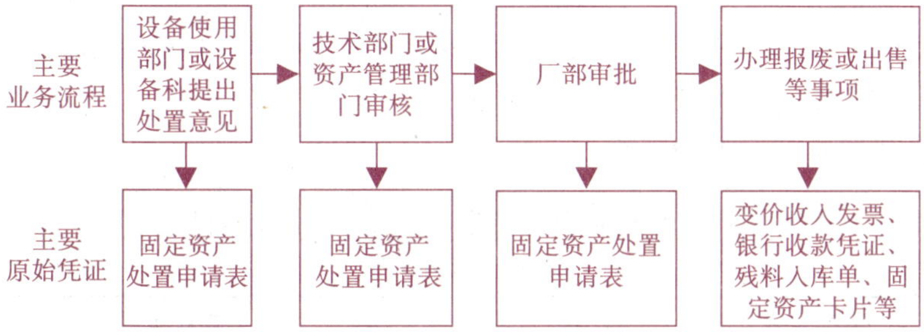

图 5－3　固定资产处置主要业务流程及凭证

一、固定资产投资转出的核算

固定资产的投资转出，即企业按签署的投资协议将固定资产投入被投资方，以获取投资收益的行为。固定资产投资转出，以评估价作为“长期股权投资”的价值，如评估价大于固定资产的账面净值，其差额记入“营业外收入”账户；如评估价小于固定资产的账面净值，其差额记入“营业外支出”账户。

【例 5－18】 恒天公司以一台绣花机车向同类企业大华制衣有限公司进行投资，该机车账面原值为 50 万元，已计提折旧 10 万元。投资时，评估确认价值为 42 万元，企业适用的增值税率为 17%。做账务处理如下：

借：固定资产清理　　　　　　　　　　　　　400 000
　　累计折旧　　　　　　　　　　　　　　　100 000
　　贷：固定资产　　　　　　　　　　　　　　　500 000
借：长期股权投资——大华制衣有限公司　　　491 400
　　贷：固定资产清理　　　　　　　　　　　　　420 000
　　　　应交税费——应交增值税（销项税额）　　　71 400
借：固定资产清理　　　　　　　　　　　　　20 000
　　贷：营业外收入——非流动资产处置净收益　　　20 000

二、固定资产出售的核算

根据《财政部、国家税务总局关于全国实施增值税转型改革若干问题的通知》（财税[2008] 170 号）、《国家税务总局关于增值税简易征收政策有关管理问题的通知》（国税函[2009] 90 号）、《国家税务总局关于简并增值税征收率有关问题的公告》（国家税务总局公告 2014 年第 36 号）等文件规定精神，企业销售自己使用过的固定资产有关增值税计算规定如下：

1. 2014 年 7 月 1 日起，一般纳税人销售自己使用过的，未进行认证抵扣过的固定资产（含 2008 年 12 月 31 日以前购入或自制的固定资产，以及在 2009 年 1 月 1 日以后购入或自制但不得抵扣且未抵扣进项税额的固定资产），按照简易办法依照 3% 征收率减按 2% 征收增值税，应开具普通发票，不得开具增值税专用发票。

2. 购买时已经认证抵扣过的固定资产，再销售时按 17% 适用税率征收。

【例 5 – 19】 恒天公司出售一台使用过的定型机给滨海制衣厂，原价为 35.1 万元（含增值税），购入时间为 2009 年 12 月，假定 2016 年 12 月出售（该设备恰好使用 7 年），折旧年限为 10 年，采用直线法折旧，不考虑残值。若 2016 年的售价为 79 560 万元（含增值税），该设备适用 17% 的增值税税率。

表 5 – 11　　中国建设银行　进账单（回单或收账通知）

2016 年 12 月 1 日

收款人	全称	恒天公司	付款人	全称	滨海制衣厂
收款人	账号或地址	0012 – 015 – 2	付款人	账号或地址	3506117899
收款人	开户银行	建行越秀支行	付款人	开户银行	工行北京路办事处

人民币（大写）	千	百	十	万	千	百	十	元	角	分
柒万玖仟伍佰陆拾元整			¥	7	9	5	6	0	0	0

票据种类	转账支票	收款人开户银行盖章：中国建设银行 广州越秀支行 ★ 2016. 12. 1 ★ 业务专用章
票据张数	1	
单位主管　会计　复核　记账		

【业务分析及处理】

由于设备购入时间为 2009 年 12 月，则购入的增值税已记入“应交税费——应交增值税

（进项税额）”，故在 2016 年 12 月出售时会计处理如下：

- 固定资产清理时：

固定资产原价 =351 000/（1 +17%）=300 000（元）

7 年累积计提折旧 =（300 000/10）×7 =210 000（元）

2016 年出售时应交纳增值税 =［79 560/（1 +17%）］×17% =11 560（元）

借：固定资产清理　　90 000
　　累计折旧　　210 000
　　贷：固定资产　　300 000

- 收到价款时：

借：银行存款　　79 560
　　贷：固定资产清理　　68 000
　　　　应交税费——应交增值税（销项税额）　　11 560
借：营业外支出　　22 000
　　贷：固定资产清理　　22 000

值得注意的是，如果该设备购入时间为 2008 年 12 月 1 日，则固定资产的原值为 35.1 万元（购入的增值税进项税额计入设备成本），设备出售之日为 2016 年 12 月（该设备已使用 8 年）假设设备出售价款 61 800 元（含税），则设备出售视为旧货销售，按照不含税销售额与 3% 的征收率减按 2% 征收增值税。相关增值税计算及会计处理如下：

- 固定资产清理时：

8 年累积计提折旧 =（351 000/10）×8 =280 800（元）

2016 年出售时应交纳增值税 =［61 800/（1 +3%）］×2% =1 200（元）

借：固定资产清理　　70 200
　　累计折旧　　280 800
　　贷：固定资产　　351 000

- 收到价款时：

借：银行存款　　61 800
　　贷：固定资产清理　　60 600
　　　　应交税费——应交增值税（销项税额）　　1 200
借：营业外支出　　9 600
　　贷：固定资产清理　　9 600

提示：固定资产清理净收益等于“固定资产清理”账户贷方发生额与该账户借方发生额的差额。

三、固定资产报废、毁损的核算

固定资产的报废有正常报废和非正常报废两种情况。固定资产的正常报废是由于固定资产的长期使用丧失了生产能力或因科技进步导致固定资产提前被淘汰；固定资产的非正常报废主要因为责任事故或自然灾害导致固定资产的严重毁损。固定资产报废、毁损的账务处理包括：冲减固定资产的净值和原值；支付清理费；收取清理中发生的变价收入；因非正常报废发生的保险理赔及结转固定资产清理的净损益等。

【例 5 -20】 恒天公司一批缝纫机车使用期限已到，进行报废，设备科转来相关凭证。

表5－12　　恒天公司设备报废申请单

2017年12月1日

设备名称	缝纫机车	预计使用年限	6	已使用年限	6
设备编号	FR600	原值（元）	350 000	已提折旧（元）	336 000
使用部门	生产车间	折余价值（元）	14 000	预计残值（元）	3 500
报废原因	设备到期	技术部门意见	设备到达报废时间，继续使用影响产品质量，建议报废。李海		
报废处理建议	送废品公司回收	设备部门意见	同意报废。张宁		
企业领导意见	同意。曹新	报废日期	2017年12月1日		

经办部门：设备科　　经办人：李刚

表5－13　　中国建设银行　进账单（回单或收账通知）

2017年12月10日

收款人			付款人		
全称	恒天公司		全称	海西市废品公司	
账号或地址	0012－015－2		账号或地址	123345	
开户银行	建行越秀支行		开户银行	工行更新路办事处	
人民币（大写）	陆仟伍佰元整		千百十万千百十元角分	¥650000	
票据种类			收款人开户银行盖章：中国建设银行广州越秀支行 ★2017.12.10★ 业务专用章		
票据张数					
单位主管　会计　复核　记账					

支付搬运费3 000元，报废收入6 500元。根据上述原始凭证做如下账务处理：

• 转入清理：

借：固定资产清理　　14 000

　　累计折旧　　336 000

　　贷：固定资产——生产经营用固定资产　　350 000

• 支付清理费用（搬运费）：

借：固定资产清理　　3 000

　　贷：银行存款　　3 000

• 收取残料变价收入：

借：银行存款　　6 500

　　贷：固定资产清理　　6 500

• 结转清理净损失：

借：营业外支出——处理固定资产净损失　　10 500

　　贷：固定资产清理　　10 500

【例5－21】　恒天公司的四间成品仓库因台风造成坍塌，其原值为70万元，累计折旧为22.5万元。清理过程中发生清理费1.5万元，残料变价收入3万元，款项通过银行存款收支。经保险公司定损，保险公司决定赔款50万元。账务处理如下：

- 转入清理，冲减净值和原值：

借：固定资产清理　　475 000
　　累计折旧　　225 000
　　贷：固定资产——生产经营用固定资产　　700 000

- 支付清理费用：

借：固定资产清理　　15 000
　　贷：银行存款　　15 000

- 收取残料变价收入：

借：银行存款　　30 000
　　贷：固定资产清理　　30 000

- 应收保险公司理赔款：

借：其他应收款——保险公司　　500 000
　　贷：固定资产清理　　500 000

- 结转清理的净损益：

固定资产清理净收益 =（500 000 + 30 000）-（475 000 + 15 000）= 40 000（元）

借：固定资产清理　　40 000
　　贷：营业外收入　　40 000

【例5-22】 恒天公司一台打板机因长期超负荷使用，生产性能和能力严重下降，无法满足生产的正常需要，经向有关部门申报，决定提前报废。该设备原值为8万元，已提折旧5.6万元。报废清理过程中支付清理费800元，残料变价收入500元，款项均通过现金收付。账务处理如下：

- 转入清理：

借：固定资产清理　　24 000
　　累计折旧　　56 000
　　贷：固定资产——生产经营用固定资产　　80 000

- 支付清理费用：

借：固定资产清理　　800
　　贷：库存现金　　800

- 取得变价收入：

借：库存现金　　500
　　贷：固定资产清理　　500

- 结转清理净损失：

借：营业外支出——处置固定资产净损失　　24 300
　　贷：固定资产清理　　24 300

提示：根据《增值税实施细则》，所称“非正常损失”，是指因管理不善造成被盗、丢失、霉烂变质的损失。

四、固定资产的减值

固定资产的初始入账价值是历史成本，由于固定资产使用年限较长，市场条件和经营环境的变化、科学技术的进步以及企业经营管理不善等原因，都可能导致固定资产创造未来经济利益的能力下降。因此，固定资产的真实价值可能低于账面价值，在期末必须对固定资产减值损失进行确认。企业的固定资产如在资产负债表日存在可能发生减值的迹象，其可收回的金额低于账面价值的，企业应当将固定资产的账面价值减记至可收回金额，借记“资产减值损失”，贷记“固定资产减值准备”。固定资产减值损失一经确认，在以后会计期间不得转回。

第六节　固定资产清查的核算

一、固定资产清查的目的

财产清查是会计核算的专门方法之一，企业通过对固定资产进行定期或不定期的清查，可以了解固定资产的实有数量、分布和使用情况，保证固定资产的账实相符，保护企业财产的完整，提高固定资产的利用率和使用效果。

二、固定资产清查的程序和方法

进行固定资产清查，企业一般先成立清查小组，清查前制订出具体的清查计划，确定清查的范围。在清查过程中，应以固定资产账面余额作为清查的依据，对固定资产的实有数进行实地盘存，并做好登记。如有盘盈、盘亏的固定资产，应查明原因，编制“固定资产盘点盈亏报告表”（见表5－14），并要求写出书面报告，按规定程序报批处理。固定资产清查采用实地盘点法，即将固定资产登记簿或固定资产卡片同实物进行核对。清查结果需登记“固定资产清查盘点表”（见表5－15）。

表5－14　　固定资产盘盈盘亏报告表

固定资产编号	固定资产名称	盘　盈			盘　亏			原　因
		数量	同类市场价格	估计损耗价值	数量	原值	累计折旧	
处理意见	使用部门			清查小组				主管部门

表 5－15　　固定资产清查盘点表

使用（保管）部门：　　　　年　月　日

固定资产编号	固定资产名称	计量单位	账面结存数	实际盘点数	备　注

三、固定资产清查结果的账务处理

企业在固定资产清查中发现的盘盈或盘亏的固定资产，应按以下原则进行处理：

1. 盘盈的固定资产，作为前期差错处理，应通过“以前年度损溢调整”账户核算。

2. 盘亏的固定资产，冲减“固定资产”和“累积折旧”账面价值，并将盘亏固定资产净值记入“待处理财产损溢——待处理固定资产损溢”账户。经批准处理后，应按盘亏的原因进行处理，其中，属于过失人赔偿或保险公司赔偿部分，转入“其他应收款”账户，其他损失转入“营业外支出”账户。

【例 5－24】 恒天公司在年终进行的全面财产清查中，发现公司闲置半年寄存在材料库的两台绣花机因仓管员管理不善而失窃，在原因未进一步查明前，公司决定由仓管员赔偿设备净值的一半，其他损失转为企业的营业外支出。两台绣花机的账面原值为 6 万元，已提折旧为 4 万元。盘亏固定资产的账务处理如下：

- 盘亏时：

借：待处理财产损溢——待处理非流动资产损溢　　20 000
　　累计折旧　　40 000
　　贷：固定资产　　60 000

- 经批准处理时：

借：其他应收款——仓管员　　10 000
　　营业外支出——盘亏损失　　10 000
　　贷：待处理财产损溢——待处理非流动资产损溢　　20 000

试一试：

和同学合作一下，为恒天公司制订一套年终固定资产清查方案，根据清查结果编制固定资产盘盈盘亏报告表。

两个《准则》在固定资产核算方面的差异

第六章
投　资

在目前市场竞争日趋激烈的经济环境下，企业除了从事日常的生产经营活动以外，对外投资也是其重要的经济活动。恒天公司准备将其暂时闲置的一笔资金通过对外投资活动获得收益。请问该企业是进行交易性金融资产的投资合适还是持有至到期日投资合适？能否进行长期股权投资呢？

学习目标

- □ 理解投资的含义和分类
- □ 理解交易性金融资产、持有至到期投资、可供出售金融资产不同点，掌握其核算
- □ 理解长期股权投资的成本法和权益法的含义及使用范围，掌握其核算

第一节　投资概述

一、投资的概念

投资，是指企业为了获得收益或实现资本增值向被投资单位投放资金的经济行为。随着市场经济的发展，市场竞争日趋激烈，企业在进行日常的生产经营活动之余，应通过投资活动所获得的收益（包括股利和利息的获得、取得对另一个企业的控制权等）来为维持或扩大再生产提供资金，这是日常生产经营活动所不能达到的效果。

二、投资的分类

根据我国会计准则的要求，企业应将取得的投资先区分为两类：金融资产的投资和长期

股权投资，然后再将金融资产的投资按管理者持有投资的意图划分为三类：（1）以公允价值计量且其变动计入当期损益的金融资产（包括交易性金融资产和企业直接指定的以公允价值计量且其变动计入当期损益的金融资产）；（2）持有至到期投资；（3）可供出售的金融资产。

第二节　交易性金融资产的核算

一、交易性金融资产的含义及业务流程

交易性金融资产，主要是指企业为了近期内出售而持有的投资。例如，企业以赚取差价为目的从二级市场购入的股票、债券、基金等。

交易性金融资产业务流程及涉及的主要凭证见图6－1。

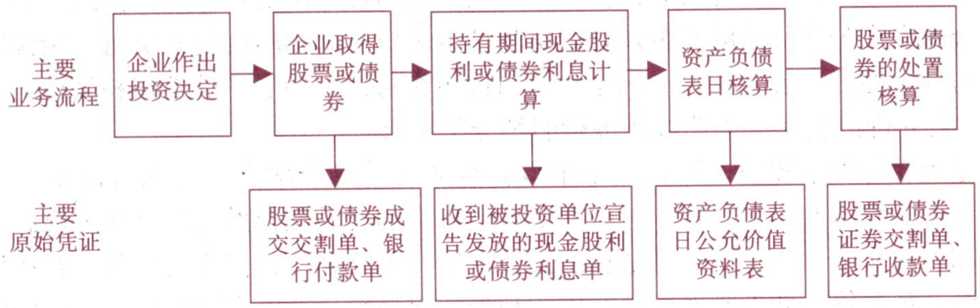

图6－1　交易性金融资产业务流程及凭证

二、交易性金融资产的特点

交易性金融资产一般具有以下的特点：

（一）投资的变现能力强

交易性金融资产具有很强的变现能力，其流动性仅次于货币资金，当企业急需资金时可以立即将其兑现。

（二）投资的目的是利用生产经营过程中的暂时闲置资金获得一定的收益

企业在正常的生产经营过程中，当形成有一笔暂时闲置的资金时，可在充分考虑投资风险的前提下进行能够随时变现的投资，以获得高于银行存款利息的收益。

（三）近期内出售但回收金额不固定或不确定

企业用于交易性金融资产的投资既然是暂时闲置的资金，故一旦企业要使用该笔资金

时，不论赚钱或亏损都得出售，所以回收的金额就会不固定或不确定。

交易性金融资产正因为具有以上的特点，所以《企业会计准则》要求将交易性金融资产以公允价值计量且其变动计入损益。

三、交易性金融资产初始成本的确定

企业取得交易性金融资产时，应当按照取得时的公允价值作为初始确认金额，相关的交易费用在发生时计入当期损益。若支付的价款中包含有已宣告但尚未发放的现金股利或已到付息期但尚未领取债券的利息，应当单独确认为应收项目而不能作为交易性金融资产的初始成本。这里的交易费用包括支付给代理机构、咨询公司、券商等的手续费和佣金及其他必要支出。

四、交易性金融资产的核算

（一）交易性金融资产应设置的账户

为了核算和监督交易性金融资产公允价值的增减变动和结存情况及投资收益的实际情况，企业应设置“交易性金融资产”、“公允价值变动损益”、“投资收益”等账户。

1. “交易性金融资产”账户。用来核算企业为交易目的所持有的债券投资、股票投资、基金投资等交易性金融资产的公允价值。借方登记交易性金融资产公允价值的增加，贷方登记交易性金融资产公允价值的减少及处置交易性金融资产时结转的公允价值，余额反映期末结存的交易性金融资产公允价值。该账户应当按照交易性金融资产的类别和品种，分别设置“成本”、“公允价值变动”等明细账进行明细分类核算。

2. “公允价值变动损益”账户。用来核算企业交易性金融资产公允价值变动形成的应计入当期损益的利得或损失。贷方登记期末企业持有的交易性金融资产公允价值高于账面余额的差额和处置交易性金融资产时结转的公允价值变动的金额，借方登记期末企业持有的交易性金融资产公允价值低于账面余额的差额和处置交易性金融资产时结转的公允价值变动的金额，该账户的余额期末转入“本年利润”账户，结转后没有余额。

3. “投资收益”账户。用来核算企业对外投资所取得的收益或发生的损失。贷方登记企业对外投资所取得的收益；借方登记企业对外投资发生的损失和取得投资时发生的交易费用。期末结转“本年利润”前的贷方余额反映投资净收益；如为借方余额，则反映投资净损失。期末，应将本账户余额全部转入“本年利润”账户，结转后没有余额。该账户应按投资收益的种类设置明细账，进行明细核算。

（二）交易性金融资产具体账务处理

交易性金融资产具体账务处理涉及以下四个方面：

1. 取得时的核算。交易性金融资产取得时，应按其公允价值，借记“交易性金融资产——成本”账户，按发生的交易费用，借记“投资收益”账户，按实际支付的款项，贷记“银行存款”或“其他货币资金”账户。

【例6－1】 恒天公司于2017年8月1日用工商银行存款购入A公司发行在外的普通股股票20 000股，作为交易性金融资产。每股买入价为10元，另支付税金和手续费2 000元。根据银行支付凭证及证券交易所交割单做账务处理如下：

借：交易性金融资产——A 公司股票（成本） 200 000
　　投资收益——交易费用 2 000
　　贷：银行存款 202 000

【例 6-2】 恒天公司于 2017 年 9 月 15 日以存出投资款购入 B 公司发行在外的普通股股票 10 000 股，作为交易性金融资产。每股买入价为 10 元，其中 0.3 元为 B 公司于 8 月 1 日宣告但尚未分派的现金股利，登记日为 9 月 20 日，股利发放日为 10 月 5 日。公司另付税金和手续费 800 元。根据银行存出款结算单和证券交易所交割单做账务处理如下：

借：交易性金融资产——B 公司股票（成本） {10 000 × (10 - 0.3)} 97 000
　　应收股利 (10 000 × 0.3) 3 000
　　投资收益——交易费用 800
　　贷：其他货币资金——存出投资款 100 800

【例 6-3】 恒天公司于 2017 年 6 月 8 日以工行存款 50 000 元购入 C 公司于 2015 年 1 月 1 日发行的三年期债券作为交易性金融资产。该债券利率为 6%，到期一次还本付息，另支付手续费 500 元。根据银行存出款结算单和购买 C 公司债券合同做账务处理如下：

借：交易性金融资产——C 公司债券（成本） 50 000
　　投资收益——交易费用 500
　　贷：银行存款 50 500

2. 持有期间收到现金股利或债券利息的核算。当企业收到现金股利或债券利息时，又要分别两种情况处理：一是交易性金融资产取得时实际支付的价款中包含的已宣告但尚未领取的现金股利，或已到付息期但尚未领取的债券利息，属于在购买时暂时垫付的资金，因此，在实际收到时冲减已记录的应收股利或应收利息，不确认为投资收益；二是除上述情况外，交易性金融资产持有期间所获得的股票现金股利或分期付息债券的利息，应在股利宣告日或计算日确认为投资收益，同时记入“应收股利”或“应收利息”；实际收到时，借记“其他货币资金”或“银行存款”账户，贷记“应收股利”或“应收利息”账户。

【例 6-4】 承例 6-1，2018 年 2 月 8 日，A 公司宣告将于 3 月 10 日按每 10 股 0.1 元发放现金股利。股权登记日为 2 月 20 日。

- 2018 年 2 月 8 日，恒天公司根据 A 公司现金股利发放公告做账务处理如下：

借：应收股利——A 公司 2 000
　　贷：投资收益 2 000

- 2018 年 3 月 10 日，根据银行收款通知单做账务处理如下：

借：银行存款 2 000
　　贷：应收股利——A 公司 2 000

【例 6-5】 承例 6-2，恒天公司于 2017 年 10 月 5 日收到 B 公司的现金股利 3 000 元，根据 B 公司发放现金股利通告，做账务处理如下：

借：其他货币资金——存出投资款 3 000
　　贷：应收股利——A 公司 3 000

3. 资产负债表日的核算。企业应在资产负债表日，将交易性金融资产的价值以公允价值计价，以其能公允地反映企业财务状况和经营成果。如果该公允价值高于其账面余额，则应按差额借记“交易性金融资产——公允价值变动”账户，贷记“公允价值变动损益”账户；如果该公允价值低于其账面余额，则应按差额做相反的会计分录。

【例6-6】 2018年12月31日，恒天公司拥有的交易性金融资产的公允价值与其账面余额资料如表6-1所示。

表6-1　恒天公司交易性金融资产资料表

单位：元

项目	2018年12月31日		
股票投资	账面余额	公允价值	公允价值变动损益
A公司股票	200 000	205 000	5 000
B公司股票	97 000	100 000	3 000
小计	297 000	305 000	8 000
债券投资			
C公司债券	50 000	45 000	-5 000
小计	50 000	45 000	-5 000
合计	347 000	350 000	3 000

根据表6-1的资料，恒天公司应做账务处理如下：

- 确认交易性金融资产公允价值变动的利得：

借：交易性金融资产——A公司股票（公允价值变动）　5 000
　　　　　　　　　——B公司股票（公允价值变动）　3 000
　贷：公允价值变动损益　8 000

- 确认交易性金融资产公允价值变动的损失：

借：公允价值变动损益　5 000
　贷：交易性金融资产——C公司债券（公允价值变动）　5 000

4. 交易性金融资产处置的核算。当企业需要周转资金或作其他项目投资时，可以随时将持有的交易性金融资产在证券市场上出售。出售时，按实际收到的金额，借记“银行存款”、“其他货币资金”等账户，按该金融资产账面余额，贷记“交易性金融资产”账户，按其差额贷记或借记“投资收益”账户。同时，将原计入该金融资产的公允价值变动转出，借记或贷记“公允价值变动损益”，贷记或借记“投资收益”账户。

【例6-7】 恒天公司将5个月前购入的E公司股票全部出售，扣除相关税费后实际收到价款140 000元，款项存入银行。该股票的账面余额为：“交易性金融资产——E公司股票（成本）”的借方余额为100 000元，“交易性金融资产——E公司股票（公允价值变动）”的借方余额为2 000元。根据证券公司股票交割单及银行收款单，做如下账务处理：

借：银行存款　140 000
　贷：交易性金融资产——E公司股票（成本）　100 000
　　　交易性金融资产——E公司股票（公允价值变动）　2 000
　　　投资收益　38 000

同时，

借：公允价值变动损益　2 000
　贷：投资收益　2 000

第三节 持有至到期投资的核算

一、持有至到期投资概述

（一）持有至到期投资的含义

持有至到期投资，是指到期日固定、回收金额固定或确定，且企业有明确意图和能力持有至到期的非衍生金融资产。亦即投资者在取得投资时意图应是明确的，除非遇到一些企业所不能控制、预期不会重复发生且难以合理预计的独立事件，否则将其持有至到期。

（二）持有至到期投资的特点

持有至到期投资具有以下的特点：

1. 到期日固定。是指该项投资有明确的到期日，如企业购入的债券都有明确的到期日。

2. 回收金额固定或可确定。是指相关合同明确了投资者在确定的期间内获得或应收取的投资利息和本金等的金额。

3. 有明确意图持有至到期。是指投资者在取得投资时意图应是明确的，除非遇到一些企业所不能控制、预期不会重复发生且难以合理预计的独立事件，否则将其持有至到期。

4. 有能力持有至到期。是指企业有足够的财力，并不受外部因素影响将持有至到期。

持有至到期投资的业务流程及涉及的原始凭证见图 6－2。

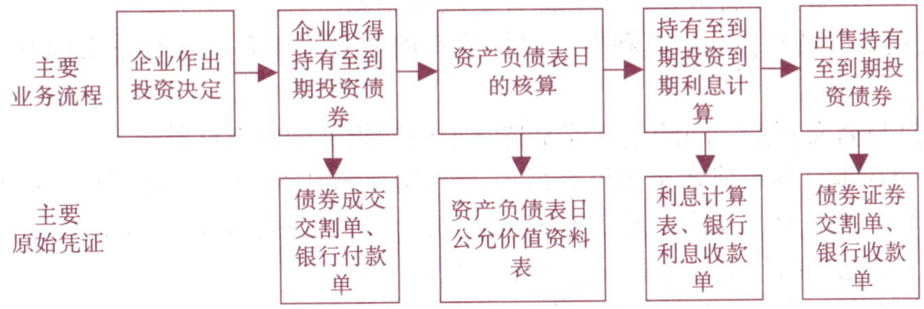

图 6－2 持有至到期投资业务流程及凭证

二、持有至到期投资的核算

（一）持有至到期投资应设置的账户

为了核算和监督持有至到期投资的增减变动和结余情况，应设置“持有至到期投资”、“应收利息”、“投资收益”等账户。这里，“持有至到期投资”账户反映该投资的增减变动和结余情况。借方登记投资的增加数；贷方登记持投资的减少数；期末借方余额反映持有至到期投资的摊余成本。此账户下应设置“成本”、“应计利息”、“利息调整”等明细账进行明细核算。

（二）持有至到期投资具体账务处理

持有至到期投资具体账务处理涉及以下五个方面：

1. 取得时的核算。企业取得的持有至到期投资要求按照取得成本计量，交易费用也包含在取得成本中。但是，如果取得时支付的价款中包含有已到付息期但尚未领取的利息，则应从取得成本中扣除，单独在“应收利息”账户核算。

企业取得的持有至到期投资，应按该投资的面值，借记“持有至到期投资——成本”账户，按支付的价款中包含的已到付息期但尚未领取的利息，借记“应收利息”账户，按实际支付的金额，贷记“银行存款”等账户，按其差额，借记或贷记“持有至到期投资——利息调整”账户。

【例6-8】 2015年1月1日，恒天公司用银行存款4 978元（含交易费用），从证券市场上购入某公司5年期债券，面值6 000元，票面利率为5.5%，按年支付利息，本金最后一次支付。

2015年1月1日，恒天公司购入债券时根据债券交割单和银行付款单做如下账务处理：

借：持有至到期投资——成本	6 000	
贷：银行存款		4 978
持有至到期投资——利息调整		1 022

2. 资产负债表日的核算。企业在持有至到期投资期间，应在资产负债表日计算确定实际利率和摊余价值，从而确定持有期间的损益。

（1）实际利率、实际利息和名义利率、名义利息。

- **实际利率**，是指将持有至到期投资在预期存续期间的未来现金流量，折现为该持有至到期投资当前账面价值所使用的利率。简单说就是投资者得到利息回报的真实利率。根据实际利率和债券投资成本计算出来的利息即是**实际利息**。
- **名义利率**，就是债券票面利率。根据债券面值和票面利率计算出来的利息即是名义利息。

实际利息与名义利息之间的差额即是持有至到期投资的**利息调整**。

（2）摊余成本。**摊余成本**是指该金融资产的初始确认金额经下列调整后的结果：①扣除已偿还的本金；②加上或减去采用实际利率法将该初始确认金额与到期日金额之间的差额进行摊销形成的累计摊销额；③扣除已发生的减值损失。

资产负债表日持有至到期投资的核算具体分两种情况：

1. 分期付息、一次还本债券的投资，应按票面利率计算确定的应收未收利息，借记“应收利息”账户，按持有至到期投资摊余成本和实际利率计算确定的利息收入，贷记“投资收益”账户，按其差额，借记或贷记“持有至到期投资——利息调整”账户。

2. 一次还本付息债券投资的，应按票面利率计算确定的应收未收利息，借记“持有至到期投资——应计利息”账户，按持有至到期投资摊余成本和实际利率计算确定的利息收入，贷记“投资收益”账户，按其差额，借记或贷记“持有至到期投资——利息调整”账户。

【例6-9】 承例6-8。经过计算，该项债券的实际利率为10%，各年的现金收入（名义利息)、实际利息和摊余成本如表 6 - 3 所示。

表 6 - 3　各年现金流入、实际利息和摊余成本计算表　单位：元

年份	期初摊余成本（A）	实际利息（B）	现金流入（C）	期末摊余成本（D = A + B - C）
2015 年	4 978	497	330	5 145
2016 年	5 145	514	330	5 329
2017 年	5 329	533	330	5 532
2018 年	5 532	553	330	5 755
2019 年	5 755	575	6 330	0

根据表 6 - 3，持有持有至到期投资期间的每年年末应做相应的账务处理如下：

2015 年年末：

借：应收利息　330
　　持有至到期投资——利息调整　167
　　贷：投资收益　497

- 2016 年年末：

借：应收利息　330
　　持有至到期投资——利息调整　184
　　贷：投资收益　514

- 2017 年年末：

借：应收利息　330
　　持有至到期投资——利息调整　203
　　贷：投资收益　533

- 2018 年年末：

借：应收利息　330
　　持有至到期投资——利息调整　223
　　贷：投资收益　553

3. 投资到期时的核算。持有至到期投资到期时，企业应按照收到的本息和借记“银行存款”账户，按照收到的利息金额冲销“应收利息”或“持有至到期投资——应计利息”账户，按照收回的本金贷记“持有至到期投资——成本”账户。

【例 6 - 10】 承例 6 - 8 和例 6 - 9，2019 年年末确认投资收益，根据表 6 - 3，应做账务处理如下：

借：应收利息　330
　　持有至到期投资——利息调整　245
　　贷：投资收益　575

- 2019 年年末收到本金和最后一期利息时，应根据银行收款通知书做账务处理如下：

借：银行存款　6 330
　　贷：应收利息　330

持有至到期投资——成本　　6 000

4. 重分类为可供出售金融资产的核算。将持有至到期投资重分类为可供出售金融资产的，应在重分类日按其公允价值，借记“可供出售金融资产”账户，按其账面余额，贷记“持有至到期投资——成本、利息调整、应计利息”账户，按其差额，贷记或借记“资本公积——其他资本公积”账户。已计提减值准备的，还应同时结转减值准备。

5. 出售时的核算。出售持有至到期投资，应按实际收到的金额，借记“银行存款”等账户，按其账面余额，贷记“持有至到期投资——成本、利息调整、应计利息”账户，按其差额，贷记或借记“投资收益”账户。已计提减值准备的，还应同时结转减值准备。

第四节　可供出售金融资产的核算

一、可供出售金融资产的含义

可供出售金融资产，是指初始确认时即被指定为可供出售的非衍生金融资产，以及没有划分为持有至到期投资、贷款和应收款项、以公允价值计量且其变动计入当期损益的金融资产的金融资产。例如，企业购入的在活跃市场上有报价的股票、债券和基金等，没有划分为以公允价值计量且其变动计入当期损益的金融资产或持有至到期投资等金融资产的，都可归为此类。

可供出售金融资产的业务流程及涉及的原始凭证见图6－3。

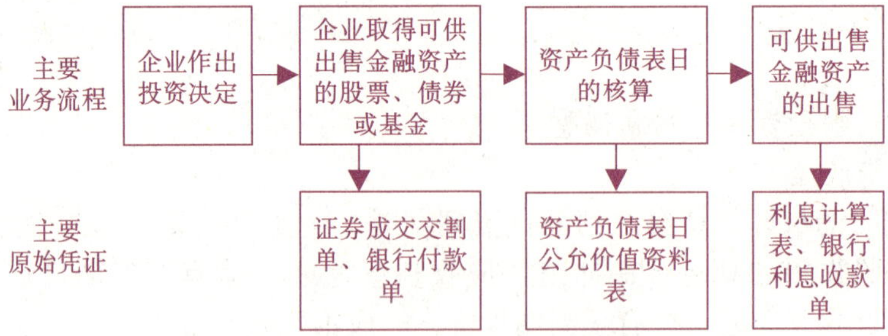

图6－3　可供出售金融资产业务流程及凭证

二、可供出售金融资产的核算

（一）账户设置

企业应设置“可供出售金融资产”、“其他综合收益”、“投资收益”等账户来对可供出售金融资产进行核算。

“可供出售金融资产”账户是属于资产类账户。用于核算企业所持有的可供出售金融资产的公允价值。可按可供出售金融资产的类别和品种分别设置“成本”、“利息调整”、“应计利息”、“公允价值变动”等明细账进行明细分类核算。

“可供出售金融资产——成本”账户反映可供出售金融资产取得成本的增减变动和结余情况。借方登记取得该资产时取得成本的增加，贷方登记处置该资产时取得成本的减少，借方余额反映期末可供出售金融资产的取得成本。

“可供出售金融资产——公允价值变动”账户反映企业持有的可供出售金融资产公允价值变动的情况。借方登记期末该资产公允价值的增加，以及企业处置该资产时结转的公允价值减少额，贷方登记期末该资产公允价值的减少，以及企业处置该资产时结转的公允价值增加额，借方余额反映公允价值的净增加额，贷方余额反映公允价值的净减少额。可供出售金融资产后续计量时，公允价值变动应记入所有者权益“其他综合收益”账户核算。

（三）可供出售金融资产具体账务处理

可供出售金融资产具体账务处理涉及以下三个方面：

1. 取得时的核算。企业取得可供出售金融资产，应按其公允价值与交易费用之和，借记“可供出售金融资产——成本”账户，按支付的价款中包含的宣告但尚未发放的现金股利，借记“应收股利”账户，按实际支付的金额，贷记“银行存款”账户。

【例 6－11】 恒天公司于 2017 年 7 月 1 日从二级市场购入股票 120 000 股，每股市价 15 元，手续费 5 000 元，初始确认时，公司将股票划分为可供出售金融资产。根据证券交割单和银行支出凭证，做会计处理如下：

借：可供出售金融资产——成本　　1 805 000
　　贷：银行存款　　1 805 000

2. 资产负债表日的核算。资产负债表日可供出售金融资产的公允价值高于其账面余额的差额，借记“可供出售金融资产——公允价值变动”账户，贷记“其他综合收益”账户，低于其账面余额的差额，则做相反的账务处理。

【例 6－12】 承例 6－11。恒天公司至 2017 年 12 月 31 日仍持有该股票，该股票当时的市价为 16 元。

2017 年 12 月 31 日，恒天公司确认股票价格变动时，应根据资产负债表日公允价值资料表计算结果做账务处理如下：

借：可供出售金融资产——公允价值变动　　115 000
　　贷：其他综合收益　　115 000

3. 出售时的核算。出售可供出售金融资产应按实际收到的金额，借记“银行存款”、“其他货币资金”等账户，按其账面余额，贷记“可供出售金融资产——成本、公允价值变动、利息调整、应计利息”账户，按其差额，贷记或借记“投资收益”账户。

【例 6－13】 承例 6－11 和例 6－12，恒天公司于 2018 年 1 月 20 日将该股票售出，售价为每股 16 元，另支付交易费用 3 000 元。根据证券交割单及银行收款凭证，做账务处理如下：

借：银行存款　　1 917 000
　　其他综合收益　　115 000
　　贷：投资收益　　112 000
　　　　可供出售金融资产——成本　　1 805 000
　　　　　　　　　　　　——公允价值变动　　115 000

第五节 长期股权投资的核算

一、长期股权投资的含义及分类

（一）长期股权投资的含义

长期股权投资，是指投资方对被投资单位实施控制、重大影响的权益性投资，以及对其合营企业的权益性投资。

（二）长期股权投资的分类

按照长期股权投资准则规定，长期股权投资包括以下三类：

1. 企业能够对被投资单位实施控制。是指投资方有权决定一个企业的财务和经营政策，并能据以从该企业的经营活动中获取利益。被投资方为投资方的子公司。

2. 企业能够对被投资单位施加重大影响。是指投资方对被投资单位的财务和经营政策有参与决策的权力，但并不决定这些政策。被投资方为投资方的联营企业。

3. 对合营企业的权益性投资（即共同控制）。是指按合同约定对某项经济活动所共有的控制。被投资单位为投资方的合营企业。

二、长期股权投资的核算方法

长期股权投资的后续计量具体分成本法和权益法两种。

（一）长期股权投资的成本法核算

1. 成本法的含义。成本法是指长期股权投资按投资成本计价的方法。此方法下，不管接受投资的企业生产经营情况如何，实现利润多少，净资产是否增加或减少，投资企业均不改变其长期股权投资的账面价值。当被投资单位宣告分派现金股利或利润时，应当作为投资企业的当期投资收益。

2. 成本法的适用范围。按照《企业会计准则》的规定，投资方能够对被投资单位实施控制的长期股权投资应当采用成本法核算。

3. 长期股权投资成本法核算的业务流程及涉及的原始凭证见图6－4。

4. 长期股权投资成本法核算账务处理。

（1）账户设置。企业应设置“长期股权投资”、“应收股利”、“投资收益”等账户进行长期股权投资成本法的核算。

“长期股权投资”属于资产类账户。借方登记投资的增加数；贷方登记投资的减少数；期末借方余额反映企业持有的长期股权投资的价值。该账户应按被投资单位设置明细账，进行明细分类核算。

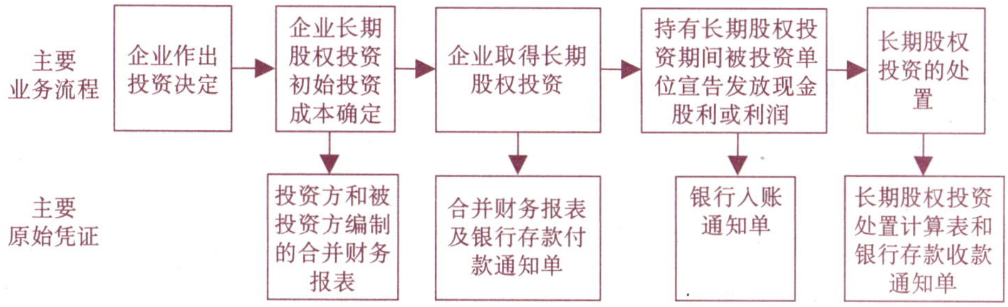

图 6－4 长期股权投资业务流程及凭证

（2）长期股权投资成本法核算具体账务处理。具体账务处理涉及四个方面：

①初始投资成本的确定。长期股权投资的取得方式一般有通过企业合并取得和非企业合并形成两种。这里，企业合并是指将两个或者两个以上单独的企业合并形成一个报告主体的交易或事项。企业合并具体分同一控制下的企业合并和非同一控制下的企业合并。

• 同一控制下的企业合并形成的长期股权投资的初始成本的确定原则为：合并方以支付现金、转让非现金资产或承担债务方式作为合并对价的，应当在合并日按照被合并方所有者权益在最终控制方合并财务报表中的账面价值的份额作为长期股权投资初始投资成本。长期股权投资初始投资成本与支付现金、转让非现金资产以及所承担债务账面价值之间的差额，应当调整资本公积。

• 非同一控制下的企业合并，应当按照企业会计准则的规定，原则上合并成本为购买方在购买日为取得对被购买方的控制权而付出的资产、发生或承担的负债以及发行的权益性证券的公允价值。

不管以何种方式进行企业合并，在合并过程中所发生的审计、法律服务等中介费用及相关管理费用，应当于发生时计入当期损益。

②取得投资的核算。若通过企业合并形成的长期股权投资，应按照上述规定确定的长期股权投资初始投资成本，借记“长期股权投资”等账户，贷记“银行存款”等账户。

【例 6－14】 A、B 公司分别是恒天公司控制下的两家子公司。A 公司于 2016 年 3 月 10 日自母公司恒天公司处取得 B 公司 100% 的股权，已用银行存款支付 6 000 万元价款，合并后 B 公司仍继续维持独立法人资格。假定 A、B 公司会计政策相同。合并日 B 公司的所有者权益构成如下：实收资本 2 000 万元，资本公积 500 万元，盈余公积 1 500 万元，未分配利润 2 200 万元。所有者权益合计 6 200 万元。

此例是典型的同一控制下的企业合并，A 公司应将合并日的合并财务报表中所有者权益作为长期股权投资的初始投资成本，与实际支付现金的差额作为资本公积的调整。根据合并财务报表和银行支付通知书，A 公司所作账务处理如下：

借：长期股权投资	62 000 000	
贷：银行存款		60 000 000
资本公积		2 000 000

【例 6－15】 恒天公司和甲公司不处于同一控制下。恒天公司于 2016 年 6 月 1 日购入甲股份有限公司发行的股票 100 000 股准备长期持有，每股买入价为 10 元，从而拥有甲股份有限公司 60% 的股份。

此例是典型的非同一控制下的企业合并，恒天公司购入的长期股权投资的初始投资成本应为支付对价的公允价值（100 000×10）。根据购买股份合同书和银行支付通知书，恒天公司所做账务处理如下：

借：长期股权投资　　1 000 000
　　贷：银行存款　　1 000 000

③持有期间被投资单位宣告发放现金股利或利润的核算。企业应按享有的部分确认为投资收益，借记“应收股利”账户，贷记“投资收益”账户。如果企业在取得长期股权投资时，实际支付的价款中包含已宣告但尚未发放的现金股利或利润，收到时应借记“应收股利”账户，不记入“长期股权投资”账户。

【例6－16】 承例6－15。假定恒天公司购买甲公司股票时，每股价格中包含了1元已宣告尚未发放的现金股利，根据购买股份合同书和银行支付通知书，恒天公司所做账务处理如下：

借：长期股权投资　　900 000
　　应收股利　　100 000
　　贷：银行存款　　1 000 000

假设2016年12月20日收到甲公司分来的上述股利。恒天公司根据银行存款收款通知书，做账务处理如下：

借：银行存款　　100 000
　　贷：应收股利　　100 000

【例6－17】 承例6－15。假定恒天公司于2017年6月10日收到甲股份有限公司宣告发放2016年度现金股利的通知，应分得现金股利40 000元。恒天公司做账务处理如下：

借：应收股利　　400 000
　　贷：投资收益　　400 000

实际收到现金股利时，根据银行入账通知书做账务处理如下：

借：银行存款　　400 000
　　贷：应收股利　　400 000

④投资处置的核算。企业处置长期股权投资时，应按实际收到的金额，借记“银行存款”等账户，按原已计提的减值准备，借记“长期股权投资减值准备”账户，按该项长期股权投资账面余额，贷记“长期股权投资”账户，按其差额，贷记或借记“投资收益”账户。

【例6－18】 承例6－15。假定恒天公司于2016年12月10日将其作为长期股权投资持有的甲股份有限公司100 000股股票，以每股13元的价格卖出，支付相关税费12 000元，取得价款1 288 000元，款项已收入银行。恒天公司应计算的投资收益为288 000元。

恒天公司根据长期股权投资处置计算表和银行入账通知书，做账务处理如下：

借：银行存款　　1 288 000
　　贷：长期股权投资　　1 000 000
　　　　投资收益　　288 000

（二）长期股权投资的权益法核算

1. 长期股权投资权益法的含义。权益法是指投资最初以初始投资成本计价，以后根据投资企业享有被投资企业所有者权益份额的变动对投资的账面价值进行调整的方法。即在权益法下，被投资企业不管其净资产增加或减少，投资企业都应作为增加或减少投资收益处理，同时增加或减少长期股权投资的账面价值；投资企业从被投资企业实际分得利润或股利时，应相应冲减长期股权投资的账面价值，但并不增加投资收益。

2. 长期股权投资权益法的适用范围。按照《企业会计准则》的规定，投资方对联营企业和合营企业的长期股权投资，应当采用权益法核算。

3. 长期股权投资权益法核算的业务流程及涉及的原始凭证，见图6－5。

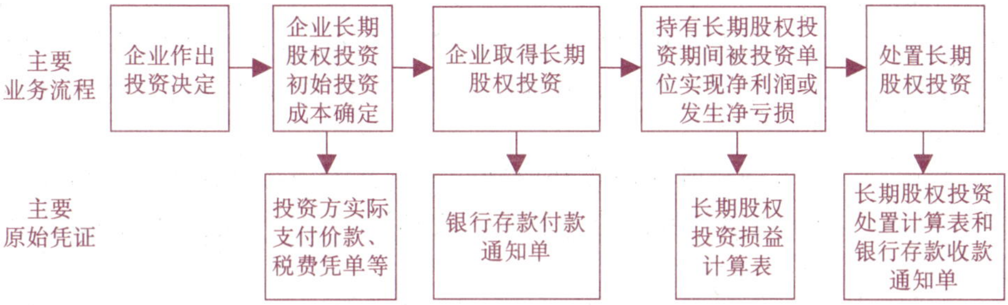

图6－5

4. 长期股权投资权益法具体账务处理。

（1）账户设置。权益法下，为了核算企业的长期股权投资，企业应当设置“长期股权投资”账户，它属于资产类账户。借方登记长期股权投资取得时的成本，以及采用权益法核算时按被投资企业实现的净利润计算的应分享的份额；贷方登记收回长期股权投资的价值，或采用权益法核算时被投资单位宣告分派现金股利或利润时，企业按持股比例计算应享有的份额，以及按被投资企业发生的净亏损计算的应分担的份额，期末借方余额反映企业持有的长期股权投资的价值。

采用权益法核算的企业，还应按被投资单位设置明细账，进行明细分类核算。在二级账户下还应设置“成本”、“损益调整”、“其他综合收益和其他权益变动”等三级明细账，对因采用权益法核算所产生的影响长期股权投资账面余额的增减变动因素分别核算和反映。

（2）长期股权投资权益法具体账务处理涉及以下四个方面：

①初始成本的确定。权益法下的长期股权投资基本是由非企业合并形成的。在投资过程中，分别以下三种情况确定其初始成本：第一，以支付现金取得的长期股权投资，应当按实际支付的购买价款和其他直接相关费用、税金等必要支出作为初始投资成本；第二，以发行权益性证券取得的长期股权投资，应以其发行权益性证券的公允价值作为初始成本；第三，以非货币性资产交换取得的或通过债务重组方式取得的长期股权投资，则按照企业会计准则的规定确定。

②取得长期股权投资时。取得投资时，应按照上述规定确定的长期股权投资初始投资成本，借记“长期股权投资”账户，贷记“银行存款”等账户。如果实际支付的价款中包含已宣告但尚未发放的现金股利或利润，应借记“应收股利”账户而不能记入“长期股权投资”账户。

【例6－19】 恒天公司于2016年1月10日购买宏发股份有限公司发行的股票4 000 000

股准备长期持有，占宏发股份有限公司股份的20%。每股买入价为5元，支付有关税费300 000元，款项已由工商银行支付。根据银行付款通知书，购买合同做账务处理如下：

初始投资成本 = 4 000 000 × 5 + 300 000 = 20 300 000（元）

借：长期股权投资——宏发公司股本投资（成本） 20 300 000

　　贷：银行存款 20 300 000

③持有期间被投资单位实现净利润或发生净亏损。企业取得长期股权投资后，应按其所占被投资单位的份额随着被投资单位当年实现的利润或亏损相应调整长期股权投资的账面价值，并作为当期投资收益。

• 当被投资单位当年实现净利润时，投资方应按其所占被投资单位的份额调整增加长期股权投资账面价值，借记“长期股权投资——××单位投资（损益调整）”账户，贷记“投资收益”账户。

• 当被投资单位宣告分派利润或现金股利时，投资方应按其所占被投资单位的份额，相应减少长期股权投资的账面价值，借记“应收股利”账户，贷记“长期股权投资——××单位投资（损益调整）”账户。

• 当被投资单位当年发生净亏损时，投资方应按其所占被投资单位的份额调整减少长期股权投资账面价值，借记“投资收益”账户，贷记“长期股权投资——××单位投资（损益调整）”账户。

【例6-20】 恒天公司于2016年1月5日购买得利高股份有限公司发行的股票100 000股，占得利高股份有限公司有表决权资本的30%，准备长期持有，采用权益法核算。该股票的售价为每股10元，另外发生相关税费10 000元，以银行存款支付全部款项1 010 000元。根据股票购买合同和银行支付通知书，做如下账务处理：

借：长期股权投资——得利高公司投资（成本） 1 010 000

　　贷：银行存款 1 010 000

【例6-21】 承例6-20，得利高股份有限公司2016年实现利润500 000元，恒天公司按照持股比例计算出应享有的净利润为150 000元（500 000 ×30%）。根据长期股权投资损益计算表做如下账务处理：

借：长期股权投资——得利高公司股票投资（损益调整） 150 000

　　贷：投资收益——股票投资收益 150 000

【例6-22】 承例6-20，2017年3月20日，得利高股份有限公司宣告分派2016年的现金股利300 000元，根据长期股权投资股利计算表做如下账务处理：

借：应收股利——得利高公司 90 000（=300 000 ×30%）

　　贷：长期股权投资——得利高公司股票投资（损益调整） 90 000

【例6-23】 承例6-20，2017年4月10日，恒天公司收到得利高股份有限公司发放的现金股利为90 000元。根据银行存款收入通知书，做如下账务处理：

借：银行存款 90 000

　　贷：应收股利——得利高公司 90 000

【例6-24】 承例6-20，2017年年末，得利高股份有限公司发生净亏损100 000元，不分配股利。恒天公司按持股比例计算出应分担亏损30 000元（100 000 ×30%），根据长期股权投资盈亏计算表做如下账务处理：

借：投资收益　　30 000

　　贷：长期股权投资——得利高公司股票投资（损益调整）　　30 000

至2017年年末，恒天公司的“长期股权投资——得利高公司股票投资”账户的账面余额为1 040 000元（1 010 000 + 150 000 - 90 000 - 30 000），其中投资成本为1 010 000元，损益调整为30 000元。

④持有期间被投资单位所有者权益的其他变动。投资方应按其所持股比例计算应享有的份额调整长期股权投资的账面价值并计入其他综合收益。

⑤处置长期股权投资。企业处置长期股权投资时，应按实际收到的金额，借记“银行存款”等账户，按原已计提的减值准备，借记“长期股权投资减值准备”账户，按该长期股权投资的账面余额，贷记“长期股权投资”账户，按尚未领取的现金股利或利润，贷记“应收股利”账户，按其差额，贷记或借记“投资收益”账户。

被投资企业发生亏损
应如何处理

第七章
其他资产

恒天公司除了固定资产、流动资产和投资外，还有一部分专利技术、土地使用权等。那么，这些没有实物形态的资产属于什么资产？其增减变动又如何进行核算？

学习目标
- □ 理解无形资产的概念、特征和内容
- □ 了解无形资产的计价方法，掌握无形资产的核算
- □ 理解长期待摊费用的内容、特征，掌握长期待摊费用的核算方法

企业的其他资产包括：无形资产、长期待摊费用、生物性生物资产等。

第一节　无形资产的核算

一、无形资产的概念

（一）无形资产的定义及内容

无形资产是指企业拥有或者控制的、没有实物形态的可辨认非货币性资产，包括专利权、非专利技术、商标权、著作权、土地使用权等。

1. 专利权。是指国家专利主管机关依法授予发明创造专利申请人对其发明创造在法定期限内所享有的专有技术。它包括发明专利权、实用新型专利权和外观专利权。

2. 非专利技术。也称专用技术，它是指不为外界所知、在生产经营活动中已采用了的、不享有法律保护的各种技术和经验。非专利技术一般包括工业专用技术、商业贸易专有技术、管理专有技术等。非专利技术可以用蓝图、配方、技术记录、操作方法的说明等具体资料表现出来。

3. 商标权。商标是用来辨认特定的商品或劳务的标记。商标权指专门在某类指定的商品或产品上使用特定的名称或图案的权利。商标权包括独占使用权和禁止权两方面。独占使用权指商标权享有人在商标的注册范围内独家使用其商标的权利；禁止权是指商标权享有人排除和禁止他人对商标独占使用权进行侵犯的权利。

4. 著作权。又称版权，是指作者对其创作的文学、科学和艺术作品依法享有的某些特殊权利。

5. 土地使用权。是指国家准许某企业在一定期间内对国有土地享有开发、利用、经营的权利。根据我国土地管理法的规定，我国土地实行公有制，任何单位和个人不得侵占、买卖或者以其他形式非法转让。企业取得土地使用权的方式主要有行政划拨取得、外购取得、投资者投入取得等。

小资料

我国城镇国有土地使用权出让和转让暂行条例规定，土地使用权出让的最高年限分别是：居住用地70年；工业用地50年；教育、科技、文化、卫生体育用地50年；商业、旅游、娱乐用地40年；综合或其他用地50年。

取得土地使用权如果属行政划拨，不花费任何代价，就不能将其作为无形资产核算。取得土地使用权花费了支出，则应将其资本化：一是通过竞拍取得土地使用权，企业要支付一笔出让金，企业应予资本化，作为无形资产核算；二是企业原先通过行政划拨获得土地使用权，没有入账核算，在将土地使用权有偿转让、出租、抵押、作价入股和投资时，应按规定将补交的土地出让价款予以资本化，作为无形资产入账。

6. 特许权。又称经营特许权、专营权，是指企业在某一地区经营或销售某种特定商品的权利或是一家企业接受另一家企业使用其商标、商号、技术秘密等权利。前者一般是由政府机关授权，准许企业使用或在一定地区享有经营某种业务的特权，如水、电、邮电通讯等专营权、烟草专卖权等；后者是企业间依法签订的合同，有期限或无期限使用另一家企业的某些权利，如连锁店分店使用总店的名称等。

（二）无形资产的特征及确认条件

1. 无形资产的特征。

（1）没有实物形态。无形资产通常表现为某种权利、技术或获取超额利润的综合能力。它没有实物形态，却有价值，可以提高企业的经济效益或使企业获取超额利润。

想一想：

企业使用的计算机软件需要存储于磁盘中，那么软件是否属于无形资产？

（2）属非货币性长期资产。无形资产属于非货币性资产且能够在多个会计期间为企业带来经济利益。无形资产的使用期限在一年以上，其价值在各个受益期间逐渐摊销。

（3）具有可辨认性。一项无形资产只要符合下列条件之一的，就认为具有可辨认性：一是能够从企业分离或者划分出来，并能单独用于出售或转让等，而不需要同时处置在同一获利活动中的其他资产，则说明无形资产可以辩认。某些情况下可能需要与有关的合同一起用于出售转让等，这种情况也视为可辨认的无形资产。二是产生于合同性权利或其他法定权利，无论这些权利是否可以从企业或其他权利和义务中转移或者分离都可以认定是无形资产。例如，一方通过与另一方签订特许权合同而获得的特许使用权，通过法律程序申请获得的商标权、专利权等。

想一想：

计算机软件在什么情况下属于无形资产？在什么情况下属于存货？

2. 无形资产的确认条件。一项资产要在会计上确认为无形资产，首先必须符合无形资产的定义，其次还要符合下列两个条件：

（1）与该无形资产有关的经济利益很可能流入企业；

（2）该无形资产的成本能够可靠地计量。

提示：企业内部开发的非专利技术、企业自创的商誉因其成本不能可靠的计量，故不能确认为无形资产。

二、无形资产取得的核算

为了加强对企业无形资产的管理，反映和监督无形资产的增减变化情况，企业应设置“无形资产”账户和“累计摊销”账户。“无形资产”账户属于资产类账户，借方登记企业取得的无形资产的价值；贷方登记企业无形资产处置时转销的价值。余额在贷方，反映企业无形资产的账面价值。本科目应按无形资产的类别设置明细账，进行明细核算。“累计摊销”账户属于资产类账户，贷方登记无形资产按规定的摊销额，借方登记无形资产处置时冲减已计提的摊销额，余额在贷方，表示无形资产期末已计提的摊销额。

（一）购入的无形资产

企业外购无形资产的成本包括：购买价款、相关税费和直接归属于使该项资产达到预定用途所发生的其他支出。其中，其他支出包括使无形资产达到预定用途所发生的专业服务费用、测试无形资产是否能够正常发挥作用的费用等，但不包括为引入新产品进行宣传发生的广告费、管理费用及其他间接费用，也不包括在无形资产已经达到预定用途以后发生的费用。

购入的无形资产，应按实际支付的价款，借记“无形资产”账户，贷记“银行存款”账户。

【例7－1】 恒天公司购入一项专利技术，实际支付价款10万元，另支付相关费用2万元。账务处理如下：

借：无形资产——专利权　　120 000

　　贷：银行存款　　120 000

（二）投资者投入的无形资产

投资者投入的无形资产，应按投资合同或协议约定的价值确定，借记“无形资产”账户，贷记“实收资本”账户。

【例7－2】 恒天公司接受A企业非专利技术的投资，评估确定的价值为8万元。账务处理如下：

借：无形资产——非专利技术　　80 000

　　贷：实收资本——A 企业　　80 000

（三）自行开发的无形资产

企业内部研究开发项目的支出，应当区分研究阶段支出与开发阶段支出。其中，研究阶段支出，应当于发生时计入当期损益。开发阶段的支出符合资本化条件的才能资本化，不符合资本化条件的计入当期损益。

支出满足资本化的条件是：

1. 完成该无形资产以使其能够使用或出售在技术上具有可行性。

2. 具有完成该无形资产并使用或出售的意图。

3. 无形资产产生经济利益的方式，包括能够证明运用该无形资产生产的产品存在市场或无形资产自身存在市场，无形资产将在内部使用的，应当证明其有用性。

4. 有足够的技术、财务资源和其他资源的支持，以完成该无形资产的开发，并有能力使用或出售该无形资产。

5. 归属于该无形资产开发阶段的支出能够可靠计量。

可直接归属于无形资产的成本包括：开发该无形资产时耗费的材料、劳务成本、注册费、在开发该无形资产过程中使用的其他专利权和特许权的摊销以及按规定资本化的利息支出和为该无形资产达到预定用途前所发生的其他费用。在开发无形资产过程中发生的除上述之外的其他销售费用、管理费用等间接费用，无形资产达到预定用途前发生的可辨认的无效和初始运作损失，为运行该无形资产发生的培训支出等，不构成无形资产的成本。

如果企业不能区分内部研究开发项目的研究阶段和开发阶段，那么该企业应将项目支出均视同研究阶段的支出处理，即将其费用列入当期损益。

小常识：“研究”是指为获取并理解新的科学或技术知识而进行的独创性的有计划调查。开发是指在进行商业性生产或使用前，将研究成果或其他知识应用于某项计划或设计，以生产出新的或具有实质性改进的材料、装置、产品等。

为了方便核算企业自行开发无形资产所发生的费用，需要设置“研发支出”账户，下设“资本化支出”和“费用化支出”两个明细账户。研究阶段发生的支出和费用化的开发阶段发生的支出先归集在“研发支出——费用化支出”账户中，资本化的开发阶段发生的支出先归集在“研发支出——资本化支出”账户中。期末，将“研发支出——费用化支出”账户的余额转入到“管理费用”账户中，“研发支出——资本化支出”账户不动。等到开发项目完成达到预定用途形成无形资产时，将“研发支出——资本化支出”账户的余额转入到“无形资产”账户中。

【例 7 -3】 恒天公司自行研制成功并依法申请取得一项实用新型专利权，在研究开发过程中发生材料费 50 万元，直接参与研究开发人员的工资福利费用 40 万元；其中，该专利开发过程中符合资本化条件的费用 60 万元。依法取得专利权发生了注册费 15 万元、律师费 5 万元。账务处理如下：

- 研究过程的支出：

借：研发支出——费用化支出　　300 000

——资本化支出 600 000

贷：原材料 500 000

应付职工薪酬 400 000

• 取得专利权发生的费用：

借：研发支出——资本化支出 200 000

贷：银行存款 200 000

• 期末转入管理费用：

借：管理费用 300 000

贷：研发支出——费用化支出 300 000

• 确认无形资产：

借：无形资产 800 000

贷：研发支出——资本化支出 800 000

（四）土地使用权

企业取得的土地使用权通常应确认为无形资产，土地使用权用于自行开发建造厂房等地上建筑物时，土地使用权的账面价值不与地上建筑物合并计算其成本，而仍作为无形资产进行核算，土地使用权与地上建筑物分别进行摊销和提取折旧。但下列情况除外：

1. 房地产开发企业取得的土地使用权用于建造对外出售的房屋建筑物，相关的土地使用权应当计入所建造的房屋建筑物的成本。

2. 企业外购的房屋建筑物，实际支付的价款中包括土地以及建筑物的价值，则应当对支付的价款按照合理的方法在土地和地上建筑物之间进行分配；如果确实无法进行合理分配的，应当全部作为固定资产进行核算。

【例 7－4】 恒天公司从土地竞拍中取得一块土地的土地使用权，以银行存款支付土地出让金 50 万元。公司在该地块上盖厂房两栋，造价 1 000 万元。厂房建成后交付使用。账务处理如下：

（1）借：无形资产——土地使用权 500 000

贷：银行存款 500 000

（2）借：在建工程——厂房 10 000 000

贷：银行存款 10 000 000

（3）借：固定资产——生产用固定资产 10 000 000

贷：在建工程——厂房 10 000 000

三、无形资产摊销的核算

企业应当于取得无形资产时，分析判断其使用寿命。对于使用寿命有限的无形资产需要进行摊销；由于无法预见无形资产为企业带来未来经济利益期限的，应当视为使用寿命不确定的无形资产，对于使用寿命不确定的无形资产不需要进行摊销。

使用寿命有限的无形资产应当在其预计的使用年限内采用系统合理的方法进行摊销，其摊销期从可供使用当月开始至终止确认时止（处置当月不再摊销）。摊销方法包括年限平均法（即直线法）、生产总量法等。

企业应按月对无形资产进行摊销，其摊销额一般应计入当期损益。企业管理用的无形资产，其摊销额记入“管理费用”；出租的无形资产，其摊销额记入“其他业务成本”。

【例7-5】 恒天公司对公司的专利技术进行摊销，该专利技术，总价值95万元，预计可使用10年。则每月的摊销额7 916.67元（95万元/10×12），根据摊销计算表编制记账凭证如下：

借：管理费用　　7 916.67

　　贷：累计摊销　　7 916.67

四、无形资产处置的核算

处置无形资产，处置收入扣除其账面价值、相关税费等后的净额，应当计入营业外收支或其他业务收支。这是所说的无形资产的“账面价值”，是指无形资产的成本扣减累计摊销后的金额。处置无形资产包括：出售、出租、报废等。

（一）无形资产出售

企业拥有的无形资产可以依法转让或出售。企业出售无形资产，表明企业放弃无形资产的所有权。由于出售无形资产不属于日常的活动，从而出售无形资产不符合有关收入准则的定义。因此，出售无形资产所得应以净额核算和监督，即出售无形资产时，应将所得价款与该项无形资产的账面价值以及应支付的有关税费后的差额确认为当期损益。

【例7-6】 恒天公司将拥有的一项专利权出售，取得收入32万元，增值税税率6%，该专利权的账面余额35万元，累计摊销额10万元。账务处理如下：

借：银行存款　　320 000

　　累计摊销　　100 000

　　贷：无形资产——专利权　　350 000

　　　　应交税费——应交增值税（销项税额）　　19 200

　　　　营业外收入——处置非流动资产利得　　50 800

想一想：

如果该公司出售无形资产取得的收入为24万元，其他条件不变，又应该如何进行账务处理？

（二）无形资产出租

无形资产出租是指企业将所拥有的无形资产的使用权让渡给其他单位或个人，并收取租金。承租方只能取得无形资产的使用权，在合同规定的范围内合理使用而无权转让和处置。出租方仍然保留对该项无形资产的所有权。企业出租无形资产所取得的收入记入“其他业务收入”账户；发生的与出租有关的各种费用支出，记入“其他业务成本”账户。无形资产的摊余价值不必注销。

【例7-7】 恒天公司将某项非专利技术出租给其他单位，按合同规定，自合同生效起2年内，租入方每月支付8 000元的租金。该公司派出一名工程师长期指导其使用，每月支付工程师劳务费2 000元。收到租入单位本月租金8 000元，增值税率6%。该非专利技术每月摊销额2 000元。账务处理如下：

- 收到当月租金：

借：银行存款　　8 000
　　贷：其他业务收入——出租非专利技术　　8 000

- 支付工程师劳务费时：

借：其他业务成本　　2 000
　　贷：应付职工薪酬　　2 000

- 计算增值税（8 000×6%）：

借：其他业务成本　　480
　　贷：应交税费——应交增值税（销项税额）　　480

- 借：其他业务成本　　2 000
　　　贷：累计摊销——非专利技术　　2 000

（三）无形资产的报废

如果无形资产预期不能为企业带来未来的经济利益，不再符合无形资产的定义，应将其转销。如企业的专利权超过了法律保护期限，不能再为企业带来经济利益，则应对该项专利权的账面价值予以转销。

【例7-8】 恒天公司拥有某项专利权，其账面余额20万元，摊销期限10年，采用直线法进行摊销，已摊销5年。假定该项专利权的残值为0，本年用其生产的产品没有市场，应予转销。若不考虑其他因素，则有关账务处理如下：

借：累计摊销——专利权　　100 000
　　营业外支出——处置无形资产损失　　100 000
　　贷：无形资产——专利权　　200 000

（四）无形资产减值

无形资产在资产负债表日存在可能发生减值迹象时，其可收回的金额低于账面价值的，企业应当将该无形资产的账面价值减记至可收回金额，减记的金额确认为减值损失，计入当期损益，借记："资产减值损失"账户，贷记"无形资产减值准备"账户。无形资产减值损失一经确认，在以后会计期间不得转回。

两个《准则》在无形资产核算方面的区别

商誉是否属于无形资产

第二节 长期待摊费用的核算

一、长期待摊费用的内容

（一）长期待摊费用的内容

长期待摊费用，是指企业已经支出、但摊销期限在 1 年以上（不含 1 年）的各项费用，具体包括：经营租入固定资产的改建支出、固定资产的大修理支出和其他长期待摊费用等。应设置“长期待摊费用”账户进行核算。

（二）长期待摊费用的主要特征

1. 长期待摊费用属于长期资产；
2. 长期待摊费用是企业已经支出的各项费用；
3. 长期待摊费用应能使以后会计期间受益。

（三）长期待摊费用核算的基本原则

长期待摊费用应当在其摊销期限内采用年限平均法进行摊销，根据其受益对象计入相关资产的成本或者管理费用，并冲减长期待摊费用。具体摊销办法：

- 经营租入固定资产的改建支出，按照合同约定的剩余租赁期限分期摊销。
- 固定资产的大修理支出，按照固定资产尚可使用年限分期摊销。
- 其他长期待摊费用，自支出发生月份的下月起分期摊销，摊销期不得低于 3 年。

二、长期待摊费用的核算

（一）租入固定资产改良支出

企业以经营租赁方式租入的固定资产只有使用权，没有所有权。在租赁期内，如果企业对租入的固定资产进行改良，发生的改良支出只能作为待摊费用处理。其摊销期限应当在租赁期限与租赁资产尚可使用年限两者孰短的期限内平均摊销。如果摊销期限超过 1 年，作为长期待摊费用处理。

【例 7-9】 恒天公司对生产经营租入的生产线进行改良，共发生改良工程支出 43 200 元，该设备的租赁期为 3 年。有关账务处理如下：

- 发生改良工程支出：

借：长期待摊费用——租入固定资产改良支出	43 200	
贷：银行存款等		43 200

- 在租赁期内每月摊销时：

借：制造费用	1 200	

贷：长期待摊费用——租入固定资产改良支出　　1 200

（二）固定资产大修理支出

固定资产的大修理支出，是指为维持固定资产的使用功能而进行的维修支出。固定资产修理必须同时符合下列条件才能确认为大修理支出：

1. 修理支出达到取得固定资产时的计税基础50%以上；
2. 修理后固定资产的使用寿命延长两年以上。

对固定资产的大修理支出，应该按固定资产尚可使用年限分期摊销。

- 发生时：

借：长期待摊费用

　　贷：银行存款、原材料等

- 按月摊销时：

借：制造费用、管理费用

　　贷：长期待摊费用

第八章
流动负债

恒天公司因一时资金周转困难，为了采购一批材料，向银行申请贷款，银行同意贷给30万元作为购材料款，贷款时间3个月，月息0.6%。请同学们讨论分析下列问题：对公司而言，这30万元属于什么性质？公司是拥有该资金的使用权还是所有权？拥有这部分资金是否需要付出代价？如何计算？

学习目标

- □ 理解流动负债概念、分类、特点
- □ 掌握短期借款利息的计算、职工薪酬的计算、应交税费的计算
- □ 掌握短期借款、应付款项、职工薪酬、应交税费的账务处理

第一节　流动负债概述

一、流动负债的概念和内容

流动负债，是指将在一年（含一年）或者超过一年的一个营业周期内偿还的债务。流动负债包括：短期借款、应付票据、应付账款、预收账款、应付职工薪酬、应交税费、应付股利和其他应付款项等。

二、流动负债的特点

负债是企业所承担的能以货币计量、将以资产或劳务偿付的债务。

负债一般具有四个基本特征：

（1）负债是过去或目前已经发生的经济业务引起的现时的经济义务；

（2）负债的实质是企业将来经济利益的丧失；

（3）负债是能用货币来确切计算或合理估计的；

（4）负债一般都有确切的债权人和到期日。

负债按偿还期限分为流动负债和长期负债。流动负债除了具备负债所有的特征外，还具有如下特点：

（1）偿还期限短，在债权人提出要求时即期偿付，在一年或超过一年的一个营业周期内必须履行的义务。

（2）到期必须动用资产、提供劳务或举借新的负债来清偿。

三、流动负债的计价

流动负债代表着企业未来的现金流出，从理论上讲，应当考虑货币的时间价值按未来应付金额的贴现值计价。但是，流动负债的偿还期限较短（通常不超过一年），其到期值与贴现值的差别不是很大，为了简便起见，《企业会计准则》规定，流动负债按其实际发生额入账。

四、流动负债的分类

（一）按偿还金额是否确定分类

流动负债按应付金额是否确定可分为四类：应付金额确定的流动负债，应付金额视经营情况而定的流动负债，应付金额不确定、需予以估计的流动负债和或有负债。

1. 应付金额确定的流动负债，指根据合同、契约或法律规定具有确切金额、确切的付款日，到期必须偿还的债务。如短期借款、应付票据、应付账款、预收账款，以及长期负债中将于资产负债表日后的一年内偿还的部分债务等。

2. 应付金额视经营情况而定的流动负债，指债务的金额必须等到一个会计期末，根据企业的经营情况方能计算确定的流动负债。如应交税金、应付职工薪酬等。

3. 应付金额须予以估计的流动负债，指债务的金额在资产负债表编制日甚至连到期日都无法准确确定，但确实是过去或目前业已完成的经济活动所引起的、并必须于未来某一确定日期偿付的经济义务。如产品质量担保负债等。

4. 或有负债，是指由于可能遭致损失的偶发事项而形成的负债，是否发生尚不确定。如信用担保、未决诉讼等。

（二）按偿付手段分类

流动负债按其偿还手段不同，可分为：（1）用现金、银行存款偿还的项目，如应付票据、应付账款等；（2）用企业的产品（或商品）偿还的债务，如预收账款等。

（三）按形成方式分类

流动负债按其形成方式可以分为融资活动形成的流动负债、营业活动形成的流动负债和收益分配形成的流动负债。

1. 融资活动形成的流动负债，是指企业从银行和其他金融机构筹集资金形成的流动负债，主要包括短期借款和应付利息。

2. 营业活动形成的流动负债，是指企业在正常的生产经营活动中形成的流动负债，可以分为外部结算业务形成的流动负债和内部往来形成的流动负债。外部结算业务形成的流动负债主要包括应付票据、应付账款和应交税费等；内部往来形成的流动负债主要包括应付职工薪酬等。

3. 收益分配形成的流动负债，是指企业对净收益进行分配过程中形成的流动负债，主要包括应付利润等。

第二节　短期借款的核算

一、短期借款的含义

短期借款，是指企业向银行或其他金融机构等借入的期限在一年以下（含一年）的各种借款。短期借款一般是企业为维持正常的生产经营所需的资金而借入的或者为抵偿某项债务而借入的款项。

短期借款的业务流程及涉及的原始凭证见图 8－1。

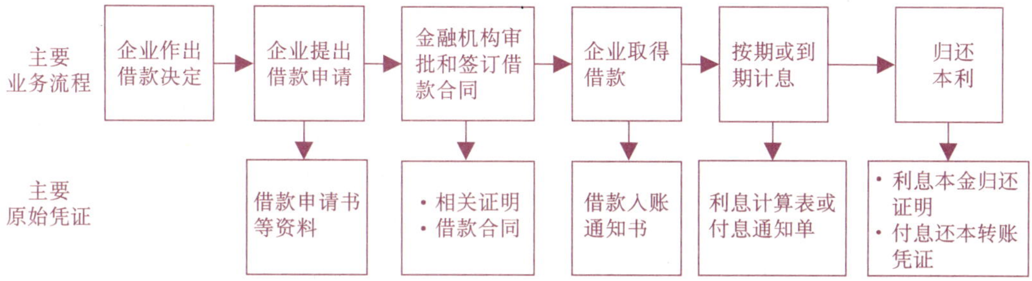

图 8－1　短期借款业务流程及相关凭证

二、短期借款的利息结算方式

短期借款的利息结算方式分为：按月支付、按季支付、按半年支付和到期一次还本付息方式。采用何种付息方式，是企业与金融机构在签订借款合同时约定好的，企业按照合同所约定的应付利息日，计算应付的短期借款利息，记入“应付利息”账户。

三、短期借款的账务处理

（一）短期借款应设置的账户

企业应设置“短期借款”账户，用于核算企业向银行或其他金融机构借入的期限在一年以下（含一年）的各种借款。该账户的贷方登记借入而增加的短期借款的数额，借方登记偿还而减少的短期借款的数额，期末余额在贷方，反映尚未偿还的短期借款数额。“短期借款”账户应按贷款单位设置明细账，并按借款种类及期限等进行明细核算。

（二）短期借款的账务处理

1. 取得短期借款。企业从银行或其他金融机构取得借款时，应按借入的实际本金数借记“银行存款”账户，贷记“短期借款”账户。

2. 借款利息的处理。企业按照合同所约定的应付利息日，计算应付的短期借款利息，借记“财务费用”账户，贷记“应付利息”账户；实际支付时，借记“应付利息”账户，贷记“银行存款”账户。

3. 归还短期借款。企业归还短期借款时，应按实际归还数借记“短期借款”账户，贷记“银行存款”账户。

【例8－1】 恒天公司向银行申请了80万元的短期贷款，2017年1月1日收到银行的入账通知（表8－1）。

表8－1 中国建设银行 借款借据（入账通知）

2017年01月01日

<table>
<tr><td rowspan="3">收款人</td><td>全　称</td><td>恒天有限责任公司</td><td rowspan="3">借款人</td><td>全　称</td><td colspan="10">恒天有限责任公司</td></tr>
<tr><td>账　号</td><td>0012－015－2</td><td>账　号</td><td colspan="10">0012－015－2</td></tr>
<tr><td>开户银行</td><td>中国建设银行广州越秀支行</td><td>开户银行</td><td colspan="10">中国建设银行广州越秀支行</td></tr>
<tr><td rowspan="2">借款金额</td><td rowspan="2">人民币（大写）</td><td rowspan="2" colspan="3">捌拾万元整</td><td>千</td><td>百</td><td>十</td><td>万</td><td>千</td><td>百</td><td>十</td><td>元</td><td>角</td><td>分</td></tr>
<tr><td></td><td>¥</td><td>8</td><td>0</td><td>0</td><td>0</td><td>0</td><td>0</td><td>0</td><td>0</td></tr>
<tr><td colspan="2">借款原因及用途</td><td>流动资金贷款</td><td colspan="2">借款计划指标</td><td colspan="10">800 000.00</td></tr>
</table>

<table>
<tr><td colspan="4">借款期限</td><td rowspan="5">你单位上列借款已转入你单位结算户内，借款到期时由我行按期自你单位结算账户转还。
中国建设银行
广州越秀支行
★ 2017.1.1 ★
业务专用章</td></tr>
<tr><td>期次</td><td>计划还款日期</td><td>√</td><td>计划还款金额</td></tr>
<tr><td>1</td><td>2017－10－01</td><td></td><td>800 000.00</td></tr>
<tr><td>2</td><td></td><td></td><td></td></tr>
<tr><td>3</td><td></td><td></td><td></td></tr>
<tr><td colspan="4">备注：利率4.5%按季支付利息</td></tr>
</table>

此联由银行退借款单位作入账通知

- 根据相关凭证，账务处理如下：

借：银行存款　　800 000

　贷：短期借款　　800 000

- 季度应付利息800 000×4.5%÷12×3＝9 000元，根据利息通知单，账务处理如下：

借：财务费用　　9 000

　贷：应付利息（或银行存款）　　9 000

【例8－2】 恒天公司向银行借入的80万元的短期贷款，2017年10月1日到时期，收到银行的划款通知（表8－2）。

表 8－2　　　　中国建设银行　特种转账借方传票

2017 年 10 月 01 日

付款人	全　称	恒天有限责任公司	收款人	全　称	中国建设银行广州越秀支行
	账　号	0012－015－2		账　号	00110601
	开户银行	中国建设银行广州越秀支行		开户银行	

金额	人民币（大写）	千	百	十	万	千	百	十	元	角	分
	捌拾万元整		¥	8	0	0	0	0	0	0	0

原凭证金额		赔偿金		科　目（借）＿＿＿＿
原凭证名称		号码		对方科目（贷）＿＿＿＿
转账原因	偿还借款： 期限9个月 利率4.5% 中国建设银行 广州越秀支行 ★ 2017.10.1 ★ 业务专用章 银行盖章			会计　　复核 记账　　制单 王坤

单位主管　　　　会计　　　　复核　　　　记账

根据相关凭证，账务处理如下：

借：短期借款　　　　800 000

　贷：银行存款　　　　800 000

想一想：

目前银行多半采用按月支付利息的结算方式，每个月的 21 日为结息日，如果企业是 5 月 10 日借入期限 3 个月，利率 4.5% 的银行借款 500 000 元，5 月 21 日结息日应支付多少利息？

第三节　应付款项的核算

一、应付账款的核算

（一）应付账款的含义及业务流程

应付账款，是指企业因购买材料、商品和接受劳务供应等而应付给供应单位，但尚未支付的款项，是企业由于赊购行为而产生的一项应付债务。

企业应设置“应付账款”账户，用于核算企业因购买材料、商品和接受劳务供应等而应付给供应单位的款项。该账户的贷方登记应付账款的增加，即应付未付的款项；借方登记应付账款的减少，即偿还的应付账款，期末贷方余额反映企业尚未支付的应付账款。“应付账款”账户应按供应单位设置明细账，进行明细核算。

应付账款的业务流程及涉及的凭证见图8－2。

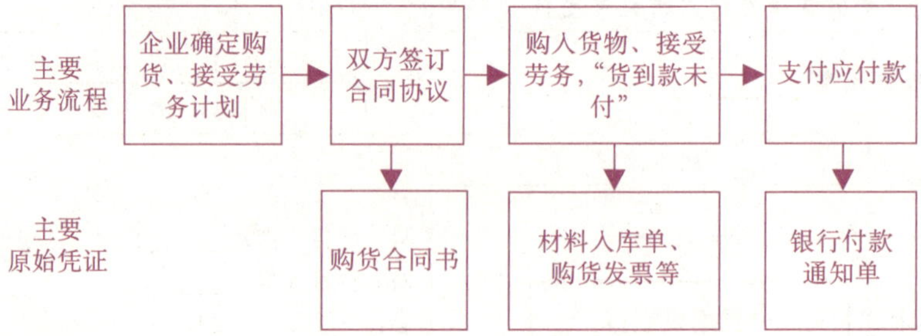

图8－2　应付账款业务流程及凭证

（二）应付账款的入账时间和入账价值

1. 应付账款的入账时间。应付账款入账时间的确定，应以所购买物资的所有权转移或接受劳务已发生为标志，即在企业取得所购货物的所有权或接受劳务时确认应付账款。但是，在实务工作中，应区别情况分别处理：

（1）在货物和发票账单同时到达的情况下，应付账款一般待货物验收入库后，才按发票账单登记入账。这主要是为了确认所购入的物资无论从质量上还是数量上或品种上都与合同上订明的条件相符，以避免发生入账后再验收入库，发现购入货物有错、漏、破损等问题时再行调账。

（2）在货物和发票账单不是同时到达的情况下，应付账款一般要等到月终时才暂估入账。由于应付账款要根据发票账单入账，有时候货物已到而发票账单要间隔较长时间才能到达，但由于这笔负债已经成立，应作为一项负债反映。为了在资产负债表上客观反映企业所拥有的资产和承担的债务，在实务中采用在月份终了时将所购货物和应付账款估计入账的处理办法。

2. 应付账款的入账价值。应付账款一般按实际应付金额即发票价格入账，而不按到期应付金额的贴现值入账。

如果购入的货物在形成一笔应付账款时是带有现金折扣的，则可分别采用总价法和净价法进行核算。**总价法**是将应付账款按发票上记载的应付金额的总值（即不扣除现金折扣的金额）来确定入账，如果在折扣期内付款而享有现金折扣，则被视为理财收益，冲减财务费用或购货成本；**净价法**是将应付账款按发票记载的金额扣除现金折扣之后的金额确定入账，如果超过折扣期付款而丧失现金折扣，则被视为理财损失，增加财务费用或购货成本。

提示：在我国企业会计核算中，一般要求应付账款采用总价法核算。

（三）应付账款的账务处理

应付账款的账务处理涉及以下三个方面：

1. 应付账款发生时的账务处理。要根据不同情形，给予不同的会计处理：

（1）采购的材料已入库，发票单据同时到达，但货款尚未支付，应根据发票账单按实际应付金额借记“原材料”、“应交税费——应交增值税（进项税额）”等账户，贷记“应付账款”账户；企业接受供应单位提供劳务而发生的应付未付款项，应根据供应单位的发票账单，借记“生产成本”、“管理费用”、“应交税费——应交增值税（进项税额）”等账户，贷记“应付账款”账户。

【例8－3】 恒天公司从利民毛纺织有限公司购入原材料一批，货物与发票同时到达，发票上注明价款3万元，增值税5 100元，款未付。入库单见表8－3。

表8－3　　库存商品入库单

仓库名称：　　2017年06月27日　　单据编号：

商品名称	类别	规格	计量单位	数量	单价	金额（元）	备注
毛料			米	1 000	30	30 000	
合计						¥30 000	

②记账联

记账：李明　　保管：黄宏　　主管：黄莺　　制单：黄宏

根据相关单据，做账务处理如下：

借：原材料　30 000
　　应交税费——应交增值税（进项税额）　5 100
　　贷：应付账款——利民公司　35 100

（2）所购材料已到，但月终发票单据未到，货款尚未支付。在这种情况下，应在月终暂估所购材料的成本入账，借记“原材料”账户，贷记“应付账款——暂估应付账款”账户，下月初用红字将上述分录冲回，等到发票账单到时，再借记“原材料”、“应交税费——应交增值税（进项税额）”账户，贷记“应付账款”或“银行存款”等账户。

【例8－4】 恒天公司从惠美纸箱制造厂购入包装纸箱1 000个，已于6月29日运到公司并验收入库，但有关的发票、账单直至月末尚未收到，该包装纸箱的计划单价为4元/个。7月5日收到发票，发票上注明包装箱价款4 000元，增值税680元，公司当即办理电汇支付。有关账务处理如下：

- 6月30日根据材料入库单按暂估价做账务处理如下：

借：周转材料——包装物　4 000
　　贷：应付账款——暂估应付账款　4 000

- 7月1日用红字将上述分录冲回：

借：周转材料——包装物　[4 000]
　　贷：应付账款——暂估应付账款　[4 000]

- 7月5日发票到达，根据增值税专用发票、银行电汇凭证（回单），账务处理如下：

借：周转材料——包装物　4 000
　　应交税费——应交增值税（进项税额）　680
　　贷：银行存款　4 680

2. 应付账款偿还时的账务处理。要根据偿还方式的不同区别处理：

（1）用货币资金来偿还时，按实际偿还金额借记“应付账款”账户，贷记“银行存款”或“现金”或“其他货币资金”账户。

（2）以商业汇票抵付时，在开出商业汇票时借记“应付账款”账户，贷记“应付票据”账户。

【例8-5】 8月22日恒天公司开出一张金额为35 100元的支票，偿还欠利民毛纺织有限公司的货款。根据转账支票存根作账务处理如下：

借：应付账款——利民公司　　35 100
　　贷：银行存款　　35 100

3. 应付账款因债权单位撤销或其他原因而无法支付时的账务处理。有些应付账款由于债权单位撤销或其他原因，使企业无法支付其应付款项，这时应将其转入营业外收入，借记“应付账款”账户，贷记“营业外收入”账户。

【例8-6】 恒天公司欠华阳公司货款5 000元，现因华阳公司已撤销，无法支付该笔欠款。有关账务处理如下：

借：应付账款——华阳公司　　5 000
　　贷：营业外收入　　5 000

二、应付票据的核算

应付票据，是指企业购买材料、商品和接受劳务供应等开出、承兑的商业汇票，包括银行承兑汇票和商业承兑汇票。应付票据按是否带息分类，可以分为带息的应付票据和不带息的应付票据。

企业应设置“应付票据”账户核算企业购买材料、商品和接受劳务供应等开出、承兑的商业汇票。该账户贷方登记增加的应付票据票面金额，借方登记已到期支付的应付票据的票面金额，期末贷方余额，反映企业持有尚未到期的应付票据的票面金额。

企业还应设置“应付票据备查簿”，详细登记每一笔应付票据的种类、凭证号、签发日期、到期日、票面金额、票面利率，合同交易号、收款人姓名或单位名称，以及付款日期和金额等资料。应付票据到期结清时，应当在备查簿内逐笔注销。

提示：应付票据与应收票据都是核算企业采用商业汇票结算方式购销商品的业务。应收票据是企业由于销售商品而产生的应收债权，应付票据是企业由于采购商品而产生的应付债务。

（一）应付票据的入账价值

应付票据以其票面面值作为入账价值。理论上应付票据都应折现，按现值计价，但由于出票日与到期日通常相距时间很短，其折现值与到期值很接近，根据重要性原则，可从简计算现值，而按面值直接入账。

（二）应付票据的账务处理

应付票据的账务处理涉及以下四个方面：

1. 发生应付票据时的账务处理。企业开出、承兑商业汇票或以商业汇票抵付应付账款时，借记“原材料”、“应交税费——应交增值税（进项税额）”或“应付账款”等账户，贷记“应付票据”账户。对于发生的银行承兑汇票，同时还应按面值的5‰向承兑银行交纳手续费，该手续费应作为财务费用处理，借记“财务费用”账户，贷记“银行存款”账户。

【例8-7】 3月1日，恒天公司开出一张面值为117 000元、期限为5个月的不带息商业承兑汇票，用以向利民毛纺织有限公司采购一批材料。增值税专用发票已到，材料尚未到达公司。

企业收到增值税专用发票、签发商业承兑汇票（表8-4）。

表8-4 商业承兑汇票

签发日期贰零壹柒年叁月零壹日　　　　汇票号码：CD29674185

<table>
<tr><td rowspan="3">收款人</td><td>全　称</td><td colspan="4">利民毛纺织有限公司</td><td rowspan="3">付款人</td><td>全　称</td><td colspan="7">恒天有限责任公司</td></tr>
<tr><td>账号或地址</td><td colspan="4">6458821</td><td>账号或地址</td><td colspan="7">0012-015-2</td></tr>
<tr><td>开户银行</td><td colspan="4">工行东方支行</td><td>开户银行</td><td colspan="7">建行越秀支行</td></tr>
<tr><td rowspan="2">汇票金额</td><td rowspan="2" colspan="7">人民币（大写）壹拾壹万柒仟元整</td><td>千</td><td>百</td><td>十</td><td>万</td><td>千</td><td>百</td><td>十</td><td>元</td><td>角</td><td>分</td></tr>
<tr><td></td><td>¥</td><td>1</td><td>1</td><td>7</td><td>0</td><td>0</td><td>0</td><td>0</td><td>0</td></tr>
<tr><td colspan="2">汇票到期日</td><td colspan="4">贰零壹柒年捌月零壹日</td><td colspan="5">交易合同号码</td><td colspan="5">600232145</td></tr>
<tr><td colspan="6">本汇票已本单位承兑，到期日无条件支付票款
此致
承兑人盖章 章祖
承兑日期：2017年08月01日</td><td colspan="10">出票人盖章：
负责 刘璇　　经办</td></tr>
</table>

根据有关单据，做账务处理如下：

借：在途物资——利民公司　　100 000

　　应交税费——应交增值税（进项税额）　　17 000

　　贷：应付票据　　117 000

【例8-8】 假设上例中的商业承兑汇票为银行承兑汇票，应按面值的5‰向承兑银行交纳手续费58.50元。根据银行交费凭证，做账务处理如下：

借：财务费用　　58.50（=117 000×5‰）

　　贷：银行存款　　58.50

2. 带息应付票据利息的账务处理。前已述及，应付票据按是否带息分为带息的票据和不带息的票据。如为带息的应付票据，应当按期计提利息计入当期财务费用，借记“财务费用”账户，贷记“应付利息”账户。票据到期支付本息时，再冲减应付利息费用。如票据的应付利息金额不大，可在票据到期日，将利息一次列入“财务费用”账户。

【例8-9】 6月1日，恒天公司从永佳服饰用品总公司购入原材料一批，增值税专用发票上注明的商品价款为20万元，增值税额为3.4万元，该批材料已经验收入库。同时开出并承兑等额的带息商业承兑汇票一张，期限3个月，利率5%。有关账务处理如下：

- 开出汇票购买材料，根据增值税专用发票、材料入库单、商业承兑汇票等原始单据，作账务处理如下：

借：原材料　　200 000

　　应交税费——应交增值税（进项税额）　　34 000

　　贷：应付票据　　234 000

• 6 月 30 日票据计息时，应计利息 =234 000 ×5% ÷12 =975 元，根据利息计算单做账务处理如下：

借：财务费用　　975

　　贷：应付利息　　975

• 7 月 30 日、8 月 30 日的账务处理同上。

3. 偿付应付票据时的账务处理。开出的应付票据到期，企业应用银行存款来偿付应付票据，不带息的应付票据按票面金额，带息的应付票据按票面金额与利息之和支付。

【例 8 –10】 8 月 1 日，例 8 –7 中的商业承兑汇票到期，恒天公司以银行存款全额支付票款。根据银行付款凭证做账务处理如下：

借：应付票据　　117 000

　　贷：银行存款　　117 000

4. 应付票据到期，企业无力支付票款时的账务处理。应付票据到期，企业无力支付票款时，由于不同种类的票据承兑人不同，相应的会计处理也就不同。具体的账务处理如下：（1）商业承兑汇票到期，企业无力支付票款，则应将其转入应付账款，按应付票据的账面余额借记“应付票据”账户，贷记“应付账款”账户；（2）银行承兑汇票到期，企业无力支付票款，则应将其转入短期借款，借记“应付票据”账户，贷记“短期借款”账户。

【例 8 –11】 9 月 1 日，例 8 –9 中的带息商业承兑汇票到期，恒天公司无力还款。有关账务处理如下：

借：应付票据　　234 000

　　应付利息　　2 925（=234 000 ×5% ÷12 ×3）

　　贷：应付账款——永佳公司　　236 925

提示： 应付账款与应付票据一般都是由企业采购业务形成的，都属于流动负债，但二者是不同的，应付账款是尚未结清的债务，而应付票据是延期付款的证明。

三、预收账款的核算

预收账款，是指企业按照合同规定向购货单位预收的款项。 它是购销双方协议商定，销售方在没有提供商品的情况下，预先收取一部分货款而产生的一项负债，需要以后用商品、劳务等偿付。主要包括：预收的购货款、工程款等。

企业根据预收业务的多少来决定是否设置“预收账款”账户，预收业务较多的企业可以单独设置“预收账款”账户进行核算，预收业务不多的企业可以不设置“预收账款”账户，其所发生的预收账款，可通过“应收账款”账户的贷方进行核算。

预收账款的账务处理涉及四个方面：（1）企业向客户单位预收账款时，按实际收到的金额，借记“银行存款”账户，贷记“预收账款”账户；（2）各期向客户发运商品时，按确认的金额，借记“预收账款”账户，贷记“主营业务收入”、“应交税费——应交增值税（销项税额）”等账户；（3）客户单位补付的账款，按实际收到的补付金额，借记“银行存款”账户，贷记“预收账款”账户；（4）向客户单位退回其多付的款项时，按实际退回的金额，借记“预收账款”账户，贷记“银行存款”账户。

【例8－12】 7月24日，恒天公司与太平洋百货公司签订一份订货合同，合同金额93.6万元，其中货款80万元，增值税13.6万元。合同规定，订货方太平洋百货公司先预付全部款项的40%，另外60%待收到货物后再支付。有关账务处理如下：

- 收到太平洋百货公司交来预付款，根据银行入账通知单做如下账务处理：

借：银行存款　　374 400（=936 000×40%）

　　贷：预收账款——太平洋百货　　374 400

- 按合同规定，向太平洋百货公司发运商品，根据增值税专用发票、合同等凭证做如下账务处理：

借：预收账款——太平洋百货　　936 000

　　贷：主营业务收入　　800 000

　　　　应交税费——应交增值税（销项税额）　　136 000

- 收到太平洋百货公司补付的货款，根据银行入账通知单做如下账务处理：

借：银行存款　　561 600（=936 000×60%）

　　贷：预收账款——太平洋百货　　561 600

想一想：

预收账款与应付账款都属于流动负债，它们有什么不同？

四、其他应付款的核算

其他应付款，是指企业应付、暂收其他单位或个人的款项，如应付租入固定资产和包装物的租金、存入保证金等。具体包括：（1）应付经营租入固定资产和包装物的租金；（2）职工未按期领取的工资；（3）各种存入保证金（如收入包装物押金等）；（4）其他应付、暂收款项。

企业应设置“其他应付款”账户，用于核算企业应付、暂收其他单位或个人的款项，该账户贷方登记增加的其他应付款，即未付的其他应付款，借方登记减少的其他应付款，即已付的其他应付款，期末贷方余额反映企业尚未支付的其他应付款项。“其他应付款”账户应按应付和暂收款项的类别和单位或个人设置明细账，进行明细核算。

其他应付款的账务处理涉及以下两个方面：（1）企业发生的各种应付、暂收款项时，借记“银行存款”、“管理费用”、“制造费用”等账户，贷记“其他应付款”账户；（2）企业支付应付、暂收的款项时，借记“其他应付款”账户，贷记“银行存款”等账户。

【例8－13】 恒天公司将一台设备租赁给美达公司使用，收取押金1 000元，租期3个月。有关账务处理如下：

- 收到押金时，根据银行入账通知单做如下账务处理：

借：银行存款　　1 000

　　贷：其他应付款——美达公司　　1 000

- 3个月后，美达公司归还该设备，退还其押金。根据银行付款凭证做如下账务处理：

借：其他应付款——美达公司　　1 000

　　贷：银行存款　　1 000

第四节 职工薪酬的核算

一、职工薪酬的组成

职工薪酬，是指企业为获得职工提供的服务或解除劳动关系而给予的各种形式的报酬或补偿。包括短期薪酬、离职后福利、辞退福利和其他长期职工福利。企业提供给职工配偶、子女、受赡养人、已故员工遗属及其他受益人等的福利，也属于职工薪酬。

（一）短期薪酬

短期薪酬，是指企业在职工提供相关服务的年度报告期间结束后12个月内需要全部予以支付的职工薪酬，因解除与职工的劳动关系给予的补偿除外。短期薪酬具体包括：职工工资、奖金、津贴和补贴，职工福利费，医疗保险费、工伤保险费和生育保险费等社会保险费，住房公积金，工会经费和职工教育经费，短期带薪缺勤，短期利润分享计划，非货币性福利以及其他短期薪酬。

1. 职工工资、奖金、津贴和补贴、短期带薪缺勤。工资是根据职工劳动的数量和质量，以货币形式支付给劳动者的劳动报酬。它是对职工个人消费品分配的基本形式。

各单位在一定时期内直接支付给全部职工的劳动报酬总额，称为**工资总额**。工资总额的组成内容是由国家统一规定的，包括以下六项内容：

（1）计时工资。计时工资是指按计时工资标准和工作时间支付给职工个人的劳动报酬，包括对已做工作按计时工资标准支付的工资，实行结构工资的单位支付给职工的基础工资和职务工资（岗位）以及新参加工作职工的见习工资等。

（2）计件工资。计件工资是指按规定的计件单价和职工完成合格品数量计算并支付的工资。计件工资包括实行超额累进计件、直接无限计件、限额计件、超定额计件等工资制，按劳动部门或主管部门批准的定额和计件单价支付给个人的工资和按营业额提成或利润提成办法支付给个人的工资。

（3）奖金。奖金是指支付给职工的超额劳动报酬和增收节支的劳动报酬。奖金包括生产奖、节约奖、劳动竞赛奖以及其他奖金。

（4）津贴和补贴。津贴和补贴是指为了补偿职工特殊或额外劳动消耗和其他由于特殊原因支付给职工的津贴，以及为了保证职工生活水平不受物价变动的影响而支付给职工的物价补贴。津贴包括补偿职工特殊或额外劳动消耗的津贴，如保健津贴、技术津贴、年功性津贴及其他津贴等；物价补贴主要包括副食品价格补贴、粮价补贴、煤价补贴等。

（5）加班加点工资。加班加点工资是指按规定对职工在法定工作时间以外从事的劳动所支付的加班工资和加点工资。

（6）短期带薪缺勤。短期带薪缺勤是指职工虽然缺勤但企业仍向其支付报酬的安排，包括年休假、病假、婚假、产假、丧假、探亲假等。

提示：工资总额不包括以下内容：根据国家有关规定颁发的创造发明奖；有关劳动保险和职工福利方面的各项费用；有关离休、退休人员待遇的各项支出、劳保支出；出差伙食补助；支付给承租人的风险性补偿收入；购买本企业股票和债券所得到的股息收入和利息收入等。

2. 职工福利费。职工福利费是指企业用于职工改善生活条件和医疗方面的支出和费用。职工福利费是企业对职工劳动补偿的一种辅助形式。根据财政部的有关规定，职工福利费具体包括发放给职工或为职工支付以下各项现金补贴和非货币性集体福利：

（1）为职工卫生保健生活等发放或支付的各项现金补贴和非货币性福利，如职工因公外地就医费用、职工疗养费用、自办食堂经费补贴或者统一供应误餐支出、符合国家有关规定的供暖费补贴、防暑降温等；

（2）企业尚未分离的内设集体福利部门所发生的设备、设施折旧、维护和工作人员的人工费用；

（3）职工困难补助，或者企业统筹建立和管理的专门用于帮助、救助困难职工的基金支出；

（4）离退休人员统筹外费用；

（5）按规定发生的其他职工福利费，包括丧葬补助费、抚恤费、职工异地安家费、独生子女费、探亲假路费，以及符合企业职工福利费定义但没有包括在通知各条款中的其他支出。

3. 医疗保险费、养老保险费、失业保险费、工伤保险费和生育保险费等社会保险费。

（1）医疗保险费是由职工、单位和国家按一定的缴费比例，三方共同出资而形成的只能用于医疗补偿的保险费。

（2）养老保险金是由职工所在企业以及职工在职时按一定比例共同交纳的，是对职工因年老体衰、工残事故导致永久丧失劳动能力或因在一个企业工作到一定年限，不愿继续任职时，给予的一种年金或一次付清所得，目的是为保证其老有所养。养老保险费包括基本养老保险费和补充养老保险费。基本养老保险费是根据国家的基准和比例计算的向社会保险经办机构交纳的养老保险费；补充养老保险费是根据相关规定，向有关单位交纳的养老保险费。

（3）失业保险金是指参加失业保险的用人单位和职工个人按时依照失业保险缴费比例交纳的费用，用于对失业人员在失业期间失去工资收入的一种临时补偿，目的是为了保障失业人员的基本生活需要。

（4）工伤保险费是由用人单位向社会保险经办机构按时交纳的用于在劳动者从事生产劳动或与之相关的工作时发生意外伤害后，向劳动者本人或为其供养的直系亲属提供物质帮助的一种费用。

（5）生育保险费是由用人单位向社会保险经办机构交纳的，用于妇女劳动者因生育子女而暂时丧失劳动能力，失去正常工资收入来源时，为其提供物质帮助的一项费用。

4. 住房公积金。住房公积金是指由国家机关、国有企业、城镇集体企业、外商投资企业、城镇私营企业及其他城镇企业、事业单位及其在职职工缴存的长期储金，主要是用于职工购买、建造、翻建、大修自住住房。职工住房公积金包括职工个人缴存和职工所在单位为职工缴存两部分，全部属职工个人所有。

5. 工会经费和职工教育经费。工会经费是指工会组织依法取得用于开展正常活动所需的费用，是企业根据国家有关规定，按职工工资总额的一定比例（2%）提取并拨交工会使用的一项专门经费。

职工教育经费是企业按工资总额的一定比例（1.5%）提取的专项用于职工文化教育、专业技术培训学习方面的一项经费。

6. 短期利润分享计划。短期利润分享计划是指因职工提供服务而与职工达成的基于利润或其他经营成果来提供薪酬的协议。长期利润分享计划属于其他长期职工福利。

7. 非货币性福利。非货币性福利是指企业将自己的产品或外购商品发放给职工作为福利，或将自己拥有的资产或租赁资产供职工无偿使用，例如提供给企业高级管理人员使用的住房，免费为职工提供诸如医疗保健的服务，或以低于成本价格向职工出售住房等。

8. 其他短期薪酬。其他短期薪酬是指除上述薪酬以外的其他为获得职工提供的服务而给予的短期薪酬。

（二）离职后福利

离职后福利，是指企业为获得职工提供的服务而在职工退休或与企业解除劳动关系后，提供的各种形式的报酬和福利，短期薪酬和辞退福利除外。

（三）辞退福利

辞退福利，是指企业在职工劳动合同到期之前解除与职工的劳动关系，或者为鼓励职工自愿接受裁减而给予职工的补偿。

（四）其他长期职工福利

其他长期职工福利，是指除短期薪酬、离职后福利、辞退福利之外所有的职工薪酬，包括长期带薪缺勤、长期残疾福利、长期利润分享计划等。

二、工资核算的原始记录

为了正确地计算和分配工资费用，需做好工资费用核算的各项基础工作，收集好相关的原始资料。企业通常根据自身的特点和管理的要求，确定工资核算所需原始凭证的种类、格式、登记方法以及传递程序。工资费用核算的各项原始记录主要有：

（一）工资卡片

工资卡片是反映本单位职工到职、离职、内部调动、职务变动、工资等级、工资标准与各种津贴变动等基本情况的一种卡片。工资卡片由劳动人事部门按人设置，并分部门进行保管。财务部门根据工资卡片和其他有关记录核定每位职工的工资。

（二）考勤记录

考勤记录是登记职工出勤和缺勤情况的记录。考勤记录是计算职工工资的重要记录。企业的考勤记录一般按车间、班组、科室分别进行。考勤记录由考勤人员根据职工出勤和缺勤情况进行逐日登记，并在月末经财会部门审核后，作为计算计时工资的依据。

（三）产量记录

产量记录是反映工人或班组在出勤时间生产产品的产量和耗用生产工时的记录。产量记录不仅是计算计件工资的依据，同时也是统计产量和生产工时的依据。

（四）工资单

工资单是根据考勤记录、工时记录、产量记录、工资等级、工资标准等计算编制的，是工资结算和支付工资的原始凭证。工资单一般由各车间、部门分别编制，通常一式三份，一份按职工姓名裁成“工资条”连同工资一起发给职工，以便查对；一份作为劳动工资部门进行劳动工资统计的依据；一份经过职工签收后作为工资结算和付款的原始凭证，是财务会计部门进行工资结算汇总核算的依据。

（五）工资结算汇总表

工资结算汇总表是根据工资单汇总编制的，用来反映企业工资结算的总括情况，并据以进行工资结算总分类核算。由于它按车间、部门和工资的不同用途汇总了企业的工资费用，因此它又是进行工资费用分配的依据。

（六）工资费用分配表

工资费用的分配，应通过工资费用分配表进行。工资费用分配表按职工和产品等分类，根据工资结算汇总表编制，而后据以进行总分类核算。

职工薪酬的业务流程及所涉及的原始凭证见图 8－3。

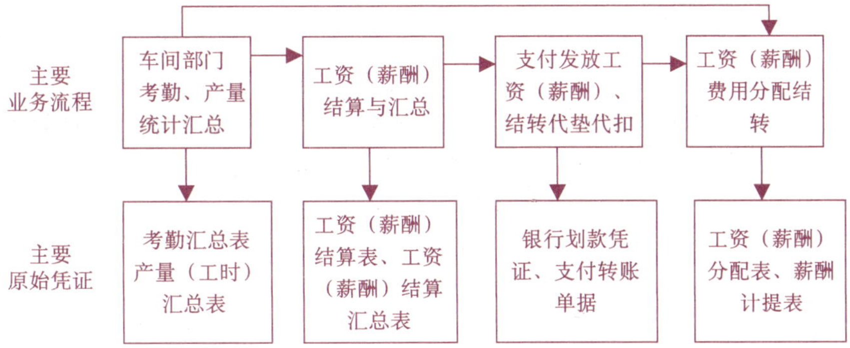

图 8－3　职工薪酬业务流程及凭证

三、工资的计算与结算

工业企业可以根据具体情况采用各种不同的工资制度，其中最基本的工资制度是计时工资制度和计件工资制度。

（一）计时工资制下应付工资的计算

职工的计时工资，是根据考勤记录登记的每一职工出勤或缺勤日数，按照规定的工资标准计算的。工资标准按其计算的时间不同，有按月计算的月薪、按日计算的日薪或按小时计算的小时工资。

提示：企业固定职工的计时工资一般按月薪计算；临时职工的计时工资大多按日薪计算，也有按小时工资计算的。

1. 月薪制下应付工资的计算。月薪制是指按职工固定的月标准工资扣除缺勤工资计算其工资的一种方法。采用月薪制，不论各月日历天数多少，每月的标准工资相同。在计算应付的月工资时，应先根据月工资计算出日工资率，再根据职工当月的出勤情况计算出当月计时工资。具体的计算公式如下：

某职工应付月计时工资＝该职工月标准工资－缺勤应扣工资

缺勤应扣工资＝缺勤天数×日工资率×应扣比例

缺勤天数含职工旷工、事假及病假的天数。

日工资率即每日平均工资，等于月标准工资除以当月天数。由于各月天数不同，使得同一职工各月的日工资率不尽相同。在实际工作中，为了简化日工资率的计算工作，日工资率计算时可采用以下两种方法：

（1）每月按平均日历天数30天计算，以月工资标准除以30日，算出每日的日工资率。采用这种方法，由于双休日与法定节假日也算工资，因而出勤期间的双休日和法定节假日视为出勤照付工资。旷工、事假、病假等缺勤期间的双休日和法定节假日也应视为缺勤，计扣工资。

（2）每月按平均实际工作日数20.83天（可约为21天）来计算日工资率。采用这种方法，由于双休日与法定节假日不算工资，因而旷工、事假、病假等缺勤期间的双休日与法定节假日也不扣工资。

提示：20.83天是按每年365天减去104个双休日和11个法定节假日，再除以12个月计算出来的平均工作天数。

应扣比例是所扣金额占日工资的比例。职工缺勤有不同的情况，如旷工、事假、病假等，根据国家的劳动法规、劳动保险条例的规定，企业要区别不同的情况，按照不同的应扣比例来计算缺勤应扣的工资：对旷工、事假、缺勤应按100%扣发缺勤日的全部工资；对因公负伤、婚丧假、产假、探亲假等缺勤应视同出勤，不扣工资；对病假缺勤，则应按病假期限和工龄的长短扣发缺勤日一定比例的工资。

【例8－14】 恒天公司采用的是按30日计算日工资率，按缺勤天数扣月工资的方法来计算职工的计时工资。职工王伟华月工资标准为1 200元，8月份31天，王伟华的出勤记录为：病假工3天，事假2天，双休日休假9天，出勤17天。根据该工人的工龄，其病假工资按工资标准的90%计算。其8月份应付计时工资计算如下：

日工资率＝1 200÷30＝40（元）

应扣缺勤病假工资＝40×3×（1－90%）＝12（元）

应扣缺勤事假工资＝40×2＝80（元）

应付计时工资＝1 200－12－80＝1 108（元）

想一想：

如果恒天公司采用的是按20.83天计算日工资率，王伟华8月份的计时工资应为多少？

2. 日薪制下应付工资的计算。日薪制是指根据职工实际出勤天数（包括除病假外视同出勤的各种休假日，如工伤假、婚假、产假、计划生育假、探亲假、定期轮休假）和日职工薪酬率计算其职工薪酬的一种方法。计算公式为：

某职工应付计时工资＝出勤天数×日工资率＋应付病假工资

应付病假工资＝病假天数×日工资率×病假工资的发放比例

【例8－15】 承例8－14，采用日薪制，按出勤天数计算应付计时工资如下：

日工资率＝1 200÷30＝40（元）

应付出勤工资＝40×(17＋9)＝1 040(元)

应付病假工资＝40×3×90%＝108（元）

应付计时工资＝1 040＋108＝1 148（元）

提示：采用日薪制，每日工作时数为8小时。如果有出勤不满8小时的情况，还应先根据日标准工资计算出小时工资率，即每小时平均工资，再按职工当天工作的小时数计算出当日工资。

（二）计件工资制下应付工资的计算

职工的计件工资，应根据产量记录中登记的每一工人的产品产量乘以规定的计件单价计算。这里的产量包括合格品产量和不是由于工人本人过失造成的不合格品产量（如料废产品数量）。工人本人过失造成的不合格品（如工废产品）不计算、不支付工资，有的还应由工人赔偿损失。同一工人在月份内可能从事计件工资单价不同的各种产品的生产，因而计件工资的计算公式如下：

计件工资＝∑（月内每种产品的产量×该种产品的计件单价）

式中，产品的计件单价是根据工人生产单位产品所需要的工时定额和该级工人每小时的工资率计算求出的。

【例8－16】 恒天公司的职工王伟华既加工男式西服，也加工女式西服。公司规定，加工男式西服的工时定额为30分钟，加工女式西服的工时定额为24分钟。王伟华的小时工资率为10元，10月份王伟华共加工了男式西服200件，女式西服180件。其10月份的计件工资计算如下：

男式西服的计件单价＝10×30÷60＝5（元）

女式西服的计件单价＝10×24÷60＝4（元）

计件工资＝200×5＋180×4＝1 720（元）

（三）奖金、津贴和补贴以及加班加点工资的计算

1. 奖金的计算应按照国家和本企业内部的有关奖励标准进行计算。

2. 津贴和补贴的计算应按照国家和本企业有关规定进行。

3. 加班加点工资的计算，是按照职工的日工资（或者小时工资率）乘以加班加点天数（或小时数）及国家规定的支付标准进行计算的。按国家规定，职工在工作日超过正常工作时间以外加班加点，应按照标准工资的1.5倍计算；职工在周六、周日加班加点，应按标准工资的2倍计算；职工在法定节假日加班加点，应按标准工资的3倍计算。具体计算公式如下：

某职工当月的加班工资＝该职工当月的日工资×该职工当月加班天数×加班工资系数

$$= \text{该职工当月的日工资} \div 8 \times \text{该职工当月加班小时数} \times \text{加班工资系数}$$

（四）工资实发金额的计算

工资的实发金额是在应付工资的基础上扣除一些代扣款项，包括房租、水电费、代扣代缴个人所得税等，实际发放到职工手中的工资金额。工资实发金额的计算公式如下：

实发工资 = 应付工资 - 代扣款项

应付工资 = 计时工资 + 计件工资 + 奖金 + 津贴和补贴 + 加班加点工资

（五）工资结算凭证的编制

在会计实务中，企业与职工进行工资结算是通过编制“工资结算单”来进行的。“工资结算单”一般分车间、部门，按每个职工进行编制，每月一次。“工资结算表”的一般格式见表8－5。

表8－5 工资结算表

编制单位：恒天有限公司 2017年8月

编号	姓名	计时工资	计件工资	奖金	加班加点工资	各种津贴	缺勤扣款	应付工资	代垫款		代扣款			实发工资
									水电费	职工家属医疗费	“五险”个人交纳部分	住房公积金	个人所得税	
101	张琳	800		80	50	30	100	1 060	25	100	55.12	106		773.9
102	王伟	750		100		15	50	915	30		47.58	91.5		745.9
103	范明	700	500		20	20		1 240	18		64.48	124		1 034
略														
合计		35 500	16 000	3 300	1 750	1 650	200	58 000	600	200	3 000	5 800	500	47 900

为了准确、有效地进行工资核算，企业财会部门还应根据各车间、部门的“工资结算单”汇总编制整个企业的“工资结算汇总表”以掌握整个企业工资的结算和支付情况，并据以进行“应付职工薪酬——工资”的分类核算。“工资结算汇总表”的一般格式如表8－6所示。

表8－6 工资结算汇总表

编制单位：恒天公司 2017年8月

车间及部门		计时工资	计件工资	奖金	加班加点工资	各种津贴	缺勤扣款	应付工资	代垫款		代扣款			实发工资
									水电费	职工家属医疗费	“五险”个人交纳部分	住房公积金	个人所得税	
生产车间	生产工人	10 000	16 000	800	1 000	300	100	28 000	150	200	3 080	2 800	50	21 720
	管理人员	4 100		500	300	150	50	5 000	100		550	500		3 850

续表

车间及部门	计时工资	计件工资	奖金	加班加点工资	各种津贴	缺勤扣款	应付工资	代垫款		代扣款			实发工资
								水电费	职工家属医疗费	“五险”个人交纳部分	住房公积金	个人所得税	
厂部	4 000		300		200		4 500	80		495	450	150	3 325
专设销售机构人员	5 200		800		500		6 500	120		715	650	100	4 915
在建工程人员	11 000		400	250	400	50	12 000	100		1 320	1 200	200	9 180
研究开发人员	1 200		500	200	100		2 000	50		220	200		1 530
合　计	35 500	16 000	3 300	1 750	1 650	200	58 000	600	200	6 380	5 800	500	44 520

注：“五险”个人交纳部分见表 8－7。

四、工资结算与分配的核算

（一）账户设置

企业应设置“应付职工薪酬”账户用于核算企业根据有关规定应付给职工的工资及各种薪酬。该账户借方登记企业向职工或有关部门实际支付的各种职工薪酬和结转从应付职工薪水中扣还各种代垫代扣款等，贷方登记本月发生的职工薪酬。期末余额一般在贷方，反映企业应付职工薪酬的结余。

“应付职工薪酬”账户应当按职工薪酬的构成内容下设“短期薪酬”、“离职后福利”、“辞退福利”和“其他长期职工福利”等二级明细账户进行明细核算。并在“短期薪酬”二级明细账户下分别设置“职工工资”、“职工福利费”、“社会保险费”、“住房公积金”、“工会经费”、“职工教育经费”、“短期带薪缺勤”、“短期利润分享计划”、“非货币性福利”等三级明细账户进行具体明细核算。

（二）工资结算的账务处理

工资结算的账务处理涉及以下两个方面：

1. 提取现金，准备发放工资。企业发放工资（包括奖金、津贴和补贴），应当按照“工资结算汇总表”中的实发工资金额按规定手续向银行提取现金。

2. 各种代扣、代垫款项的结转。企业在“工资结算汇总表”里为职工代扣或代垫的款项，应在进行工资结算时予以结转。若是应由职工个人交纳的社会保险费、住房公积金等各种代扣款项，应借记“应付职工薪酬”账户，贷记“其他应付款”等账户；若是代扣个人所得税，应借记“应付职工薪酬”账户，贷记“应交税费”账户；若是代垫款，如职工借款，代垫职工房租等，应借记“应付职工薪酬”账户，贷记“其他应收款”账户。

【例 8－17】 8 月 29 日，恒天公司根据当月的工资结算汇总表 8－6 提取现金发放工资。有关的账务处理如下：

- 根据工资结算单上的实发工资数，签发现金支票，根据现金支票的存根，做账务处理如下：

借：库存现金　　　　44 520

　　贷：银行存款　　　　44 520

- 发放工资时，账务处理如下：

借：应付职工薪酬——工资　　58 000
　贷：库存现金　　44 520
　　其他应收款——××　　200
　　　　——水电公司　　600
　　其他应付款——代扣社会保险费　　6 380
　　　　——代扣住房公积金　　5 800
　　应交税费——应交个人所得税　　500

【例8－18】　若上例中生产车间工人王伟因外出学习，未领工资（见工资结算表8－5），则有关的账务处理如下：

借：库存现金　　745.90
　贷：其他应付款——王伟　　745.90

（三）工资分配的账务处理

工资分配即是将本月应负担的人工工资配比到相关的成本费用中。对企业本月的应付工资即实际发放的工资，月末必须按照有关人员的工作岗位分配记入相关的会计账户，做相应的账务处理：

1. 基本生产车间直接从事产品生产工人的工资应由基本生产成本承担，借记“生产成本——基本生产成本”账户，贷记“应付职工薪酬——工资”账户。

2. 辅助生产车间生产工人的工资应由辅助生产成本承担，借记“生产成本——辅助生产成本”账户，贷记“应付职工薪酬——工资”账户。

3. 车间管理人员和技术人员的工资应记入“制造费用”，借记“制造费用”账户，贷记“应付职工薪酬——工资”账户。

4. 厂部行政部门人员的工资及6个月以上病假人员的工资应记入“管理费用”，借记“管理费用”账户，贷记“应付职工薪酬——工资”账户。

5. 企业专设销售机构的人员工资应记入“销售费用”，借记“销售费用”账户，贷记“应付职工薪酬——工资”账户。

6. 从事在建工程项目建设人员的工资应由在建工程承担，借记“在建工程”账户，贷记“应付职工薪酬——工资”账户。

7. 从事其他业务人员的工资，应记入“其他业务成本”，借记“其他业务成本”账户，贷记“应付职工薪酬——工资”账户。

8. 单独从事无形资产研究和开发人员的工资，应记入“研发支出”，借记“研发支出”账户，贷记“应付职工薪酬——工资”账户。

【例8－19】　8月底，恒天公司根据当月的“工资结算汇总表”（见表8－6），分配当月的工资。有关的账务处理如下：

借：生产成本　　28 000
　　制造费用　　5 000
　　管理费用　　4 500
　　销售费用　　6 500

在建工程　　12 000
研发支出　　2 000
贷：应付职工薪酬——工资　　58 000

五、职工福利费的核算

（一）账户设置

企业职工在为企业提供服务期间，除领取工资之外，还应按照有关规定享受福利待遇。职工福利费是属于应付职工薪酬的组成内容，企业应在"应付职工薪酬"账户下设置"职工福利"这个明细账户进行核算，用于反映和监督职工福利费的提取和使用情况。该账户贷方登记职工福利费分配列支数，借方登记职工福利费的支付数；期末余额若在贷方表示福利费的结余数，若在借方表示职工福利费的超支数。

（二）职工福利费的账务处理

职工福利费实际发生时，按实际发生额进行核算（也可根据企业上年的经验，按工资额的一定比例先提后用），并按应付职工薪酬结转分配的原则进行分配列支，与相应的工资计入成本、费用的去向一致。即工资是记入哪个账户的，职工福利费发生也应记入相同的账户，借记"生产成本"、"制造费用"、"管理费用"、"销售费用"、"在建工程"、"研发支出"等账户，贷记"应付职工薪酬——职工福利"账户。

1. 职工福利费据实列支的账务处理。

【例8－20】 某公司7月份以现金支付生产车间工人的交通补贴1 540元、车间管理人员医疗补贴168元、福利部门人员降温补贴112元、销售人员生活困难补助238元、管理部门人员话费补贴728元、长病人员营养补贴42元等，共计支出2 828元。根据有关支付凭证，做账务处理如下：

- 支付时：

借：应付职工薪酬——职工福利　　2 828
　贷：库存现金　　2 828

- 月终结转时：

借：管理费用　　882（＝728＋112＋42）
　生产成本　　1 540
　销售费用　　238
　制造费用　　168
　贷：应付职工薪酬——职工福利　　2 828

2. 职工福利费先提后用的账务处理。

【例8－21】 恒天公司根据上年的经验，职工福利费按工资总额的10%计提，根据当月的"工资结算汇总表"（见表8－6）应付工资栏计提当月的福利费。根据福利费计提表做账务处理如下：

借：生产成本　　2 800
　制造费用　　500
　管理费用　　450

销售费用　650
在建工程　1 200
研发支出　200
贷：应付职工薪酬——职工福利　5 800

注意：由“应付职工薪酬——职工福利”列支的生活福利部门人员的工资所计提的福利费，只能计入“管理费用”，借记“管理费用”账户，贷记“应付职工薪酬——职工福利”账户。

（三）职工福利费使用的账务处理

职工福利费一般都是用于改善职工生活条件的，主要用于：（1）职工医药费（包括企业参加职工医疗保险交纳的医疗保险费）；（2）企业医务人员工资、医务经费、职工因公负伤赴外地就医路费；（3）职工生活困难补助；（4）职工生活福利部门（如职工浴室、理发室、幼儿园、托儿所）人员的工资等。企业向职工实际支付职工福利费时，借记“应付职工薪酬——职工福利”账户，贷记“银行存款”、“库存现金”等账户。

【例 8－22】 8 月，恒天公司以现金向职工李伟支付生活困难补助 500 元。根据有关支付凭证做账务处理如下：

借：应付职工薪酬——职工福利　500
贷：库存现金　500

六、社会保险费和住房公积金的账务处理

（一）社会保险费的账务处理

目前，我国社会保险费包括医疗保险费、养老保险费、失业保险费、工伤保险费和生育保险费五种。社会保险费一般以职工工资总额为基础，交纳比例由各地人民政府确定，分单位和个人共同交纳和仅由单位交纳两种类型。无论是哪种类型，企业按规定交纳的各项社会保险费是职工薪酬的组成部分，应在“应付职工薪酬”账户下设“社会保险费”明细账户进行核算。

社会保险费的账务处理主要有两个方面：（1）企业按期计算提取应交纳的各项社会保险费时，根据职工提供服务的受益对象，分别借记“生产成本”、“制造费用”、“管理费用”、“销售费用”、“在建工程”、“研发支出”等账户，贷记“应付职工薪酬——社会保险费”账户。（2）企业按规定交纳各项社会保险费时，借记“应付职工薪酬——社会保险费”账户，贷记“银行存款”等账户。

【例 8－23】 恒天公司根据当月的“工资结算汇总表”（见表 8－6）计算当月各种社会保险费见表 8－7。

表 8－7　　社会保险费计提表

编制单位：恒天公司　　2017 年 8 月　　单位：元

部门	基数	基本医疗保险费		基本养老保险费		失业保险费		生育保险费	工伤保险费	合计	
		单位交纳（8.0%）	个人交纳（2.0%）	单位交纳（20%）	个人交纳（8%）	单位交纳（2%）	个人交纳（1%）	单位交纳（0.6%）	单位交纳（0.5%）	单位交纳	个人交纳
车间生产工人	28 000	2 240	560	5 600	2 240	560	280	168	140	8 708	3 080

续表

部门	基数	基本医疗保险费		基本养老保险费		失业保险费		生育保险费	工伤保险费	合计	
		单位交纳(8.0%)	个人交纳(2.0%)	单位交纳(20%)	个人交纳(8%)	单位交纳(2%)	个人交纳(1%)	单位交纳(0.6%)	单位交纳(0.5%)	单位交纳	个人交纳
车间管理人员	5 000	400	100	1 000	400	100	50	30	25	1 555	550
厂部	4 500	360	90	900	360	90	45	27	22.5	1 399.5	495
专设销售机构人员	6 500	520	130	1 300	520	130	65	39	32.5	2 021.5	715
在建工程人员	12 000	960	240	2 400	960	240	120	72	60	3 732	1 320
研究开发人员	2 000	160	40	400	160	40	20	12	10	622	220
合计	58 000	4 640	1 160	11 600	4 640	1 160	580	348	290	18 038	6 380

备注：企业应根据当地有关部门规定的比例计算社会保险费。

企业根据“社会保险费计提表”（单位交纳部分）做账务处理如下：

借：生产成本　　8 708
　　制造费用　　1 555
　　管理费用　　1 399.50
　　销售费用　　2 021.50
　　在建工程　　3 732
　　研发支出　　622
　　贷：应付职工薪酬——社会保险费　　5 278
　　　　　　　　　——离职后福利（养老保险）　　11 600
　　　　　　　　　——离职后福利（失业保险）　　1 160

【例8－24】 8月，恒天公司通过银行向保险公司交纳各种社会保险费（单位和个人）。根据银行的交费凭证和企业保险费的清单做账务处理如下：

借：其他应付款——代扣社会保险　　6 380
　　应付职工薪酬——社会保险费　　5 278
　　　　　　　——离职后福利（养老保险）　　11 600
　　　　　　　——离职后福利（失业保险）　　1 160
　　贷：银行存款　　24 418

（二）住房公积金的账务处理

住房公积金一般以职工工资总额为基础，交纳比例由各地人民政府确定，由单位和职工本人同数额交纳，是职工薪酬的组成部分，应在“应付职工薪酬”账户下设“住房公积金”明细账户进行核算。

住房公积金的账务处理主要有两个方面：

1. 计提。企业按期计算提取应交纳的住房公积金时，根据职工提供服务的受益对象，分别借记“生产成本”、“制造费用”、“管理费用”、“销售费用”、“在建工程”、“研发支出”等账户，贷记“应付职工薪酬——住房公积金”账户。

2. 交纳。企业按规定交纳住房公积金时，借记“应付职工薪酬——住房公积金”账户，贷记“银行存款”等账户。

【例8－25】 恒天公司根据当月的“工资结算汇总表”（见表8－6）中应付工资栏的10%计提当月企业应交纳的住房公积金。根据住房公积金计算表做账务处理如下：

借：生产成本　　2 800
　　制造费用　　500
　　管理费用　　450
　　销售费用　　650
　　在建工程　　1 200
　　研发支出　　200
　　贷：应付职工薪酬——住房公积金　　5 800

【例8－26】 8月，恒天公司通过银行向住房公积金管理中心交纳住房公积金（单位和个人）。根据银行的缴费凭证和企业住房资金清单做账务处理如下：

借：应付职工薪酬——住房公积金　　5 800
　　其他应付款——代扣住房公积金　　5 800
　　贷：银行存款　　11 600

七、工会经费和职工教育经费的账务处理

（一）工会经费的账务处理

根据国家有关规定，企业每月应按职工工资总额的2%计提工会经费，并按期拨付给企业工会使用。企业工会使用经费开展各项活动受益者是企业职工，所以也将其列为职工薪酬的组成内容，应在“应付职工薪酬”账户下设“工会经费”明细账户进行核算。

工会经费的账务处理主要有两个方面：（1）企业按期计算提取工会经费时，分别借记“生产成本”、“制造费用”、“管理费用”、“销售费用”、“在建工程”、“研发支出”等账户，贷记“应付职工薪酬——工会经费”账户。（2）企业按规定将工会经费拨交给工会时，借记“应付职工薪酬——工会经费”账户，贷记“银行存款”等账户。

【例8－27】 恒天公司根据当月的“工资结算汇总表”（见表8－6）中的应付工资栏的2%计提当月的工会经费。根据工会经费计算表做账务处理如下：

借：生产成本　　560
　　制造费用　　100
　　管理费用　　90
　　销售费用　　130
　　在建工程　　240
　　研发支出　　40
　　贷：应付职工薪酬——工会经费　　1 160

下月初，以银行存款将工会经费划拨工会：

借：应付职工薪酬——工会经费　　1 160
　　贷：银行存款　　1 160

（二）职工教育经费的账务处理

根据国家有关规定，企业每月应按职工工资总额的1.5%计提职工教育经费，结合企业

实际情况，在一定条件和范围内安排使用，也是职工薪酬的组成内容，应在“应付职工薪酬”账户下设“职工教育经费”明细账户进行核算。

职工教育经费的账务处理主要有两个方面：

1. 计提。企业按期计算提取职工教育经费时，分别借记“生产成本”、“制造费用”、“管理费用”、“销售费用”、“在建工程”、“研发支出”等账户，贷记“应付职工薪酬——职工教育经费”账户。

2. 支付。企业支付职工教育经费时，借记“应付职工薪酬——职工教育经费”账户，贷记“银行存款”等账户。

【例8-28】 恒天公司根据当月的“工资结算汇总表”（见表8-6）的应付工资栏的1.5%计提当月的职工教育经费。根据职工教育经费计算表做账务处理如下：

借：生产成本	420.00	
制造费用	75.00	
管理费用	67.50	
销售费用	97.50	
在建工程	180.00	
研发支出	30.00	
贷：应付职工薪酬——职工教育经费		870.00

【例8-29】 8月24日，恒天公司公司开出一张转账支票，支付职工参加技术培训班费用15 000元。根据转账支票存根、技术培训发票做账务处理如下：

借：应付职工薪酬——职工教育经费	15 000	
贷：银行存款		15 000

八、短期利润分享计划

短期利润分享计划是指企业因职工提供服务而与职工达成的基于利润或其他经营成果而提供薪酬的协议。

短期利润分享计划须同时满足下列两个条件的：（1）企业因过去事项导致现在具有支付职工薪酬的法定义务；（2）因短期利润分享计划所产生的应付职工薪酬义务能够可靠估计。此时，企业应当确认相关的应付职工薪酬，贷记“应付职工薪酬——短期利润分享计划”账户，并计入当期损益或者相关资产成本，借记“生产成本”、“管理费用”等账户。

九、非货币性福利

非货币性福利是企业将自己的产品或外购商品发放给职工作为福利，或将自己拥有的资产或租赁资产供职工无偿使用，是职工薪酬的组成内容，应在“应付职工薪酬——非货币性福利”账户进行核算。

非货币性福利核算要点：

1. 以自产产品发放给职工作为非货币性福利：这种情况下，一方面视作销售确认主营业务收入并结转销售成本，另一方面视作发放职工薪酬，按照该产品的公允价值和相关税费计入相关资产成本或当期损益，同时确认应付职工薪酬。

2. 以外购商品发放给职工作为非货币性福利：这种情况下，应当根据受益对象，按照该商品的公允价值和相关税费，计入相关资产成本或当期损益，同时确认应付职工薪酬。

3. 将拥有的房屋等资产无偿提供给职工使用：这种情况下，应当根据受益对象，将住房每期应计提的折旧计入相关资产成本或当其他损益，同时确认应付职工薪酬。

4. 租赁住房等资产供职工无偿使用：这种情况下，应当根据受益对象，将每期应付的租金计入相关资产成本或当期损益，同时确认应付职工薪酬。

十、辞退福利

企业在经营过程中，往往会出现与职工提前终止劳动合同、辞退员工的情况。根据劳动法和劳动协议的要求，企业需要提供一笔资金作为补偿。这笔补偿的资金就是辞退福利。

辞退福利通常采取解除劳动关系时一次性支付的方式。企业因解除与职工的劳动关系向职工支付补偿时，借记“应付职工薪酬——辞退福利”账户，贷记“银行存款”、“库存现金”等账户；会计期末结转这一补偿时，借记“管理费用”账户，贷记“应付职工薪酬——辞退福利”账户。

十一、离职后福利

离职后福利是指企业为获得职工提供的服务而在职工退休或与企业解除劳动关系后，提供的各种形式的报酬和福利，短期薪酬和辞退福利除外。离职后福利计划分类为：设定提存计划和设定受益计划。

1. 设定提存计划是指向独立的基金缴存固定费用后，企业不再承担进一步支付业务的离职后福利计划。企业应当在职工为其提供服务的会计期间，将根据设定提存计划计算的应缴存金额确认为负债，贷记“应付职工薪酬——离职后福利”账户，并计入当期损益或相关资产成本，借记“生产成本”、“管理费用”等账户。

2. 设定受益计划是指除设定提存计划以外的离职后福利计划。设定受益计划的会计处理比较复杂，主要体现在以下几个方面：（1）在设定受益计划里，企业需要通过精算假设来计量每期的应计负债和费用；（2）设定受益计划经常会产生精算损益；（3）在设定受益计划中，应计薪酬负债是一项长期负债；（4）企业年金费用的确定比较麻烦，一般与企业当期缴费的金额并不相等。

十二、其他长期职工福利

其他长期职工福利是指除短期薪酬、离职后福利、辞退福利之外所有的职工薪酬，包括长期带薪缺勤、长期残疾福利、长期利润分享计划等。在进行会计处理时，上述项目的总净额应当计入当期损益或相关资产成本。

工资薪金范围及税前扣除规定

补充养老保险如何税前扣除

第五节　应交税费的核算

一、应交税费的含义

企业在一定时期内取得的营业收入、实现的利润及从事其他应税项目，要按照规定向国家交纳各种税金，如增值税、消费税、所得税、资源税、土地增值税、房产税、城镇土地使用税、车船使用税、城市维护建设税、教育费附加、矿产资源补偿费、排污费等。

为了总括反映各种税金的交纳情况，企业应设置“应交税费”账户，该账户贷方登记应交纳的各种税费，以及出口退税、税务机关退回多缴的税费等；借方登记实际交纳的税费；期末余额若在贷方，表示企业尚未交纳的税费，余额若在借方，表示多交纳的税费。“应交税费”账户应按照应交税费的种类设置明细账户，进行明细核算。

应交税费的主要业务流程及涉及原始凭证见图8－4。

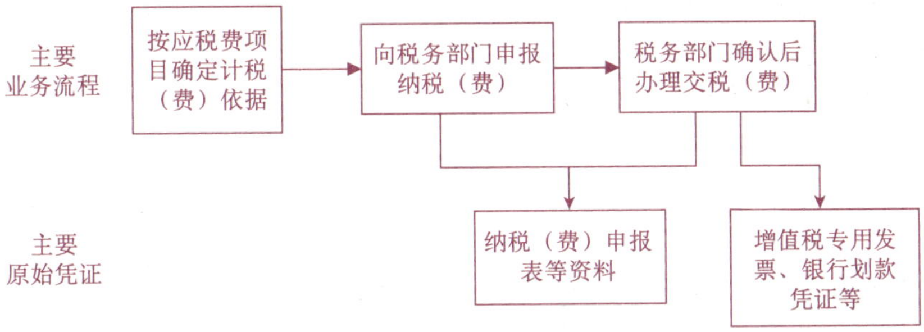

图8－4　应交税费主要业务流程及凭证

二、应交增值税的核算

增值税是指对我国境内销售货物或提供加工、修理修配劳务或进口货物以及销售服务、无形资产或不动产的单位和个人，就其实现的增值额征收的一个税种。

增值税的纳税人是在我国境内销售货物或提供加工、修理修配劳务或进口货物以及销售服务、无形资产或不动产的单位和个人。增值税率主要有以下几种：基本税率17%、低税率13%、11%、6%和零税率、小规模纳税人征收率3%等。按照纳税人的经营规模及会计核算的健全程度，增值税纳税人分为一般纳税企业和小规模纳税企业。

相关链接

有关一般纳税企业与小规模纳税企业的认定标准请参看《增值税暂行条例实施细则》。

（一）应交增值税额的确定

1. 一般纳税人企业应纳增值税额的确定。一般纳税企业应纳增值税额是根据当期销项税额减去当期进项税额计算确定的。具体的计算公式如下：

应交增值税 = 当期销项税额 - 当期进项税额

当期销项税额 =（当期实现的销售额 + 当期视同销售额 + 价外费用）× 适用税率

当期进项税额 = 购买存货的增值税专用发票上注明的增值税额 + 进口物资（存货）从海关取得的完税凭证上注明的增值税额 + 支付运费取得的增值税专用发票注明的增值税额 + 购进免税农产品根据主管税务机关批准使用的收购凭证上注明的买价及其农业特产税，依 13% 的扣除率计算的进项税额 + 购进废旧物资根据主管税务机关批准使用的收购凭证上注明的收购金额，依 10% 的扣除率计算的进项税额 + 按规定购建固定资产应抵扣的增值税额

【例 8－30】 恒天公司为增值税一般纳税人，适用增值税税率为 17%。公司 2 月份销售服装取得不含税销售额 120 万元，购进原材料取得增值税专用发票，注明支付的货款 80 万元、进项税额 13.6 万元，材料已验收入库；另外，支付购货的运输费用 5 万元和增值税 5 500 元，取得增值税专用发票。则恒天公司 2 月份应交的增值税为：

当期销项税额 = 120 × 17% = 20.4（万元）

当期进项税额 = 13.6 + 0.55 = 14.15（万元）

当期应交增值税 = 20.4 - 14.15 = 6.25（万元）

相关链接

关于进项税额是否能从销项税额中抵扣的有关规定请参看《增埴税暂行条例》。

2. 小规模纳税人企业应纳增值税额的确定。这类企业应纳增值税额实行简易办法计算，即按照销售额和规定的征收率计算确定，不得抵扣进项税额。具体计算公式如下：

应纳增值税额 = 不含税销售额 × 征收率

不含税销售额 = 含税销售额 ÷（1 + 征收率）

【例 8－31】 恒远有限公司为增值税小规模纳税人，适用的增值税征收率为 3%。4 月份公司销售商品取得含税销售额 79 500 元，购进原材料 20 000 元，并发生购货的运输费用 3 000 元。则恒远有限公司 4 月份应交的增值税为：

不含税销售额 = 79 500 ÷（1 + 3%）= 77 184.47（元）

当期应交增值税 = 77 184.47 × 3% = 2 315.53（元）

（二）应交增值税的账务处理

1. 一般纳税人企业应交增值税的账务处理。一般纳税人企业为了核算企业应交增值税的发生、抵扣、交纳、退税及转出等情况，应在“应交税费”账户下设置“应交增值税”、“未交增值税”、“预交增值税”、“待抵扣进项税额”、“待认证进项税额”、“待转销项税

额”、“增值税留抵税额”、“简易计税”、“转让金融商品应交增值税”、“代扣代交增值税”等明细账。在“应交增值税”明细账户内，再设置“进项税额”、“销项税额抵减”、“已交税金”、“转出未交增值税”、“减免税款”、“出口抵减内销产品应纳税额”、“销项税额”、“出口退税”、“进项税额转出”、“转出多交增值税”等专栏。见表8-8。

表8-8　　应交税费——应交增值税

摘要	借方						贷方						
	合计	进项税额	已交税金	减免税款	销项税额抵减	转出未交增值税	合计	销项税额	出口退税	进项税额转出	转出多交增值税	借或贷	余额

一般纳税人企业应交增值税采用的是以当期销项税额抵扣当期进项税额后的余额的方法来计算的，其涉及的账务处理主要有以下几个方面：

（1）一般纳税人销项税额的账务处理。企业销售物资或提供应税劳务时，按实现的营业收入和按规定收取的增值税额之和，借记“应收账款”、“应收票据”、“银行存款”等账户，按专用发票上注明的增值税额，贷记“应交税费——应交增值税（销项税额）”账户，按实现的营业收入，贷记“主营业务收入”等账户。

【例8-32】 恒天公司为增值税一般纳税人企业，适用的增值税税率为17%。7月份对外销售产品取得不含税销售收入400万元，增值税为68万元，款项已存入银行。根据销售增值税专用发票、银行进账单，做账务处理如下：

借：银行存款　　4 680 000

　贷：主营业务收入　　4 000 000

　　应交税费——应交增值税（销项税额）　　680 000

小资料

按照《增值税暂行条例实施细则》的规定，对于企业以下行为，应视同销售货物，计算应交增值税：(1) 将货物交付他人代销；(2) 销售代销货物；(3) 将自产或委托加工的货物用于非应税项目；(4) 将自产、委托加工或购买的货物作为投资，提供给其他单位或个体经营者；(5) 将自产、委托加工或购买的货物分配给股东或投资者；(6) 将自产、委托加工的货物用于集体福利或个人消费；(7) 将自产、委托加工或购买的货物无偿赠送他人。

（2）一般纳税人进项税额的账务处理。

①企业购入物资、接受劳务以及购入符合增值税条例规定的固定资产时，按专用发票上注明的增值税额，借记“应交税费——应交增值税（进项税额）”账户，按专用发票上记载的应当计入成本的金额，借记“在途物资”、“生产成本”、“管理费用”、“委托加工物资”、“固定资产”等账户，按应付或实际支付的金额，贷记“应付账款”、“应付票据”、“银行存款”等账户。购入物资发生退货，采用相反的账务处理。

②企业外购货物所支付的运费应根据运费增值税专用发票所列的增值税额计入进项

税额。

【例8-33】 恒天公司7月份购买原材料一批，增值税专用发票上注明价款为200万元，增值税额为34万元，运输费8万元，增值税额8 800元，取得了增值税专用发票，企业已用银行存款支付以上款项。该材料已验收入库。企业根据增值税专用发票、运输发票、材料入库单、银行转账凭证，做账务处理如下：

借：原材料　　2 080 000（=2 000 000+80 000）

　　应交税费——应交增值税（进项税额）　　348 800（=340 000+8 800）

　　贷：银行存款　　2 428 800

③企业购进免税农业产品可按根据购进农业产品的买价，依13%的扣除率计算进项税额，借记"应交税费——应交增值税（进项税额）"账户，按买价减去按规定计算的进项税额后的差额，借记"在途物资"、"原材料"等账户，按应付或实际支出的价款，贷记"应付账款"、"银行存款"等账户。

【例8-34】 南岗食品制造企业7月份收购农产品，实际支付的价款为150万元，收购的农产品已入库。根据有关采购单据、银行转账凭证作账务处理如下：

进项税额=1 500 000×13%=195 000（元）

材料成本=1 500 000-195 000=1 305 000（元）

借：原材料　　1 305 000

　　应交税费——应交增值税（进项税额）　　195 000

　　贷：银行存款　　1 500 000

④企业发生购进的物资、在产品、产成品发生非正常损失，以及购进物资改变用途等情况时，其相应的进项税额不得抵扣，应转入有关的承担者予以承担，借记"在建工程"、"应付职工薪酬"、"待处理财产损溢"等账户，贷记"应交税费——应交增值税（进项税额转出）"账户。

【例8-35】 7月，恒天公司因管理不善，造成仓库布坯霉烂变质，价值10万元。

- 根据财产盈亏报告表，做账务处理如下：

批准前：借：待处理财产损溢——待处理流动财产损溢　　117 000

　　　　　贷：原材料　　100 000

　　　　　　　应交税费——应交增值税（进项税额转出）　　17 000

批准后：借：管理费用　　117 000

　　　　　贷：待处理财产损溢——待处理流动财产损溢　　117 000

（3）一般纳税人应纳税款的账务处理。

①本月上缴本月的应交增值税，借记"应交税费——应交增值税（已交税金）"账户，贷记"银行存款"账户；

【例8-36】 根据例8-32、8-33、8-35的相关资料，计算恒天公司7月份应交纳的增值税，并以银行存款上交。

当期的销项税额=680 000（元）

当期的进项税额=348 800-17 000=331 800（元）

当期应交增值税=680 000-331 800=348 200（元）

企业根据增值税申报表做账务处理如下：

借：应交税费——应交增值税（已交税金）　　348 200

　　贷：银行存款　　348 200

②月份终了，将本月应缴未缴的增值税自“应交税费——应交增值税”明细账户转入“应交税费——未交增值税”明细账户，借记“应交税费——应交增值税（转出未交增值税）”账户，贷记“应交税费——未交增值税”账户；

③将本月多缴的增值税自“应交税费——应交增值税（转出多交增值税）”明细账户转入“应交税费——未交增值税”明细账户，借记“应交税费——未交增值税”账户，贷记“应交税费——应交增值税（转出多交增值税）”账户；

④本月上缴上期应缴未缴的增值税，借记“应交税费——未交增值税”账户，贷记“银行存款”账户。

2. 小规模纳税人企业应交增值税的账务处理。小规模纳税人企业实行简易办法计算应纳增值税额，只需在“应交税费”账户下开设“应交增值税”子账户来核算企业应缴、已缴及多缴或少缴的增值税。该账户贷方登记应交纳的增值税，借方登记已交纳的增值税，期末余额若在贷方，为企业尚未交纳的增值税；余额若在借方，为企业多交纳的增值税。

小规模纳税人企业应交增值税的账务处理涉及以下三个方面：（1）购入货物无论是否取得增值税专用发票，其支付的增值税额均不计入进项税额，不得从销项税额中抵扣，而应计入购入货物的成本；（2）销售时计算出应交纳的增值税，借记“银行存款”等账户，贷记“主营业务收入”、“应交税费——应交增值税”账户；（3）实际交纳时，借记“应交税费——应交增值税”账户，贷记“银行存款”账户。

【例8－37】 恒远有限公司核定为小规模纳税人，适用的增值税征收率为3%。本期发生以下业务：

• 企业购入原材料一批，取得的专用发票中注明货款30 000元，增值税5 100元，款项以银行存款支付，材料已验收入库。

借：原材料　　35 100

　　贷：银行存款　　35 100

• 企业销售商品一批，所开出的普通发票中注明货款（含税）42 230元，款项已存入银行。

不含税销售额＝含税销售额÷(1＋征收率)＝42 230÷(1＋3%)＝41 000(元)

应纳增值税额＝不含税销售额×征收率＝41 000×3%＝1 230（元）

借：银行存款　　42 230

　　贷：主营业务收入　　41 000

　　　　应交税费——应交增值税　　1 230

• 月末以银行存款上缴增值税1 230元。

借：应交税费——应交增值税　　1 230

　　贷：银行存款　　1 230

三、应交消费税的核算

消费税是指在我国境内生产、委托加工和进口应税消费品的单位和个人，按其流转额交纳的一种税，其课税对象是特定的消费品。

（一）消费税的征税范围和计算方法

1. 根据《消费税暂行条例》规定，我国消费税的征收范围为：在中华人民共和国境内生产、委托加工和进口《消费税暂行条例》规定的消费品。目前确定征收消费税的有烟、酒、化妆品、护肤护发品、贵重首饰及珠宝玉石、鞭炮、烟火、汽油、柴油、汽车轮胎、摩托车、小汽车等商品。

2. 消费税应纳税额的计算分为从价定率和从量定额两类计算方法。

（1）在从价定率计算方法下，应纳税额的计算取决于应税消费品的销售额和适用税率两个因素。其基本计算公式为：

应纳税额 = 应税消费品的销售额 × 适用税率

（2）在从量定额计算方法下，应纳税额的计算取决于应税消费品的销售数量和单位税额两个因素。其基本计算公式为：

应纳税额 = 应税消费品的销售数量 × 单位税额

（二）应交消费税的账务处理

交纳消费税的企业，应在“应交税费”账户下设置“应交消费税”明细账户进行核算。该账户贷方登记应交纳的消费税，借方登记已交纳的消费税，期末余额若在贷方为尚未交纳的消费税，余额若在借方为多交纳的消费税。

1. 销售、对外股权投资应税消费品的账务处理。消费税实行价内征收，企业交纳的消费税，应借记“税金及附加”、“其他业务成本”等账户，贷记“应交税费——应交消费税”账户；实际交纳消费税时，借记“应交税费——应交消费税”账户，贷记“银行存款”账户。退税时，做相反的账务处理。

2. 委托加工应税消费品的账务处理。需要交纳消费税的委托加工物资，于委托方提货时，由受托方代收代缴税款（除受托加工或翻新改制金银首饰按规定由受托方交纳消费税外）。委托加工物资收回后，直接用于销售的，应将代收代缴的消费税计入委托加工物资的成本，借记“委托加工物资”等账户，贷记“应付账款”、“银行存款”等账户；委托加工物资收回后用于连续生产的，按规定准予抵扣的，应按代收代缴的消费税，借记“应交税费——应交消费税”账户，贷记“应付账款”、“银行存款”等账户。

【例 8－38】 金辉摩托车制造厂向恒远有限公司销售所生产的摩托车一批，不含税的销售价款 50 万元，货款尚未收到。摩托车的增值税税率为 17%，适用的消费税税率 10%。有关的账务处理如下：

• 销售时：

借：应收账款——恒远公司	585 000	
贷：主营业务收入		500 000
应交税费——应交增值税（销项税额）		85 000

• 计算应交纳的消费税时：

应纳消费税额 = 500 000 × 10% = 50 000（元）

借：税金及附加	50 000	
贷：应交税费——应交消费税		50 000

- 用银行存款实际上缴消费税时：

借：应交税费——应交消费税　　50 000

　贷：银行存款　　50 000

四、应交资源税的核算

（一）资源税的征税范围和计算方法

资源税是指对于自然资源开发过程中因资源条件不同形成的级差收入所征收的一种税。其纳税人是在我国境内开采规定的矿产品或者生产盐的单位和个人，征收的范围包括原油、天然气、煤炭、其他非金属矿原矿、黑色金属矿原矿、有色金属矿原矿、盐等。资源税采取从量计征的方法。计算公式如下：

应纳税额＝课税数量×单位税额

其中，开采或者生产应税产品进行销售的，课税数量为销售数量；开采或者生产应税产品自用的，课税数量为自用数量。

（二）应交资源税的账务处理

为了核算资源税的应缴及实缴情况，企业应在“应交税费”账户下设置“应交资源税”账户，贷方登记应缴的资源税，借方登记企业已缴的或按规定允许抵扣的资源税，期末余额若在借方，为企业多缴或尚未抵扣的资源税；余额若在贷方，为企业尚未交纳的资源税。

具体的账务处理涉及以下四个方面：

1. 销售应税产品，按规定计算出应交纳的资源税时：借记“税金及附加”账户，贷记“应交税费——应交资源税”账户；

2. 自产自用应税产品，按规定计算出应交纳的资源税时：借记“生产成本”、“制造费用”等账户，贷记“应交税费——应交资源税”账户；

3. 收购未税矿产品时，收购单位为资源税的扣缴义务人：借记“原材料”等账户，贷记“银行存款”、“应交税费——应交资源税”账户；

4. 实际交纳时：借记“应交税费——应交资源税”账户，贷记“银行存款”账户。

五、应交所得税的核算

企业所得税是指国家对境内企业生产、经营所得和其他所得依法征收的一种税。它是国家参与企业利润分配的重要手段。企业的生产、经营所得和其他所得，依照有关所得税暂行条例及其细则的规定需要交纳所得税。

六、应交城市维护建设税的核算

城市维护建设税是国家为了加强城市的维护建设，扩大和稳定城市维护建设资金的来源，而开征的一种附加税，以纳税人实际交纳的增值税和消费税的税额为计税依据，按照规定计算征收。企业只要本期交纳增值税、消费税，就必须交纳城市维护建设税。

企业应设置“应交税费——应交城市维护建设税”账户，对应缴和已缴的城市维护建设税进行核算，该账户贷方登记应交纳的城市维护建设税，借方登记已交纳的城市维护建设税。期末贷方余额为尚未交纳的城市维护建设税。具体的账务处理涉及以下两个方面：

(1) 企业按规定计算应交城市维护建设税时，借记“税金及附加”账户，贷记“应交税费——应交城市维护建设税”账户；(2) 实际交纳时，借记“应交税费——应交城市维护建设税”账户，贷记“银行存款”账户。

【例 8－39】 12 月末，恒天公司当期实际上缴的增值税为 50 000 元，适用的城市维护建设税税率为 7%。账务处理如下：

- 计算应交纳的城市维护建设税时：

借：税金及附加　　3 500

　　贷：应交税费——应交城市维护建设税　　3 500 (50 000 ×7%)

- 用银行存款实际上缴时：

借：应交税费——应交城市维护建设税　　3 500

　　贷：银行存款　　3 500

七、应交房产税、土地使用税、车船使用税、印花税的核算

(一) 应交房产税、土地使用税、车船使用税的核算

房产税是国家对城市、县城、建制镇和工矿区征收的由产权所有人交纳的一种税，它是以房产为征税对象，依据房产价格或房产租金收入向房主所有人或经营人征收。

土地使用税是国家为了合理利用城镇土地，调节土地级差收入，提高土地使用效益，加强土地管理而开征的一种税，以纳税人实际占用的土地面积为计税依据，依照规定税额计算征收。

车船使用税是指国家对于行驶于境内公共道路的车辆和航行于境内河流、湖泊或领海的船舶，依法征收的一种税，拥有并且使用车船的单位和个人都要按照规定税额计算交纳。

为了核算房产税、土地使用税、车船使用税的应缴及实缴情况，应分别设置“应交税费——应交房产税”、“应交税费——应交土地使用税”、“应交税费——应交车船使用税”账户，账户贷方登记应交纳的房产税、土地使用税、车船使用税，借方登记已交纳的房产税、土地使用税、车船使用税，期末贷方余额为尚未交纳的房产税、土地使用税、车船使用税。

应交房产税、土地使用税、车船使用税的账务处理涉及以下两个方面：

1. 企业按规定计算应交房产税、土地使用税、车船使用税时：借记“税金及附加”账户，贷记“应交税费——应交房产税”、“应交税费——应交土地使用税”、“应交税费——应交车船使用税”账户；

2. 企业实际交纳时：借记“应交税费——应交房产税”、“应交税费——应交土地使用税”、“应交税费——应交车船使用税”账户，贷记“银行存款”账户。

【例 8－40】 12 月末，恒天公司当期按规定税率计算，应交纳房产税 2 000 元、土地使用税 3 200 元、车船使用税 6 400 元。有关账务处理如下：

- 计算应交房产税、土地使用税、车船使用税时：

借：税金及附加　　11 600

　　贷：应交税费——应交房产税　　2 000

　　　　　　　　——应交土地使用税　　3 200

　　　　　　　　——应交车船使用税　　6 400

- 用银行存款实际上缴时：

借：应交税费——应交房产税　　2 000

——应交土地使用税　　3 200

——应交车船使用税　　6 400

贷：银行存款　　11 600

（二）应交印花税的核算

印花税是对经济活动和经济交往中书立、使用、领受具有法律效力的凭证的单位和个人征收的一种税，凡发生上述行为的单位和个人都要按规定交纳。印花税实行由纳税人根据规定自行计算应纳税额、购买并一次贴足印花税票的交纳方法，不需要汇算清缴，因此企业交纳的印花税不通过“应交税费”账户核算。

具体的账务处理是，企业于购买印花税票时：借记“税金及附加”账户，贷记“库存现金”或“银行存款”账户。

注意：并不是企业交纳的所有税费都通过“应交税费”账户核算，企业发生的印花税、耕地占用税以及其他不需要预计应交数的税费，不通过“应交税费”账户核算。

【例8－41】 12月末，恒天公司因业务需要，开出支票到当地税务局购买印花税300元。有关账务处理如下：

借：税金及附加　　300

　贷：银行存款　　300

想一想：

如一次购买印花税金额较大，并且不是一次使用的，可不可以先记入“待摊费用”，使用时再转入“税金及附加”？

八、教育费附加的核算

教育费附加是指按照增值税、消费税税额的一定比例（目前为3%，地方教育附加2%）计算并上缴给国家的一种专门用于教育事业的款项。企业应设置“应交税费——应交教育费附加”账户进行核算。

具体的账务处理涉及以下两个方面：

1. 计算应交教育费附加时：借记“税金及附加”账户，贷记“应交税费——应交教育费附加”账户；

2. 实际交纳时：借记“应交税费——应交教育费附加”账户，贷记“银行存款”账户。

【例8－42】 恒天公司2017年10月底，根据当月交纳的增值税35 000元计算并交纳教育费附加1 750元。相关的账务处理如下：

- 计算应交教育费附加时：

借：税金及附加　　1 750

　贷：应交税费——教育费附加　　1 750

- 用银行存款实际上缴时：

借：应交税费——教育费附加　　1 750

　贷：银行存款　　1 750

小测试

除了教育费附加是根据增值税和消费税税额的一定比例计算外，还有哪一种税也是根据增值税和消费税税额的一定比例计算的？

“公车私用”的个税处理

第九章 长期负债

为了扩大生产规模，恒天公司拟增加一条生产线。为筹集资金，公司有两个方案待选择：一是向银行取得超过一年的借款；二是采用分期付款方式购买新设备。

学完本章，请分析两种方案有何不同。

学习目标

- □ 理解长期负债的概念和特点
- □ 掌握长期借款的核算，重点掌握借款费用的账务处理
- □ 掌握长期应付款的账务处理

第一节 长期负债概述

一、长期负债的概念

长期负债，是指偿还期在一年或者超过一年的一个营业周期以上的负债，包括长期借款、应付债券、长期应付款等。它是企业筹集（融通）资金的一种重要方式。长期负债除具有负债的共同特征外，与流动负债相比，还具有债务金额大、偿还期限长、可以分期偿还等特点。

二、举借长期负债对企业的影响

企业为了扩大生产经营规模、增加固定资产、对外进行长期投资等，往往需要取得大量的长期资金。这些仅依靠企业拥有的经营资金通常是无法满足的，若等待企业积累的留存收益则又可能丧失良机。这时，企业可以通过向外举借长期负债或吸收投资来筹集所需资金。举借长期负债对企业有以下方面的影响：

（一）举借长期负债对企业的有利影响

1. 举借长期负债不影响投资者投资比例或企业原有的股权结构，有利于保持投资者对被投资企业实施控制或重大影响的能力。

2. 当举债经营的投资利润率高于长期负债的利率时，举借长期负债可使投资者利用借入资金增加自己的投资收益。

3. 举借长期负债可在一定程度上降低企业筹资成本。举借长期负债产生的利息作为一项费用支出，可以在计算所得税时从利润总额中扣减，有着抵税功效，从而相对降低了企业的筹资费用。

（二）举借长期负债对企业的不利影响

1. 当长期负债的利率高于举债经营的投资利润率时，举借长期负债将会减少投资者的利益。

2. 举借长期负债产生的利息费用，无论企业盈利还是亏损都要按约定支付，可能会成为企业财务上的沉重负担。

3. 举借长期负债会给企业带来较大的财务风险。长期负债一般有确定的到期日，如果到期企业无法及时支付利息或按期偿还本金，债权人的要求权可能迫使企业进行破产清算。

三、长期负债的分类

1. 长期负债按照筹集方式不同划分为四类：

（1）长期借款：企业向金融机构或其他单位借入的偿还期在一年以上的各种款项。

（2）应付债券：企业为了筹集长期资金，按照法定程序经批准向社会公众发行的长期债权债务凭证。

（3）长期应付款：企业由于引进设备、融资租入固定资产等而产生的长期应付款项。

（4）专项应付款：企业从国家的有关部门获得的用于项目研究、技术开发和技术改造等专项资金，在项目研究、技术开发、技术改造尚处于研究开发过程中未结转以前形成的负债。

2. 长期负债按照偿还方式不同划分为两类：

（1）定期偿还的长期负债：在规定的债务到期日一次偿还的负债。

（2）分期偿还的长期负债：在举债期间内，按照合同约定分若干次偿还的负债。

第二节　长期借款的核算

一、长期借款的含义

长期借款，是指企业从银行或其他金融机构借入的期限在一年以上（不含一年）的各种借款。一般用于固定资产的购建、改扩建工程、大修理工程以及流动资产的正常需要等方面。

二、借款费用的处理

（一）借款费用的内容

借款费用，是指企业因借款而发生的利息、折价或者溢价的摊销和辅助费用，以及因外币借款而发生的汇兑差额。它反映的是企业借入资金所付出的代价。

1. 利息。因借款而发生的利息，包括企业从银行或者金融机构等借入资金发生的利息，发行债券而发生的利息，以及为购建固定资产而发生的带息债务应当承担的利息等。

2. 折价或溢价的摊销。因借款而发生的折价或溢价主要是指发行公司债券所发生的折价或溢价。企业每期摊销的折价或溢价实质上是对债券利息的调整。因此，因借款而发生的折价或溢价的摊销也属于借款费用的范畴。

3. 辅助费用。因借款而发生的辅助费用是指企业在借款过程中发生的诸如手续费、佣金、印刷费、承诺费等费用。由于这些费用是因安排借款而发生的，故也属于借入资金所付出的代价，从而构成借款费用的组成部分。

4. 汇兑差额。因外币借款而发生的汇兑差额是指由于汇率变动导致市场汇率与账面汇率出现差异，从而对外币借款本金及利息的记账本位币金额所产生的影响金额。

（二）借款费用的处理

借款费用中利息费用应按照借款本金和借款的合同利率在应付利息日计提利息费用，计入相关资产成本或财务费用。

经过一年期以上的制造才能达到预定可销售状态的存货发生的借款费用，也计入存货的成本。

为购建固定资产而发生借款的借款费用的处理：

1. 在符合资本化的条件时至固定资产达到预定可使用状态前发生的借款费用，应予以资本化，计入相关固定资产的成本：

借：在建工程

　　贷：应付利息（或银行存款）

2. 在固定资产达到预定可使用状态后发生的借款费用，应于发生时计入当期财务费用：

借：财务费用

　　贷：应付利息

长期借款的业务流程及涉及的原始凭证见图 9－1。

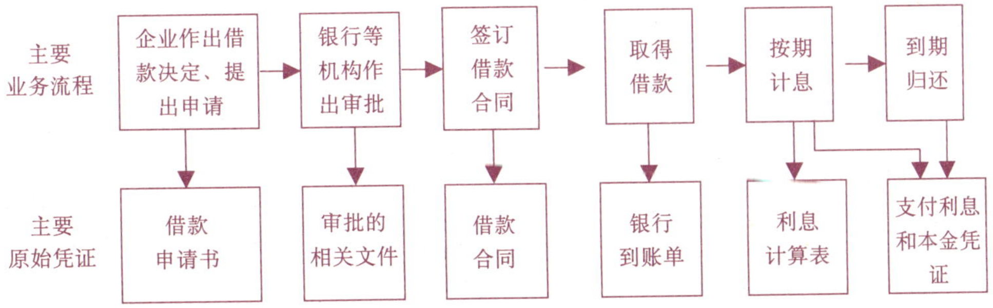

图 9－1　长期借款业务流程及凭证

三、长期借款的账务处理

企业应设置"长期借款"账户来核算长期借款的取得和归还情况，该账户贷方登记取得的长期借款本金，借方登记归还的本金，期末贷方余额反映企业尚未归还的本金。"长期借款"账户一般按借款的种类或用途设置明细账，进行明细核算。

长期借款的账务处理涉及以下三个方面：（1）企业借入各种长期借款时，借记"银行存款"账户，贷记"长期借款"账户；（2）计算利息时，借记"在建工程"或"财务费用"账户，贷记"应付利息"账户；（3）归还借款本息时，借记"长期借款"、"应付利息"账户，贷记"银行存款"账户。

【例9－1】 恒天公司2017年4月30日向工商银行借入资金100万元，期限2年，年利率6%，款项已存入银行，本息于到期日一次支付。该借款用于购买经营所需的一台设备，价款95万元，安装费用为5万元，均用银行存款支付，设备已于2017年5月15日验收交付使用。2019年4月30日归还长期借款的本金和利息共计112万元。有关的账务处理如下：

- 2017年4月30日取得借款时：

借：银行存款　　1 000 000
　　贷：长期借款　　1 000 000

- 支付设备款和安装费时：

借：在建工程　　1 000 000
　　贷：银行存款　　1 000 000

- 计算利息时：恒天公司于4月30日借入款项，5月15日设备验收交付使用，因此在4月30日至5月15日间发生的利息应当予以资本化，计入固定资产的成本，5月15日以后发生的利息则应当计入当期损益。

①2017年5月份的利息＝1 000 000×6%÷12＝5 000（元）

其中，应计入固定资产成本的利息金额＝5 000÷2＝2 500（元）

借：在建工程　　2 500
　　贷：应付利息　　2 500

结转固定资产时：

借：固定资产　　1 002 500
　　贷：在建工程　　1 002 500

应计入财务费用的金额＝5 000÷2＝2 500（元）

借：财务费用　　2 500
　　贷：应付利息　　2 500

②2017年6月至2019年4月每个月计算利息时（1 000 000×6%÷12＝5 000元）：

借：财务费用　　5 000
　　贷：应付利息　　5 000

- 2019年4月30日归还该笔长期借款的本金和利息112万元时：

借：长期借款　　1 000 000
　　应付利息　　120 000
　　贷：银行存款　　1 120 000

第三节 应付债券和长期应付款的核算

一、应付债券

（一）应付债券的含义

应付债券，是指企业依照法定程序发行，约定在一定期限内还本付息的具有一定价值的债券。应付债券构成企业的一项非流动负债。

债券发行有面值发行、溢价发行和折价发行三种情况：企业债券按其面值价格发行，称为“面值发行”；以低于其债券面值价格发行，称为“折价发行”；以高于其债券面值价格发行，称为“溢价发行”。

（二）应付债券的账户设置及账务处理

企业应设置“应付债券”账户，核算应付债券的发行、计提利息、还本付息等情况，贷方登记应付债券的本金和利息；借方登记归还的债券本金和利息；期末余额在贷方，表示企业尚未偿还的长期债券的本息。本账户可按“面值”、“利息调整”、“应计利息”等设置明细账户。

1. 发行债券时：

（1）面值发行：

借：银行存款

　　贷：应付债券——面值

（2）溢价发行：

借：银行存款

　　贷：应付债券——面值

　　　　　　　　——利息调整

（3）折价发行：

借：银行存款

　　应付债券——利息调整

　　贷：应付债券——面值

2. 债券利息确认时：

（1）面值发行：

借：在建工程等

　　贷：应付债券——应计利息（面值×票面利率）

（2）溢价发行：

借：在建工程等

应付债券——利息调整（票面利息与实际利息的差额）

贷：应付债券——应计利息

（3）折价发行：

借：在建工程等

贷：应付债券——利息调整

——应计利息

3. 债券还本付息时：

借：应付债券——面值

——应计利息

贷：银行存款

二、长期应付款

（一）长期应付款的含义

长期应付款，是指企业除长期借款和应付债券以外的其他各种长期应付款项，包括应付融资租入固定资产的租赁费、以分期付款方式购入固定资产发生的应付款项等。

（二）长期应付款的账务处理

企业应设置“长期应付款”账户来核算长期应付款的发生和归还情况，该账户的贷方登记发生的长期应付款，借方登记归还的长期应付款，期末贷方余额表示企业尚未偿付的各种长期应付款。“长期应付款”账户应按长期应付款的种类设置明细账，进行明细分类核算。

1. 应付融资租赁款。（参见第五章第二节相关内容）

2. 具有融资性质的延期付款。企业购买资产有可能延期支付价款。如果延期支付的购买价款超过正常信用购买价款条件，实质上具有融资性质的，所购资产的成本应当以延期支付购买价款的现值为基础确定。实际支付的价款与购买价款的现值之间的差额，应当在信用期间内采用实际利率法进行摊销计入相关资产的成本或当期损益。

应付债券的核算

第十章
费用和生产成本

恒天公司在生产西服时，需要领用材料、支付员工工资、发生各项费用（如水电费、办公费等）。这其中有些费用为产品生产服务，有些则是管理部门发生的。这些由不同部门发生的费用该如何归集呢？

学习目标

- □ 理解费用和生产成本的概念、分类，理解生产成本核算的基本要求
- □ 掌握各要素费用归集和分配的核算
- □ 掌握综合性费用的归集和分配的核算，重点掌握辅助生产费用的分配方法
- □ 理解在产品的含义，掌握生产费用在完工产品和在产品之间的分配方法，重点掌握约当产量法

第一节　费用和生产成本概述

一、费用和生产成本的概念

费用，是指企业为销售商品、提供劳务等日常活动所发生的经济利益的流出，在工业企业中通常称之为“生产经营费用”。为生产产品发生的生产经营费用称为“生产费用”，不能直接归属于某个特定产品成本的费用称为“期间费用”。企业按一定品种和数量的产品归集的生产费用称为“产品成本”，其中，直接材料、直接人工、制造费用构成产品成本的项目。图 10－1 反映了费用与生产

- 费用
  - 生产费用
    - 直接费用
      - 直接材料
      - 直接工资
      - 其他直接费用
    - 间接费用：制造费用
  - 期间费用
    - 管理费用
    - 销售费用
    - 财务费用

图 10－1　费用构成

成本的关系。

特别提示：

1. 记住三个概念：费用、生产费用、产品成本；
2. 区分两个关系：费用与生产费用；生产费用与产品成本；
3. 明确三个项目：直接材料、直接人工、制造费用。

二、费用的分类

为正确计算产品成本和期间费用，需要按一定标准对企业发生的费用进行分类。目前常用的有按费用的经济内容、费用的经济用途及费用与产品产量的关系三种分类标准。

（一）费用按经济内容分类

费用按经济内容分类，又称按费用的经济性质分类，分类的结果指明了企业发生的是什么费用，具体表现为企业的费用要素。工业企业的生产经营管理费用可分为以下九个费用要素：

1. 外购材料，是工业企业为从事生产经营而耗用的一切从外部购进的原料及主要材料、辅助材料、半成品、包装物、低值易耗品、修理用备件等。

2. 外购燃料，是工业企业为从事生产经营而耗用的一切从外部购进的各种燃料，如焦炭、汽油、石油液化气等。

3. 外购动力，是工业企业为从事生产经营而耗用的一切从外部购进的各种动力。如电力、蒸汽等。

4. 工资，是工业企业全体职工的工资。

5. 职工福利费，是工业企业实际发生的或按照职工工资的一定比例提取的职工福利费。

6. 折旧费，是工业企业按照规定的折旧方法计算的固定资产折旧。

7. 利息支出，是工业企业因向金融机构存贷款而发生的利息收入与利息支出的差额。

8. 税金，是工业企业从事生产经营管理活动而计入经营管理费用中的各种税金，主要包括印花税、房产税、车船使用税等。

9. 其他支出，是工业企业在生产经营过程发生的、不包括在以上八种费用要素中的费用，如水电费、邮电费、差旅费、报刊费、租赁费、外部加工费、招待费等等。

以上划分的费用要素，可以说明企业一定时期内发生了哪些耗用，数额是多少，便于企业分析各个时期各种费用的支出结构和水平，并为企业制定有关定额和计划提供资料。但这种分类不能反映费用的经济用途，不便于分析费用的开支是否合理。例如，工资费用要素只反映企业一定时期发生的工资总额，而这些工资中，哪些是为生产产品发生、哪些是为车间管理发生、哪些是为行政管理发生、哪些专为销售发生却未能体现，因此，为便于成本费用的计算，还应按费用的经济用途进行分类。

（二）费用按经济用途分类

费用按经济用途分类，顾名思义是指费用在生产经营过程中是干什么用的，其首先应分为计入产品成本的生产费用和不计入产品成本的期间费用（可参看图 10－1）。

1. 计入产品成本的生产费用。

（1）直接材料，指直接用于产品生产且构成产品实体的原料及主要材料、外购半成品、包装物，直接用于产品生产的燃料和动力以及有助于产品形成的辅助材料等。

（2）直接人工，指直接参加产品生产的生产工人的工资及其实际发生或按其工资的一定比例提取的职工福利费。

（3）制造费用，指间接用于产品生产而发生的各项费用，主要为基本生产车间或分厂范围内发生的生产费用。

以上按经济用途分类计入产品成本的生产费用称为产品成本项目。工业企业可结合自身生产特点和成本管理要求，对以上成本项目进行适当调整。例如，如果燃料和动力费用在产品成本中占比例较大或需要单独核算，企业应单设“燃料和动力”成本项目；如果企业废次品发生率较高，废品损失需要单独核算，企业则应开设“废品损失”成本项目；同样领用自制半成品较多的企业也可开设“自制半成品”成本项目等等。

2. 不计入产品成本的期间费用。

（1）管理费用，指企业行政管理部门为组织和管理生产经营活动而发生的费用，包括小企业在筹建期间内发生的开办费、行政管理部门管理人员的工资及福利费、办公费、差旅费、折旧费、水电费、修理费、低值易耗品摊销、无形资产摊销、业务招待费、劳动保险费及税金等。

（2）销售费用，指企业在销售产品或提供劳务过程中发生的各项费用，包括广告费、运输费、装卸费、展览费以及专设销售机构的经常费用等。

（3）财务费用，指企业为筹集生产经营资金而发生的各项费用，包括银行借款利息支出、汇兑损益及金融机构手续费等。

（三）按费用与产品产量的关系分类

1. 变动费用，指费用总额随产品产量变化而变动的费用，如构成产品实体的原材料费用、与产量有关的燃料动力费用以及生产工人的计件工资等。

2. 固定费用，指在一定的产量范围内，费用总额不随产品产量的变化而变动的费用，如管理人员的工资、直线法下的固定资产折旧、长期借款的利息支出等。

将费用划分为变动费用和固定费用，有利于企业寻求降低产品成本、节约费用的途径。降低变动费用主要应降低单位产品的消耗；降低固定费用则应减少费用的绝对额和提高产量。事实上，在产品消耗定额确定的情况下，变动费用是不变的，固定费用则会随着产量的变化，每一单位产品分摊的固定费用会发生变化，从而发挥规模效益的作用。

费用分类小结：

☐ 按内容分：是什么——费用要素——材料、工资、折旧等九类

☐ 按用途分：干什么 { 计入产品成本——成本项目
计入当期损益——期间费用

三、费用和生产成本核算的要求

费用和生产成本核算是工业企业会计核算的中心内容，是费用和成本管理的重要环节。

为充分发挥费用和生产成本核算在企业节约费用支出、降低产品成本、提高经济效益等方面的作用，对费用和生产成本核算提出以下要求：

（一）加强对费用成本的审核和控制

企业应严格按照国家有关会计法规、会计准则的规定进行费用确认；合理确定和审核成本开支的范围；加强费用和成本的预算管理；做好费用成本的事前预测、事中控制、事后考核及分析总结工作。

（二）做好费用成本核算的各项基础工作

为保证费用和成本计算的真实性和正确性，必须做好有关费用成本核算的各项基础性工作。

1. 做好与费用成本核算有关的原始记录。原始记录是反映企业生产经营活动的原始资料，它是归集分配生产经营管理费用、计算产品成本、进行费用成本分析、考核消耗定额执行情况的直接依据。因此，企业对材料的领用；动力和工时的消耗；工资、水电等各项费用的开支；废品的发生以及半成品、在产品的内部转移；产成品入库等，都要按规定填制相关单据或凭证，并及时审核和传递，为费用成本核算提供真实、完整的原始依据。

2. 做好材料物资的计量、收发、领退和盘点工作。材料物资是产品成本的重要组成内容，其计量正确与否、账物是否相符直接影响产品成本计算的准确性，也影响到企业相关的决策。因此，企业必须建立健全材料物资的计量、收发、领退和清查制度，使企业材料物资的收发、领退，半成品和在产品的内部转移和产成品的完工入库，均应严格计量，并办理必要的凭证和手续。

3. 建立和健全定额管理制度。产品消耗定额是企业领用各种材料物资、耗用生产工时、控制费用开支等所应遵守的标准，也是审核和控制成本的标准，有些定额还可以用来作为分配费用的标准。因此，企业应及时做好产品消耗定额的制定和修订，建立和健全定额管理制度，对正确计算产品成本、搞好成本管理具有积极的作用。

4. 制定和修订厂内计划价格。在实行内部经济责任制的企业中，为了分清企业内部各单位的经济责任，分析、考核各单位成本计划的执行情况，要对内部各单位相互提供的材料、半成品、劳务等制定厂内计划价格，作为内部结算和考核的依据。同时，厂内计划价格还可简化和加速成本费用的核算工作。

请思考：

某服装制造公司的下列工作属于上述基础工作中的哪一项：

1. 生产部下达生产任务，开出订单，通知仓库备料，车间领料，准备生产；
2. 技术部制定出每套服装耗用的布料和生产工人的工时；
3. 制定车间领料、退料（含假退料）及材料管理的有关规定；
4. 公司制定将服装转到本公司所属商场销售的内部转移价格。

（三）正确划分各种费用支出的界限

1. 划清应计入成本费用和不应计入成本费用的界限。企业发生的支出并非都可以计入生产经营管理费用，应按企业会计准则或制度的有关的规定，正确划清应计入成本费用和不应计入成本费用的界限。

工业企业按照成本开支范围的规定，应计入成本费用的有：

（1）生产经营过程中实际消耗的原材料、辅助材料、备品配件、外购半成品、燃料、动力、包装物原价及运输、装卸、整理等费用。

（2）企业直接从事产品生产人员的工资和福利费。

（3）固定资产折旧费、租赁费、修理费和低值易耗品的摊销费等。

（4）其他为组织管理生产经营活动发生的制造费用、管理费用、财务费用和销售费用。

其中，制造费用可计入产品成本；管理费用、财务费用和销售费用不能计入产品成本，只能作为期间费用，冲减当期损益。

企业发生的下列开支，不应计入成本费用的有：

（1）购置和建造固定资产的支出，购入无形资产和其他资产的支出。

（2）对外的投资以及分配给投资者的利润。

（3）被没收的财物以及违反法律规定而交付的各项滞纳金、罚款及企业自愿赞助、捐赠的支出。

（4）在公积金、公益金中开支的支出。

（5）国家法律、法规规定以外的各种付费。

（6）国家规定不得列入成本费用的其他支出。

2. 划清生产费用与期间费用的界限。工业企业的费用按经济用途划分为生产费用和期间费用两大类。生产费用构成产品成本，期间费用则计入当期损益。为了正确地计算产品成本、核算当期损益，应按费用的用途划清生产费用和期间费用的界限。

3. 划清各个月份之间费用的界限。为了按月核算产品成本和期间费用，正确计算各月损益，企业应根据权责发生制原则和收入与费用相配比的原则，划清本月成本费用与下月成本费用的界限。应由本月负担的费用，应该全部计入本月成本费用；不应由本月负担的费用，则不应计入本月成本费用。具体而言，对于本月份支付、但属于本月及以后各月受益的费用，应作为待摊费用或长期待摊费用，在各月间合理分摊计入产品成本或期间费用；对于本月虽未支付、但本月已经受益、应由本月负担的费用，应作为预提费用，预先提取，计入本月的产品成本或期间费用中。

4. 划清各种产品之间的费用界限。为正确计算各种产品成本，企业必须将应由本月产品负担的生产费用在各种产品之间进行划分，即凡属于某种产品单独发生、可以直接计入该产品的费用，均应直接计入该产品的成本中；凡属几种产品共同发生、不能直接计入某种产品的费用，则需采用适当的方法在几种产品中分配。

5. 正确划分完工产品与在产品费用的界限。月末，企业按一定量的产品所归集的生产费用，对于全部完工的产品而言，为完工产品的成本；对于全部未完工的产品而言，为在产品成本；对于既有完工产品又有在产品的情况而言，则所归集的生产费用应采用适当的分配方法，在本月完工产品和月末在产品之间进行分配，以求得完工产品成本和月末在产品成本。

（四）正确确定财产物资计价和价值的结转方法

企业的生产经营过程也是各种劳动的耗费过程。在各种劳动耗费中，财产物资的耗费占有相当的比重。因此，财产物资的计价和价值结转方法恰当与否也会影响成本费用的计算。对于财产物资计价和价值结转，企业选择的方法有很多，如材料按实际成本计价核算中，发出材料成本的计算方法有先进先出法、加权平均法、个别计价法等；与固定资产有关的，如固定资产原值的计算方法、折旧方法、折旧率的种类、修理费用的摊提方法以及摊提期限长短等。为了正确地计算产品成本和期间费用，都应根据实际情况确定既合理又核算简便的方法。核算方法一经确定，一般不能随意变动，以保证成本信息的可比性。

> **帮助记忆：**
>
> 费用划分界限
>
> - 计入成本费用与不计入成本费用之间；
> - 生产费用与期间费用之间；
> - 不同月份之间；
> - 不同产品之间；
> - 完工产品与在产品之间。

（五）确定成本计算方法

成本计算方法是由成本计算对象决定的。所谓成本计算对象，就是指成本的承担者，也就是为计算成本而确定的归集生产费用的对象，如某一品种产品、某一批别产品、某一步骤产品等，都可作为成本计算对象。因此，也形成了产品成本计算方法的三种基本方法，即品种法、分批法和分步法。

（六）正确确定成本费用核算工作的组织形式

根据企业生产规模的大小，费用成本核算工作的组织形式通常有集中核算（又称厂部一级核算）和分散核算（又称厂部、车间两级核算）两种组织形式。前者把全厂的费用成本核算工作集中在企业财会部门进行；后者把生产费用核算工作分散在车间进行，企业财会部门只进行全厂产品成本的汇总和期间费用，以及某些不便于分散进行的核算工作。企业应根据自身规模的大小和成本管理要求来正确确定费用成本核算工作的组织形式。

四、成本核算的一般程序

成本核算的一般程序就是将生产经营过程中发生的各项费用，按照成本核算的要求，逐步进行归集和分配，最后计算出各种产品的成本和各项期间费用的过程。工业企业成本核算的一般程序归纳如下：

1. 审核和控制企业的各项费用。企业必须对在生产经营过程中发生的各项费用支出进行严格地审核和控制，按国家的有关规定确定其开支范围，并进一步确定应计入产品成本还是计入期间费用。

2. 正确处理企业发生的跨期摊提费用。企业必须按照权责发生制的原则，对以前月份发生的费用进行摊销，对目前尚未支付、但已经受益（或发生）需负担的费用进行预提，以正确划分各月份之间费用的界限。

3. 将应计入本期产品成本的费用在各种产品间进行分配。在正确处理了费用的跨期摊提工作以后，企业应将由本期负担的生产费用在各种产品之间按照成本项目进行归集和分配。

4. 将归集的生产费用在完工产品与月末在产品之间进行分配。月末，企业应将按成本对象归集的生产费用按一定的方法在完工产品和在产品之间进行分配，从而计算出产品的完工成本和月末在产品成本。

5. 编制产品成本计算单。月末，企业应将按一定方法和一定对象计算的完工产品成本汇总编制产品成本计算单，计算出企业一定品种的产品的完工总成本和单位成本，从而达到成本核算的直接目的和要求。

五、费用和生产成本核算的账户设置

（一）总分类账户的设置

1. “生产成本”账户。用来核算企业生产各种产品在生产过程中所发生的各项生产费用，并据以确定产品实际生产成本。该账户借方登记企业为进行基本生产和辅助生产而发生的各项费用；贷方登记完工入库的产品成本及辅助生产费用结转数；期末余额一般在借方，表示月末在产品成本及尚未分配的辅助生产费用。该账户下设置“基本生产成本”、“辅助生产成本”两个明细分类账户。

2. “制造费用”账户。用来核算基本生产车间范围内为生产产品发生的各项间接费用。借方登记企业为生产产品发生的各项间接费用，如基本车间范围内发生的工资和福利费、折旧费、修理费、机物料消耗、劳动保护费、水电费、办公费、季节性和修理期间的停工损失等；贷方登记分配计入有关成本计算对象的费用（一般为“生产成本——基本生产成本”）；除季节性生产外，本账户期末无余额。该账户应按车间、部门设置明细账。

特别提示：对于规模较小的企业，辅助生产车间的间接费用数额不大，为简化核算，其所发生的间接费用直接列入“生产成本——辅助生产成本”账户核算。

（二）明细分类账户的设置

“生产成本”总分类账户下设置“基本生产成本”、“辅助生产成本”两个明细分类账户。

1. “基本生产成本”明细分类账户是用来核算企业进行产品生产发生的各项生产费用及计算产品成本而设立的明细账户。该账户的借方登记企业为进行产品生产而发生的各项费用；贷方登记完工入库的产品成本；期末余额在借方，表示月末在产品成本。该账户按产品品种或产品批别、生产步骤等成本计算对象开设多栏式生产成本明细账，格式见第十一章表11－5。

2. “辅助生产成本”明细分类账户是用来核算辅助生产所发生的各项费用。计算辅助生产产品成本和劳务成本而设立的明细账户。该账户借方登记为进行辅助生产而发生的各项费用；贷方登记完工入库的辅助产品成本和分配转出的劳务费用；期末如有借方余额，表示辅助生产在产品的成本。该账户可按辅助生产车间、辅助生产的产品或提供的劳务名称开设多栏式辅助生产明细账。

第二节　要素费用的核算

企业发生的各项要素费用应按会计核算的要求定期归集，并按其用途和一定的标准进行分配。工业企业需要归集和分配的要素费用主要有材料、外购动力、工资及福利、折旧及其他费用（前面提到的九类）。各项要素费用的归集和分配都应根据要素费用原始资料编制相应的费用分配表，并据以编制记账凭证（会计分录），登记有关费用、成本的总账和明细账。

一、材料费用的归集和分配

工业企业生产经营中消耗的材料主要包括原料及主要材料、辅助材料、燃料、外购半成品、修理用备件等。

（一）材料费用直接计入产品成本的核算

【例10－1】 恒天公司制衣车间生产西服，领用毛料布3 000米，每米50元；生产休闲服，领用针织布料4 000米，每米20元；车间领用机物料1 000元。有关账务处理如下：

借：生产成本——基本生产成本——西服　　150 000
　　　　　　　　　　　　　——休闲服　　80 000
　　制造费用——制衣车间　　1 000
　　贷：原材料——毛料布　　150 000
　　　　　　　——针织布　　80 000
　　　　　　　——机物料　　1 000

（二）材料费用间接计入产品成本的核算

生产产品领用的原材料如为多种产品共同耗用，材料费用则需按一定的标准和方法分配计入各产品成本中。在能取得较准确的材料消耗定额的情况下，企业可选择采用材料定额耗用量比例法或材料定额费用比例的方法进行分配。

1. 材料定额耗用量比例法。材料定额耗用量是一定的产品产量与其单位产品材料消耗定额的乘积。

采用定额耗用量比例分配共同耗用材料的计算步骤及方式为：

第一步，计算各产品的材料定额耗用量。

某种产品材料定额耗用量＝该种产品实际产量×单位产品材料消耗定额

第二步，计算材料耗用量分配率。

材料耗用量分配率＝材料实际耗用总量÷各种产品材料定额耗用总量

第三步，计算各产品应分配的材料实际耗用量。

$$\frac{\text{某种产品应分配的}}{\text{材料实际耗用量}} = \frac{\text{该种产品的材}}{\text{料定额耗用量}} \times \frac{\text{材料耗用}}{\text{量分配率}}$$

第四步，计算各种产品应分配的材料费用。

$$\frac{\text{某种产品应分配}}{\text{的材料费用}} = \frac{\text{该种产品应分配的}}{\text{材料实际耗用量}} \times \text{材料单价}$$

【例10－2】 恒天公司制衣车间生产甲、乙两种休闲服系列，领用针织布3 660米，每米80元；本月生产甲系列休闲服500套、乙系列休闲服600套，甲系列的材料消耗定额为2.5米，乙系列的材料消耗定额为3米。则：

- 甲系列休闲服材料定额耗用量＝500×2.5＝1 250（米）
  乙系列休闲服材料定额耗用量＝600×3＝1 800（米）
- 针织布耗用量分配率＝3 660/（1 250＋1 800）＝1.2
- 甲系列休闲服应分配布料的数量＝1 250×1.2＝1 500（米）
  乙系列休闲服应分配布料的数量＝1 800×1.2＝2 160（米）
- 甲系列休闲服应分配布料的费用＝1 500×80＝120 000（元）
  乙系列休闲服应分配布料的费用＝2 160×80＝172 800（元）

上述分配方法有利于加强材料的定额管理，但计算环节较复杂，为简化计算，可直接分配材料费用，仍以上例资料计算分配如下：

$$\text{材料费用分配率} = \text{材料实际费用总额} \div \text{各种产品原材料定额耗用总量}$$

$$= \frac{3\ 660 \times 80}{1\ 250 + 1\ 800} = 96$$

甲系列休闲服应分配的布料费用＝1 250×96＝120 000（元）

乙系列休闲服应分配的布料费用＝1 800×96＝172 800（元）

2. 材料定额费用比例法。材料定额费用比例是材料实际费用总额与各种产品材料定额费用之和的比。材料定额费用比例法适用于多种产品共同耗用多种材料的情况。其计算步骤为：

第一步，计算各种产品材料定额费用。

$$\text{某种产品材料定额费用} = \text{该种产品产量} \times \text{单位产品材料费用定额}$$

$$\text{单位产品材料费用定额} = \text{单位产品材料消耗定额} \times \text{该种材料单价}$$

第二步，计算材料费用分配率。

$$\text{材料费用分配率} = \frac{\text{材料实际费用总额}}{\text{各种产品材料定额费用总额}}$$

第三步，计算各种产品应分配的材料费用。

$$\text{某种产品应分配的材料费用} = \text{该种产品材料定额费用} \times \text{材料费用分配率}$$

【例10－3】 恒天公司西服车间生产甲系列西服和乙系列西服，共同领用晴纺布和毛料布306 300元。本月生产甲系列西服400套，乙系列西服600套，甲系列西服的材料消耗定额为：晴纺布2.5米，毛料布3米；乙系列西服的材料消耗定额为：晴纺布2.75米，毛料布3.25米。晴纺布的单价为25元，毛料布的单价为60元。其计算结果如下：

- 甲系列西服材料定额费用＝400×2.5×25＋400×3×60＝97 000（元）
  乙系列西服材料定额费用＝600×2.75×25＋600×3.25×60＝158 250（元）
- 材料费用分配率 $= \dfrac{306\ 300}{97\ 000 + 158\ 250} = 1.2$

• 甲系列西服应分配材料费用 = 97 000 × 1.2 = 116 400（元）

乙系列西服应分配材料费用 = 158 250 × 1.2 = 189 900（元）

提示：多种产品耗用一种材料，采用定额耗用量比例法；多种产品用多种材料，采用定额费用比例法。

（三）材料费用分配汇总表

在实际工作中，企业一般是于月末根据领退料凭证编制材料费用分配汇总表，完成材料费用的归集和分配。表 10－1 为恒天公司 12 月份材料的分配情况，该公司材料以实际成本计价。

表 10－1 材料费用分配汇总表

2017 年 12 月

产品或部门	产 量（套）	共同耗用原材料的分配（材料单位：米）				直接耗用材料	耗用材料总计
		单耗定额	定额耗用量	分配率	应分配材料费		
甲系列西服	600	2.75	1 650	32.5	53 625	24 000	77 625
乙系列西服	500	3.2	1 600	32.5	52 000	20 000	72 000
小　计	—	—	3 250	—	105 625	44 000	149 625
机修车间						1 825	1 825
供电车间						1 400	1 400
制衣一车间						2 025	2 025
制衣二车间						1 200	1 200
行政管理						1 925	1 925
合　计						52 375	158 000

根据表 10－1，做如下账务处理：

借：生产成本——基本生产成本——甲系列西服　77 625

——乙系列西服　72 000

——辅助生产成本——机修车间　1 825

——供电车间　1 400

制造费用——制衣一车间　2 025

——制衣二车间　1 200

管理费用　1 925

贷：原材料　158 000

提示：企业单设“燃料”账户的，燃料费用的归集和分配与原材料相同，产品耗用的燃料可计入“燃料和动力”成本项目；不单设“燃料”账户的，燃料费用在“原材料”账户核算。

二、外购动力费用的归集和分配

企业发生的外购动力费用如电力、蒸汽等，应按用途和受益情况进行归集和分配。直接用于产品生产的可直接或分配计入产品生产成本；用于辅助生产部门的可计入辅助生产成本；用于基本生产车间的可计入制造费用；用于行政管理部门的计入管理费用。

企业应于月末对耗用的外购动力的数量进行统计，按其单价计算发生的费用。在有仪表记录的情况下，可按仪表显示的数量分配；在没有仪表记录的情况下，则可按机器工时、生产工时或定额耗用量为标准进行分配。在实际工作中，企业对外购动力费用是通过编制外购动力费用分配表进行的。

【例 10－4】 表 10－2 为恒天公司 12 月份耗用外购电力费用的分配情况。

表 10－2　　外购动力费用分配表

2017 年 12 月

产品或部门	计量单位	耗用量	单价	发生动力费用	共同耗费动力费分配		
					生产工时	分配率	分配费用
甲系列	千瓦时				9 000	1.5	13 500
乙系列	千瓦时				10 500	1.5	15 750
小　计		36 562.5	0.80	29 250	19 500	—	29 250
机修车间	千瓦时	5 657.5	0.80	4 526			
供电车间	千瓦时	1 980	0.80	1 584			
制衣一车间	千瓦时	5 500	0.80	4 400			
制衣二车间	千瓦时	3 500	0.80	2 800			
行政管理	千瓦时	3 800	0.80	3 040			
合　计	—	57 000	—	45 600			

- 根据上述“外购动力费用分配表”，月末结转本月发生的外购动力费用，账务处理如下：

借：生产成本——基本生产成本——甲系列　13 500
　　　　　　　　　　　　　——乙系列　15 750
　　　　　——辅助生产成本——机修车间　4 526
　　　　　　　　　　　　　——供电车间　1 584
　　制造费用——制衣一车间　4 400
　　　　　——制衣二车间　2 800
　　管理费用　3 040
　　贷：应付账款——电力公司　45 600

- 下月初企业实际向电力公司支付电费时，账务处理如下：

借：应付账款——电力公司　45 600
　　应交税费——应交增值税（进项税额）　7 752
　　贷：银行存款　53 352

提示：产品耗用的外购动力费用可视情形计入直接材料或燃料和动力成本项目。

三、工资及福利费的归集和分配

企业发生的工资及其福利费，应按其用途进行归集和分配。直接从事产品生产的工人的工资及其福利费，应计入产品生产成本；从事辅助生产的工人及管理人员发生的工资及其福利费，应计入辅助生产成本；基本车间管理人员的工资及其福利费，应作为制造费用；行政管理部门人员的工资及其福利费，应列入管理费用；专设的销售机构人员的工资及其福利费列入销售费用；福利部门人员的工资计入应付职工薪酬——职工福利。

对于从事产品生产的工人的工资费用，如为生产一种产品发生，则直接计入该产品的生产成本；如为多种产品发生，则工资费用需在多种产品之间按一定的标准进行分配。在实际工作中，一般以产品的生产工时作为分配的标准。其计算公式为：

$$生产工人工资分配率 = \frac{生产工人工资总额}{各种产品生产工时之和}$$

某种产品应分配的工资 = 该种产品的生产工时 × 生产工人工资分配率

职工福利费主要是用于职工医疗卫生、困难补助和其他福利等方面的费用。可以按实际发生额列支，也可以按工资额的一定比例计提。不论何种核算形式，都应按用途分别计入产品生产成本、辅助生产成本、制造费用、管理费用、销售费用中。但需要注意的是，按福利人员工资提取的福利费应计入管理费用中。

在实际工作中，工资及职工福利费的分配是根据工资结算汇总表编制工资及职工福利费分配表进行的。

【例 10－5】 表 10－3 为恒天公司 12 月份工资及职工福利费分配情况（假设提取比例为 14%）。根据表 10－3 的资料，账务处理如下：

- 分配工资时：

借：生产成本——基本生产成本——甲系列　　90 000
　　　　　　　　　　　　　　——乙系列　　105 000
　　　　　　——辅助生产成本——机修车间　　5 600
　　　　　　　　　　　　　　——供电车间　　6 400
　　制造费用——制衣一车间　　8 400
　　　　　　——制衣二车间　　7 600
　　管理费用　　35 000
　　应付职工薪酬——福利费　　7 000
　　贷：应付职工薪酬——工资　　265 000

表 10－3　　**工资及职工福利费分配表**

2017 年 12 月

产品或部门	生产工时	应分配工资		应提取福利费（14%）	合　计
		分配率	分配额	—	
甲系列	9 000	10	90 000	12 600	102 600
乙系列	10 500	10	105 000	14 700	119 700
小　计	19 500	—	195 000	27 300	222 300
机修车间			5 600	784	6 384
供电车间			6 400	896	7 296
制衣一车间			8 400	1 176	9 576
制衣二车间			7 600	1 064	8 664
行政管理			35 000	4 900	39 900
医务福利部门			7 000	980	7 980
合　计			265 000	37 100	302 100

- 提取职工福利费时：

借：生产成本——基本生产成本——甲系列　12 600
　　　　　　　　　　　　　——乙系列　14 700
　　　　——辅助生产成本——机修车间　784
　　　　　　　　　　　　——供电车间　896
　　制造费用——制衣一车间　1 176
　　　　　　——制衣二车间　1 064
　　管理费用　5 880
　　贷：应付职工薪酬——职工福利费　37 100

四、其他要素费用的归集和分配

（一）折旧费用的归集和分配

折旧费用应按照固定资产的使用车间、部门和用途进行归集和分配。对于基本生产车间使用固定资产提取的折旧，计入制造费用；对于辅助生产车间使用固定资产提取的折旧，计入辅助生产成本；对于行政管理部门和专设的销售机构使用固定资产提取的折旧，计入管理费用和销售费用。在实际工作中，折旧费用的归集和分配一般通过编制固定资产折旧计算分配表进行。

【例 10－6】 表 10－4 为恒天公司 12 月份固定资产折旧费用计算分配情况。根据表 10－4的资料，于计提折旧时做如下账务处理：

借：生产成本——辅助生产成本——机修车间　1 750
　　　　　　　　　　　　　　——供电车间　1 600
　　制造费用——制衣一车间　6 400
　　　　　　——制衣二车间　4 100
　　管理费用　6 500
　　贷：累计折旧　20 350

表 10－4　　固定资产折旧计算分配表

2017 年 12 月

使用车间、部门	11 月份固定资产计提的折旧额	11 月份增加固定资产的折旧额	11 月份减少固定资产的折旧额	本月固定资产应计提折旧额
制衣一车间	5 200	1 200		6 400
制衣二车间	4 900		800	4 100
机修车间	1 400	450	100	1 750
供电车间	1 600			1 600
行政管理部门	4 200	3 500	1 200	6 500
合　计	17 300	5 150	2 100	20 350

（二）修理费用的归集和分配

在工业企业中，固定资产在企业总资产中占有较大的份额，因此，固定资产发生的费用在费用总额中也占有较大的比例，其中，固定资产的修理费用就是其中之一。修理费用属于固定资产的后续支出，具体核算参看第六章第四节固定资产后续支出的核算。

（三）利息费用的归集和分配

利息费用是企业为筹集生产经营所需资金而发生的费用，数额上等于利息支出与利息收入的差额。利息费用同样需要按其用途进行归集和分配。这里需要指出的是，企业为生产经营筹集资金而发生的利息费用应计入财务费用；为购建固定资产发生的借款所发生的借款费用，在固定资产竣工决算前应予以资本化，计入固定资产的价值中。

计入财务费用中的利息费用，作为期间费用一般不需要分配，只要按照银行结算规定，在应付利息日和合同约定的利率计算利息。其账务处理如下：

1. 预提利息费用时：

借：财务费用

　　贷：应付利息——借款利息

2. 支付银行利息时：

借：应付利息——借款利息

　　贷：银行存款

第三节　综合费用的核算

按照成本核算的一般程序对要素费用进行归集和分配后，往往又构成一种新的、综合的费用项目，如制造费用中包含管理人员的工资及福利费、固定资产计提的折旧费、修理领用的备件等材料费以及机器设备发生的动力费、修理费等。按成本核算的要求，这些综合费用也需要按发生的车间、部门进行归集，并按一定标准在受益部门和产品中分配，以便最终完成产品成本的计算。下面对与成本计算有关的几项主要综合费用的归集与分配予以介绍。

一、跨期摊提的归集与分配

（一）待摊费用的归集与分配

待摊费用，是指企业已经支出，但应由本期和以后各期负担的、分摊期限在一年以内（包括一年）的各项费用，如低值易耗品摊销、预付保险费等。企业发生的摊销期在一年以上的其他费用，应作为长期待摊费用处理。

待摊费用的归集与分配通过“预付账款”账户（也可通过“其他应收款”账户）进行。企业发生各项待摊费用时，借记该账户，摊销时从该账户的贷方转出；期末借方余额为尚未摊销的费用。“待摊费用”按费用种类设置明细账进行明细核算，待摊费用的分配主要按摊销期和受益部门进行。

【例10－7】 表10－5为恒天公司12月份待摊费用的分配情况。

说明：本年7月2日公司以银行存款56 100元预付本年下半年的财产保险费，保险费额按各部门财产数额进行分摊，每月保险费摊销额为9 350元（56 100/6）。

表10－5　　待摊费用分配表

2017年12月　　金额单位：元

车间或部门	费用项目	金　额
制衣一车间	财产保险费	1 350
制衣二车间	财产保险费	1 650
机修车间	财产保险费	1 200
供电车间	财产保险费	1 300
行政管理部门	财产保险费	3 850
合　计	—	9 350

根据表10－5，做如下账务处理：

借：生产成本——辅助生产成本——机修车间　　1 200
　　　　　　　　　　　　　——供电车间　　1 300
　　制造费用——制衣一车间　　1 350
　　　　　　——制衣二车间　　1 650
　　管理费用　　3 850
　　贷：预付账款——财产保险费　　9 350

（二）预提费用的归集和分配

预提费用，是指企业按照规定预先计入成本费用，但尚未实际支付的各项费用。如预提的租金、财产保险费等。

预提费用的归集和分配是通过“其他应付款”账户进行的，该账户可按预提费用的种类设置明细账户进行明细核算。每月预提各种费用时，可编制预提费用分配表进行。

【例10－8】 表10－6为恒天公司12月份预提固定资产租金的分配情况。

表10－6　　预提费用分配表

2017年12月　　金额单位：元

车间或部门	费用项目	金　额
制衣一车间	固定资产租金	3 000
制衣二车间	固定资产租金	2 650
机修车间	固定资产租金	1 650
供电车间	固定资产租金	1 350
行政管理部门	固定资产租金	1 440
合　计	—	10 000

说明：该公司每月预提固定资产的租金为10 000元，按固定资产使用部门进行分配。

借：生产成本——辅助生产成本——机修车间　　1 650
　　　　　　　　　　　　　——供电车间　　1 350

制造费用——制衣一车间　　3 000
　　——制衣二车间　　2 560
管理费用　　1 440
贷：其他应付款——固定资产租金　　10 000

二、辅助生产费用的归集和分配

（一）辅助生产费用的内容

工业企业的辅助生产是为基本生产和经营管理提供服务而进行的产品生产和劳务供应，如为基本生产过程提供的专用工具、卡具、模具及修理用备件等的产品生产，为基本生产、行政管理部门和其他辅助生产部门提供的供电、供水、蒸汽、运输等的劳务服务，都属于辅助生产的内容。

（二）辅助生产费用的归集

辅助生产费用通过“生产成本——辅助生产成本”账户进行归集，并按辅助生产车间及产品和劳务的种类设置三级明细账户进行明细核算。辅助生产车间发生的材料、人工、折旧、修理、办公等费用，在发生时记入该账户的借方；该账户的贷方反映分配或完工转出的辅助生产费用，除提供产品的辅助生产外，该账户期末一般无余额。

表 10－7、表 10－8 为恒天公司 12 月份辅助生产费用的明细账。

表 10－7　　**生产成本——辅助生产成本明细账**

辅助车间名称：机修车间　　2017 年 12 月　　单位：元

2017 年		凭证号数	摘要	费用项目							合计
月	日			材料费	工资及福利费	折旧费	办公费	水电费	修理费	其他	
12	10		支付办公费				665				665
	31		分配材料费	1 825							1 825
	31		分配工资费		5 600						5 600
	31		分配福利费		784						784
	31	略	计提折旧费			1 750					1 750
	31		分配水电费					4 526			4 526
	31		预提修理费						1 650		1 650
	31		分配保险费							1 200	1 200
			本月合计	1 825	6 384	1 750	665	4 526	1 650	1 200	18 000

说明：表中数字除办公费外，其余数据来自于表 10－1 至表 10－6。

表 10 -8　　生产成本——辅助生产成本明细账

辅助车间名称：供电车间　　2017 年 12 月　　单位：元

2017 年		凭证号数	摘要	费用项目							合计
月	日			材料费	工资及福利费	折旧费	办公费	水电费	修理费	其他	
12	10		支付办公费				470				470
	31		分配材料费	1 400							1 400
	31		分配工资费		6 400						6 400
	31		分配福利费		896						896
	31	略	计提折旧费			1 600					1 600
	31		分配水电费					1 584			1 584
	31		预提修理费						1 350		1 350
	31		分配保险费							1 300	1 300
			本月合计	1 400	7 296	1 600	470	1 584	1 350	1 300	15 000

说明：表中数字除办公费外，其余数据来自于表 10 -1 至表 10 -6。

（三）辅助生产费用的分配

辅助生产费用的分配，因辅助生产的类型不同，其分配程序和方法也有所不同。提供产品的辅助生产费用，可比照基本生产产品成本的计算方法，先计算出辅助生产产品的成本，然后按各基本产品、车间及部门使用辅助生产产品的数量确定应分配的辅助生产费用；提供劳务的辅助生产费用，要结合企业实际，按一定方法在受益产品和部门之间进行分配。常用的辅助生产费用分配方法有直接分配法和交互分配法。

1. 直接分配法。**直接分配法是将各辅助生产车间发生的费用直接分配给除辅助生产部门以外的各受益单位。**在这种分配方法下，辅助生产车间之间相互提供的劳务可忽略不计，即辅助生产车间之间不互相分配费用。其计算公式如下：

$$\text{辅助生产费用分配率}=\frac{\text{应分配的辅助生产费用总额}}{\text{辅助生产车间提供的劳务总量}-\text{其他辅助生产车间耗用的劳务量}}$$

$$\text{某受益部门（或产品）应分配的辅助生产费用}=\text{该受益部门（或产品）耗用的劳务量}\times\text{辅助生产费用分配率}$$

【例 10 -9】 恒天公司12月份辅助生产费用为：机修车间18 000元，供电车间 15 000 元（见表 10 -7、表 10 -8）。辅助生产车间提供劳务情况如表 10 -9 所示。

表 10－9　　　　辅助生产车间提供劳务情况一览表

辅助生产车间	计量单位	提供劳务总量	各受益单位及受益数量						
			辅助生产车间		基本生产车间				
			供电	机修	制衣一车间（甲系列）		制衣二车间（乙系列）		企业行政管理部门
					产品用	车间用	产品用	车间用	
机修	工时	2 000	500			800		500	200
供电	度	20 000		5 000	4 000	3 000	3 000	2 000	3 000

根据上述资料采用直接分配法分配机修、供电车间的费用，编制辅助生产费用分配表（见表 10－10）。

表 10－10　　　　辅助生产费用分配表（直接分配法）

2017 年 12 月

辅助生产车间	应分配费用(元)	应分配劳务量	分配率	受益单位、受益数量及应分配费用									
				基本生产车间								企业行政管理部门	
				制衣一车间（甲系列）				制衣二车间（乙系列）					
				产品用		车间一般用		产品用		车间一般用			
				数量	金额	数量	金额	数量	金额	数量	金额	数量	金额
机修	18 000	1 500	12	—	—	800	9 600	—	—	500	6 000	200	2 400
供电	15 000	15 000	1	4 000	4 000	3 000	3 000	3 000	3 000	2 000	2 000	3 000	3 000
合计	33 000	—	—	—	4 000	—	12 600	—	3 000	—	8 000	—	5 400

根据上述辅助生产费用分配表（表 10－10），做如下账务处理：

借：生产成本——基本生产成本——甲系列　　4 000

　　　　　　　　　　　　　　——乙系列　　3 000

　　制造费用——制衣一车间　　12 600

　　　　　　——制衣二车间　　8 000

　　管理费用　　5 400

　　贷：生产成本——辅助生产成本——机修车间　　18 000

　　　　　　　　　　　　　　　　——供电车间　　15 000

采用直接分配法，由于辅助生产车间之间相互提供的劳务不进行分配，因此分配结果的准确性会受到影响，所以这种方法一般适用于辅助生产车间之间相互提供产品或劳务数量不多的企业。另外，只有一个辅助生产车间的企业也只能采用直接分配法分配辅助生产的费用。

2. 交互分配法。交互分配法是指在分配辅助生产费用时，首先将各辅助生产车间发生的费用在辅助生产车间之间进行一次交互分配，然后将各辅助生产车间交互分配调整后的费用，再在除辅助生产车间以外的各受益单位中进行分配。因在分配过程中，辅助生产车间之间存在着一次交互分配，所以也将这种分配方法称为“一次交互分配法”。其分配程序和计算方法如下：

（1）交互分配。

$$\text{某辅助生产费用分配率} = \frac{\text{该辅助生产车间应分配的费用总额}}{\text{该辅助生产车间提供的劳务总量}}$$

某受益辅助生产车间应分配的辅助生产费用 = 某受益辅助生产车间的受益数量 × 某辅助生产费用的分配率

（2）对外分配。对外分配，即是将辅助生产车间交互分配调整后的费用，分配给除辅助生产车间以外的各受益产品和部门。

辅助生产车间对外分配的费用 = 该辅助生产车间交互分配前的费用总额 + 从其他辅助生产车间交互分配转入的费用 − 向其他辅助生产车间交互分配转出的费用

某辅助生产车间对外分配率 = 该辅助生产车间对外分配的费用 / 为辅助生产车间以外的受益单位提供的劳务量

某受益单位应分配的辅助生产费用 = 该受益单位耗用劳务量 × 辅助生产车间对外分配率

【例 10－10】 以例 10－9 的资料表 10－9 为例。

- 交互分配，其计算结果如下：

  机修车间交互分配率 = 18 000 ÷ 2 000 = 9（元/工时）

  供电车间分配转入的机修费用 = 500 × 9 = 4 500（元）

  机修车间分配转出的机修费用 = 4 500（元）

  供电车间交互分配率 = 15 000 ÷ 20 000 = 0.75（元/千瓦时）

  机修车间分配转入的电费 = 5 000 × 0.75 = 3 750（元）

  供电车间分配转出的电费 = 3 750（元）

- 对外分配费用及分配率，其计算结果如下：

  机修车间应对外分配的费用 = 18 000 + 3 750 − 4 500 = 17 250（元）

  机修车间对外分配率 = 17 250 ÷（2 000 − 500）= 11.5（元/工时）

  供电车间应对外分配的费用 = 15 000 + 4 500 − 3 750 = 15 750（元）

  供电车间对外分配率 = 15 750 ÷（20 000 − 5 000）= 1.05（元/千瓦时）

- 编制辅助生产费用分配表（见表 10－11）。

表 10－11 **辅助生产费用分配表**（交互分配法）

2017 年 12 月

分配程序	辅助生产车间	应分配费用	应分配劳务量	分配率	受益单位、受益数量及应分配费用													
					辅助生产车间				基本生产车间									
					供电		机修		制衣一车间				制衣二车间				管理部门	
									产品用		一般用		产品用		一般用			
					数量	金额	数量	金额	数量	金额	数量	金额	数量	金额	数量	金额	数量	金额
交互分配	机修	18 000	2 000	9	500	4 500												
	供电	15 000	20 000	0.75			5 000	3 750										
对外分配	机修	17 250	1 500	11.5							800	9 200			500	5 750	200	2 300
	供电	15 750	15 000	1.05					4 000	4 200	3 000	3 150	3 000	3 150	2 000	2 100	3 000	3 150
合计		21 000	—	—						4 200	—	12 350	—	3 150	—	7 850	—	5 450

提示： 当分配率不能整除时，得数四舍五入后保留两位小数；辅助生产费用分配时，可直接用受益单位耗用量与分配率相乘，计算分配额。但为调整计算差异，行政管理部门应分配费用为辅助生产车间应分配费用减去已分配的费用。

根据表 10－11，进行账务处理如下：

- 交互分配时：

借：生产成本——辅助生产成本——供电　　4 500
　　　　　　　　　　　　　　——机修　　3 750
　贷：生产成本——辅助生产成本——机修　　4 500
　　　　　　　　　　　　　　　——供电　　3 750

- 对外分配时：

借：生产成本——基本生产成本——甲系列　　4 200
　　　　　　　　　　　　　　——乙系列　　3 150
　　制造费用——制衣一车间　　12 350
　　　　　　——制衣二车间　　7 850
　　管理费用　　5 450
　贷：生产成本——辅助生产成本——机修　　17 250
　　　　　　　　　　　　　　　——供电　　15 750

运用交互分配法分配辅助生产费用，与直接分配法相比，提高了计算的准确性，但因交互分配法需计算两次分配率，增加了计算的工作量。

三、制造费用的归集和分配

（一）制造费用的归集

制造费用，是工业企业为生产产品或提供劳务而发生的各项间接费用，包括工资及福利费、折旧费、修理费、办公费、水电费、机物料消耗、劳动保护费、季节性和修理期间的停工损失等。制造费用作为生产成本的构成项目直接影响着产品成本的计算。

制造费用通过“制造费用”账户进行归集，并按不同的车间、部门设置明细账户进行明细核算。当企业基本生产车间发生诸如工资及福利费、折旧费、修理费等费用时，记入该账户的借方，该账户的贷方反映分配转出的间接费用，期末一般无余额。表 10－12、表 10－13为恒天公司 12 月份制造费用的明细账。

表 10－12　　制造费用明细账

制衣一车间　　2017 年 12 月　　单位：元

2017 年		凭证号数	摘　要	费用项目							合计
月	日			材料费	工资及福利费	折旧费	办公费	水电费	租赁费	其他	
12	10		支付办公费				899				899
	31		分配材料费	2 025							2 025
	31		分配工资费		8 400						8 400

续表

2017 年		凭证号数	摘　　要	费用项目							合计
月	日			材料费	工资及福利费	折旧费	办公费	水电费	租赁费	其他	
12	31		分配福利费		1 176						1 176
	31	略	计提折旧费			6 400					6 400
	31		分配水电费					4 400			4 400
	31		预提租赁费						3 000		3 000
	31		分配保险费							1 350	1 350
	31		分配辅助生产费用					3 150		9 200	12 350
			本月合计	2 025	9 576	6 400	899	7 550	3 000	10 550	40 000

说明：表中数字除办公费外，其余数据来自于表 10－1 至表 10－6、表 10－11。

表 10－13　　　　制造费用明细账

制衣二车间　　　　2017 年 12 月　　　　单位：元

2017 年		凭证号数	摘　　要	费用项目							合计
月	日			材料费	工资及福利费	折旧费	办公费	水电费	租赁费	其他	
12	10		支付办公费				1 176				1 176
	31		分配材料费	1 200							1 200
	31		分配工资费		7 600						7 600
	31		分配福利费		1 064						1 064
	31	略	计提折旧费			4 100					4 100
	31		分配水电费					2 800			2 800
	31		预提租赁费						2 560		2 560
	31		分配保险费							1 650	1 650
	31		分配辅助生产费用					2 100		5 750	7 850
			本月合计	1 200	8 664	4 100	1 176	4 900	2 560	7 400	30 000

说明：表中数字除办公费外，其余数据来自于表 10－1 至表 10－6、表 10－11。

（二）制造费用的分配

制造费用的分配，就是将企业一定时期发生的制造费用转入“生产成本——基本生产成本（××产品）”中，用来计算产品的生产成本。如企业某一基本生产车间只生产一种产品，那么所归集的制造费用应全部计入该产品的成本中；如某一基本生产车间生产两种或两种以上的产品，则所归集的制造费用就应按照一定的标准和方法在两种或两种以上的产品中进行分配。在实际工作中，制造费用常用的分配标准有生产工人的工时（简称“生产工时”）、机器工时和生产工人的工资等，并通过编制制造费用分配表分配制造费用。

【例 10－11】 表 10－14 为恒天公司 12 月份按生产工时分配制造费用的分配表。

提示：在小企业中，制造费用仅为基本生产车间范围内发生的各种费用，辅助生产车间发生的间接费用归集到“生产成本——辅助生产成本”账户中。

表 10－14 制造费用分配表

2017 年 12 月

基本车间	产品名称	分配标准（生产工时）	分配率	应分配的费用
制衣一车间	甲系列	8 000	20	40 000
制衣二车间（乙系列）	乙系列 1#	9 000	1. 54	13 860
	乙系列 2#	10 500	1. 54	16 140
	小计	19 500	—	30 000
合　计		—	—	70 000

根据表 10－14，账务处理如下：

借：生产成本——基本生产成本——甲系列　　40 000
　　　　　　　　　　　　　——乙系列 1#　　13 860
　　　　　　　　　　　　　——乙系列 2#　　16 140
　贷：制造费用——制衣一车间　　40 000
　　　　　　　——制衣二车间　　30 000

第四节　生产费用在完工产品和在产品之间分配的核算

通过本章第二、三节对要素费用和综合费用的归集和分配，应计入本月产品成本的生产费用均已转入“生产成本——基本生产成本”明细账中。对于按月计算产品成本的企业来讲，月末产品生产状态表现为三种情形：（1）全部完工；（2）全部未完工；（3）未全部完工。这样，本月归集、分配计入基本生产明细账中的生产费用，相对于全部完工产品而言，即为完工产品成本；相对于全部未完工产品而言，即为未完工产品成本，又称为“在产品成本”；相对于未全部完工产品而言，则生产费用就需要在完工产品和在产品之间进行分配，这一点是产品成本计算过程中的关键。

产品在未全部完工状态下，本月生产费用、完工产品成本、在产品成本之间存在着下列关系等式：

月初在产品成本＋本月生产费用＝本月完工产品成本＋月末在产品成本

一、在产品的含义

在产品，是指没有完成全部的生产过程，不能作为商品销售的产品。在实际工作中，在产品有广义和狭义之分。

广义的在产品是就整个企业而言，没有完成全部生产过程、不能作为商品销售的产品，包括正在各车间加工或装配的在产品以及已完成一个或几个生产步骤、但尚需继续加工或装配的半成品（包括尚未检验办理入库手续的完工产品和等待返修的可修复不合格品）。

狭义的在产品仅是就某一个车间或某一个生产步骤而言尚未加工或装配完工的产品。本章及第十一章中所指的在产品为狭义在产品。

二、生产费用在完工产品和在产品之间的分配方法

生产费用在完工产品和在产品之间的分配方法，受产品生产状态、成本管理要求等诸多因素的影响，企业应结合自身特点选择适合的分配方法，从而保证产品成本计算的正确性。企业常用的分配方法有以下六种：

（一）不计算在产品成本法

不计算在产品成本法，是指将当月生产的产品全部看作完工产品，当月发生的生产费用全部计入完工产品成本中，不计算在产品的成本。这种方法适用于每月月末在产品数量很少，月末在产品成本计算与否对完工产品成本影响不大的产品。计算举例如表 10－15 所示。

表 10－15 **产品成本计算单** 完工产量：10 000 件

产品名称：甲产品 年 月 日 在产品数量：15 件 单位：元

项 目	直接材料	直接人工	制造费用	合 计
月初在产品成本	0	0	0	0
本月发生生产费用	34 500	8 700	12 500	55 700
小 计	34 500	8 700	12 500	55 700
单位成本	3.45	0.87	1.25	5.57
完工成本	34 500	8 700	12 500	55 700
月末在产品成本	0	0	0	0

（二）在产品按年初固定成本计价法

在产品按年初固定成本计价法，是指企业年度内 1—11 月份，每月月末在产品成本固定按年初即 1 月初的在产品成本计算。采用这种方法，1—11 月份内，企业月初和月末在产品成本相等，实际上是将当月发生的生产费用全部作为完工产品成本计算。但在 12 月末，企业需要根据实际盘点的在产品的数量重新确定年末在产品的成本，也就是下年度年初的在产品成本。这种方法适用于在产品数量各月变化不大的产品。计算举例见表 10－16。

表 10－16 **产品成本计算单** 完工产量：200 吨

产品名称：乙产品 年 月 日 在产品数量：36 吨 单位：元

项 目	直接材料	直接人工	制造费用	合 计
月初在产品成本	15 200	3 600	3 900	22 700
本月发生生产费用	85 800	19 800	21 600	127 200
小 计	101 000	23 400	25 500	149 900

续表

项　　目	直接材料	直接人工	制造费用	合　　计
单位成本	429	99	108	636
完工成本	85 800	19 800	21 600	127 200
月末在产品成本	15 200	3 600	3 900	22 700

（三）在产品按所耗原材料成本计价法

在产品按所耗原材料成本计价法，是指月末在产品成本只计算在产品所耗用原材料部分的成本，不计算直接人工和制造费用等部分的成本。这种方法实际上是将产品的直接材料费用在完工产品和在产品之间进行分配，而本月发生的直接人工和制造费用等则由完工产品来负担。这种方法适用于各月月末在产品数量较多且变化较大，直接材料费用在产品成本中所占比重也较大的产品。计算举例见表 10－17。

表 10－17　　　　**产品成本计算单**　　　　完工产量：1 400 千克

产品名称：丙产品　　　　年　月　日　　　　在产品数量：600 千克　　单位：元

项　　目	直接材料	直接人工	制造费用	合　　计
月初在产品成本	12 000	0	0	12 000
本月发生生产费用	38 000	2 240	3 360	43 600
小　　计	50 000	2 240	3 360	55 600
单位成本	25	1.6	2.4	29
完工成本	35 000	2 240	3 360	40 600
月末在产品成本	15 000	0	0	15 000

注：假定材料在生产开始时一次投入。

（四）在产品按完工产品成本计算法

在产品按完工产品成本计算法，是将月末在产品视同完工产品，计算出完工产品的单位成本，然后计算出完工产品成本和月末在产品成本，从而达到将生产费用在完工产品与在产品之间分配的目的。这种方法适用于月末在产品完工程度高或已完工但尚未验收入库的产品。计算举例见表 10－18。

表 10－18　　　　**产品成本计算单**　　　　完工产量：100 件

产品名称：丁产品　　　　年　月　日　　　　在产品数量：40 件　　单位：元

项　　目	直接材料	直接人工	制造费用	合　　计
月初在产品成本	2 130	1 610	930	4 670
本月发生生产费用	9 000	5 810	3 060	17 870
小　　计	11 130	7 420	3 990	22 540
单位成本	79.5	53	28.5	161
完工成本	7 950	5 300	2 850	16 100
月末在产品成本	3 180	2 120	1 140	6 440

（五）约当产量法

约当产量法，是按完工产品数量和月末在产品约当产量的比例分配生产费用，从而确定完工产品成本和月末在产品成本的一种方法。约当产量，顾名思义是在产品相当于完工产品的数量，其为月末在产品数量与其完工程度的乘积。这种方法适用于月末在产品数量较多，各月在产品数量变化较大，产品成本中各成本项目所占比重比较均衡的产品。其计算公式如下：

$$月末在产品约当产量=月末在产品数量\times 月末在产品完工程度$$

$$产品单位成本=\frac{月初在产品成本+本月生产费用}{完工产品数量+月末在产品数量约当产量}$$

$$完工产品成本=完工产品数量\times 产品单位成本$$

$$月末在产品成本=月末在产品约当产量\times 产品单位成本$$

名词解释

约当产量：是指月末在产品按完工程度计算的在产品相当于完工产品的数量。

约当总量：是完工产品数量与月末在产品约当产量之和。

【例 10－12】 某产品月初在产品成本为12 400元，本月发生生产费用35 600元，本月完工产量100 件，月末在产品数量 40 件，在产品完工程度为 50%。如果该产品原材料随加工进度陆续投入，其完工产品成本和月末在产品成本计算如下：

月末在产品约当产量 $=40\times 50\%=20$（件）

产品单位成本 $=\frac{12\ 400+35\ 600}{100+20}=400$（元/件）

完工产品成本 $=100\times 400=40\ 000$（元）

月末在产品成本 $=20\times 400=8\ 000$（元）

约当产量法是生产费用在完工产品和在产品之间分配比较合理的一种方法，也是工业企业中普遍采用的一种分配方法。但在应用这种方法时，关键是在产品完工程度的确定，而在产品的完工程度的确定方法直接受原材料的投料方式的影响。下面分成本项目说明在产品完工程度的计算。

1. 直接材料投料程度的计算。在工业企业中，根据生产的特点和管理上的要求，原材料投入生产的方式分为一次投料逐步加工和逐步投料逐步加工两种投料方式。

（1）一次投料逐步加工方式。该方式是指原材料在开始生产时一次投入，因此，无论是单工序生产或是多工序生产，月末在产品中直接材料部分实际上已全部投入，其完工程度达到 100%。月末在产品的完工程度仅为直接人工、制造费用等加工费的完工程度。

【例 10－13】 某企业甲产品在开始生产时采用一次投料方式，月初在产品成本 4 000 元，其中直接材料费用为 2 400 元，加工费部分为 1 600 元。本月生产费用 9 200 元，其中直接材料费用为 6 000 元，加工费用为 3 200 元。本月完工产量为 80 件，月末在产品数量为 40 件，在产品完工程度为 50%。计算甲产品完工产品成本和月末在产品成本。

解：月末在产品直接材料部分约当产量 $=40\times 100\%=40$（件）

月末在产品加工费部分约当产量 $=40\times 50\%=20$（件）

甲产品直接材料部分单位成本 $=\frac{2\ 400+6\ 000}{80+40}=70$（元/件）

甲产品加工费部分单位成本 $=\frac{1\ 600+3\ 200}{80+20}=48$（元/件）

甲产品直接材料部分完工成本 $=80\times70=5\ 600$（元）

甲产品加工费部分完工成本 $=80\times48=3\ 840$（元）

甲在产品月末直接材料部分成本 $=40\times70=2\ 800$（元）

甲在产品月末加工费部分成本 $=20\times48=960$（元）

通过上述计算，得出：

甲产品完工成本 $=5\ 600+3\ 840=9\ 440$（元）

甲产品月末在产品成本 $=2\ 800+960=3\ 760$（元）

（2）逐步投料逐步加工方式。该方式是指原材料随着生产过程的进行陆续投入。在这种投料方式下，投料程度可分以下两种情况计算：

第一种情况是：原材料的投料程度与产品的完工程度完全相同或基本相同，此时，在产品的完工程度为所有成本项目的完工程度。以例 10－13 资料为例，假定甲产品的投料方式为逐步投料、逐步加工的方式，其计算过程为：

甲产品月末在产品约当产量 $=40\times50\%=20$（件）

甲产品单位成本 $=\frac{4\ 000+9\ 200}{80+20}=132$（元/件）

甲产品完工产品成本 $=80\times132=10\ 560$（元）

甲产品月末在产品成本 $=20\times132=2\ 640$（元）

第二种情况是：原材料分生产工序分别投入，且在每道工序开始时一次投入，其投料程度与在产品的完工程度不一致，此时，在产品中直接材料部分的约当产量应按原材料的投料程度计算，直接人工、制造费用等加工费部分的约当产量按在产品的完工程度计算。各工序投料程度的计算公式为：

$$某工序投料程度=\frac{截至本工序直接材料投料定额之和}{全部工序直接材料投料定额之和}\times100\%$$

$$某工序直接材料项目在产品约当产量=该工序在产品数量\times该工序投料程度$$

【例 10－14】 某企业乙产品采用逐步投料方式，经三道工序加工完成，有关投料定额及在产品数量资料见表 10－19。

表 10－19

生产工序	各工序直接材料投料定额（元/件）	投料程度	在产品数量（件）	在产品约当产量（件）
第一道	50	50/250×100%＝20%	120	24
第二道	60	（50＋60）÷250×100%＝44%	200	88
第三道	140	（50＋60＋140）÷250×100%＝100%	160	160
合　计	250	—	480	272

按表 10－19 中计算的直接材料的投料程度计算乙产品在产品约当产量：

乙产品直接材料部分在产品约当产量 $=120\times20\%+200\times44\%+160\times100\%$

$=24+88+160=272$（件）

假定该企业乙产品月初在产品成本中直接材料费用为 3 600 元，本月发生直接材料费用为20 400元。本月完工产量为 928 件，月末在产品数量为 480 件。则直接材料成本分配计算如下：

$$直接材料部分单位成本 = \frac{3\ 600 + 20\ 400}{928 + 272} = 20（元/件）$$

$$完工产品所耗直接材料成本 = 928 \times 20 = 18\ 560（元）$$

$$月末在产品所耗直接材料成本 = 272 \times 20 = 5\ 440（元）$$

请思考：

- 投料程度与完工程度如何区分？
- 投料程度有几种计算方式和结果？

2. 工费项目完工程度的计算。工费主要是指直接人工、制造费用、燃料和动力等加工费用。工费项目完工程度的确定受产品加工方式的影响，在单工序生产或虽为多工序但生产加工均衡的情况下，可直接将期末测定的完工率作为在产品的完工程度；但是，如为多工序生产、且工序加工程度不均衡的情况下，则需要按产品的工时定额确定各工序的完工率和约当产量，将各工序的约当产量相加，确定在产品的约当产量。

工序在产品完工率的计算公式为：

$$某工序在产品完工率 = \left(\begin{matrix}截至本工序前\\工时定额之和\end{matrix} + 本工序工时定额 \times 50\%\right) \div 产品工时定额$$

$$\begin{matrix}某工序工费项目\\在产品约当产量\end{matrix} = 该工序在产品数量 \times 该工序在产品完工率$$

【例 10－15】 某企业丙产品由三道工序加工完成，单位产品工时定额为360小时，其中第一工序 108 小时，第二工序 162 小时，第三工序 90 小时。在产品数量为 180 件，其中第一工序 70 件，第二工序 60 件，第三工序 50 件。

- 各工序完工率的计算：

$$第一工序完工率 = \frac{108 \times 50\%}{360} \times 100\% = 15\%$$

$$第二工序完工率 = \frac{108 + 162 \times 50\%}{360} \times 100\% = 52.5\%$$

$$第三工序完工率 = \frac{108 + 162 + 90 \times 50\%}{360} \times 100\% = 87.5\%$$

- 各工序在产品约当产量：

  第一工序在产品约当产量 $= 70 \times 15\% = 10.50$（件）≈ 10（件）

  第二工序在产品约当产量 $= 60 \times 52.5\% = 31.5$（件）$\approx 31$（件）

  第三工序在产品约当产量 $= 50 \times 87.5\% = 43.75$（件）$\approx 43$（件）

- 丙产品在产品约当产量 $= 10 + 31 + 43 = 84$（件）

（六）在产品成本按定额成本计算法

在产品成本按定额成本计算法，是指月末在产品成本按在产品数量和已知的在产品单位成本定额计算得出，月初在产品成本加上本月发生费用减去按定额计算的月末在产品成本，即可求得完工产品成本。这种方法适用于企业定额管理水平较高，各月在产品数量变化不大的产品。

【例 10－16】 某企业生产丁产品，原材料在开始生产时一次投入。本月丁产品完工500件，月末在产品 150 件，月末在产品单位定额成本为 234 元，其中直接材料为 150 元，直接人工为 32 元，制造费用为 52 元。该产品月初在产品成本及本月发生费用见该产品的成本计算单（见表 10－20）。

表 10－20 **产品成本计算单** 完工产量：500 件

产品名称：丁产品 年 月 日 在产品数量：150 件 单位：元

项 目	直接材料	直接人工	制造费用	合 计
月初在产品成本	46 000	12 600	8 400	67 000
本月发生生产费用	94 000	42 400	25 600	162 000
小 计	140 000	55 000	34 000	229 000
完工成本	117 500	50 200	26 200	193 900
月末在产品成本	22 500	4 800	7 800	35 100

企业产品成本核算制度

第十一章
产品成本计算方法

恒天公司生产A型、B型两种西服。当西服完成生产过程进入销售时，我们要确定产品的定价。确定产品定价的前提是，我们应该知道两种西服的成本，亦即我们要用一定的方法计算产品的生产成本。

学习目标
- □ 理解生产类型和特点、生产组织方式、成本管理的要求对产品成本计算方法的影响
- □ 掌握产品成本计算的品种法
- □ 掌握产品成本计算的分批法，重点掌握简化分批法
- □ 理解产品成本计算的分步法

第一节　产品成本计算方法概述

产品成本计算方法，是指企业按一定的成本计算对象归集和分配生产费用，计算完工产品总成本和单位成本的方法。成本计算对象不同，选用的产品计算方法也就不同，而成本计算对象的确定取决于企业的生产类型和对成本管理的要求。

一、生产类型特点和成本管理要求对产品成本计算方法的影响

（一）工业企业生产类型及特点

工业企业因其产品性质各异、生产规模大小不同，其生产组织方式和生产工艺也各不相同，因此出现了不同的生产类型。工业生产类型主要有以下两种分类：

1. 按生产组织方式分类，工业企业的生产分为大量生产、成批生产和单件生产三种生产类型。

（1）大量生产，是指不断地、大量重复生产相同品种产品的生产。其特点是产品品种少、产量大、生产重复性强、专业化水平高，发电、采掘、造纸、纺织、水泥制造、粮食加工等都属于这种类型。

（2）成批生产，是指按照规定的产品批别和数量进行的生产。其特点是产品的品种较多，往往是一种或几种产品轮流成批生产，生产具有一定的重复性。机械制造、服装生产即属于这种类型。成批生产按照产品批量的大小，可分为大批生产和小批生产两种。大批生产的特点接近于大量生产；小批生产的特点接近于单件生产。

（3）单件生产，是指按照购买单位的要求进行个别的、性质特殊的产品生产。其特点是产品的品种多、产量少、生产转型快、重复性小，船舶、飞机、重型机械、专用设备的制造等即为这种类型。

2. 按生产工艺过程分类，工业企业的生产可以分为单步骤生产和多步骤生产两种类型。

（1）单步骤生产，是指生产加工工艺过程不能间断或不便于分散在几个地点进行加工制作的生产。其特点是生产周期较短，产品品种较单一且比较稳定，一般没有自制的半成品；发电、采掘、某些食品加工、各种铸造和熔制性质的生产属于这种类型。

（2）多步骤生产，是指生产加工工艺过程可以间断或可以分散在不同地点进行的产品生产。其特点是工艺技术比较复杂，生产周期长，产品品种多，产品生产往往需要多个生产步骤或车间连续加工或装配完成，一般可形成企业的自制半成品。

多步骤生产按其加工方式不同，可分为连续式多步骤生产和装配式多步骤生产。连续式多步骤生产是指原材料投入生产后要经过连续的两个或两个以上的生产步骤才能完成产品的生产，如冶金、纺织等的工业生产；装配式多步骤生产是指将原材料投入生产后，平行加工出产品需要的零件或部件，最后一道工序装配成最终产品的生产，如彩电、冰箱、空调、仪表、机械制造等工业的生产。

工业企业的生产类型相对于其他行业而言是比较复杂的，如将企业生产组织方式和生产工艺综合考虑，工业企业的生产类型可分为大量大批单步骤生产、大量大批多步骤生产、单件小批量生产三种类型。

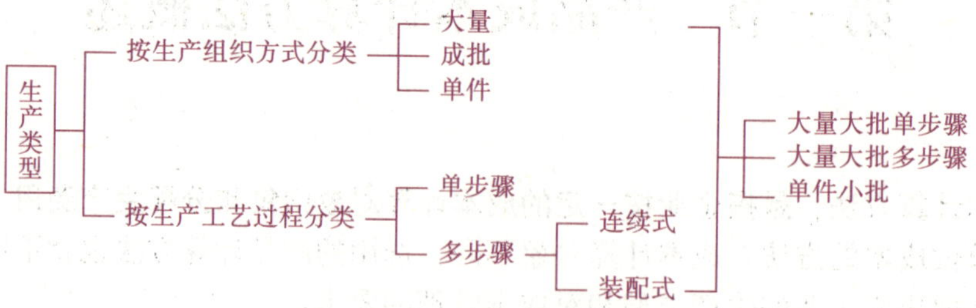

图 11－1　企业生产类型分类

实践认知

生产类型是企业因生产组织方式和加工工艺的不同而形成的不同的生产模式。为加深同学们的感性认识，建议在老师的组织下，同学们分组到附近的制造业企业实地调查，并将调查结果进行交流。

（二）生产类型特点和成本管理要求对产品成本计算方法的影响

前面已述及，生产类型特点和成本管理要求对产品成本计算方法的影响主要表现在对产品成本计算对象的确定上。产品成本计算对象主要有产品的品种、批别和生产步骤，成本计算方法就围绕这三项内容进行确定。

1. 以产品品种为成本计算对象。在大量大批单步骤生产或管理上不要求分步骤计算成本的多步骤生产方式下，生产产品的数量或批量较大，生产的产品品种比较稳定。为分析和考核产品成本计划的完成情况，一般要求以产品品种作为成本计算对象，按产品品种归集和分配生产费用，计算产品成本。

2. 以产品的批别为成本计算对象。在单件小批量生产方式下，生产产品的批量较小，一批产品往往可以同时完工，或只生产单件产品。管理上为了分析和考核某一批产品的成本水平，一般要求以产品批别作为成本计算对象，按产品批别归集和分配生产费用，计算产品成本。

3. 以产品的生产步骤为成本计算对象。在大量大批多步骤生产且管理上要求分步骤计算成本的生产方式下，由于生产加工工艺过程可以间断，并且可以分散在不同地点进行，因而可由各个不同的生产步骤分别加工制造，共同完成产品的生产过程。为加强各生产步骤的成本管理，一般要求以产品品种和生产步骤归集和分配生产费用，计算产品成本。

不同产品成本计算方法是以产品成本计算对象为主要标志来区分的。

相关链接

工业企业产品三要素：

1. 产品品种：是按产品使用价值不同，对产品所作的分类。
2. 产品产量：是企业一定时期产品品种的生产数量。
3. 产品质量：是指产品的适用性，即产品满足生产或消费的程度。

二、产品成本计算方法的种类

（一）产品成本计算的基本方法

在成本计算对象确定的基础上，产生了产品成本计算的三种基本方法，即品种法、分批法、分步法。

生产类型特点、成本管理要求对成本计算对象、成本计算方法的影响如表 11－1 所示。

表 11－1

生产工艺及成本管理要求	生产组织方式	成本计算对象	成本计算方法
单步骤生产或管理上不要求分步骤计算成本的多步骤生产	大量大批生产	产品品种	品种法
单步骤生产或管理上不要求分步骤计算成本的多步骤生产	单件小批量生产	产品批别	分批法
管理上要求分步骤计算成本的多步骤生产	大量大批生产	各种产品及其生产步骤	分步法

（二）产品成本计算的辅助方法

为简化成本计算工作，企业可结合自身的生产实际，选择其他的成本计算方法，如分类法、定额法等。

1. 分类法，是指以产品类别为成本计算对象归集和分配生产费用，计算产品成本的一种方法。这种方法主要适用于产品品种、规格、型号繁多，但可以按一定标准分类的产品生产，如灯泡、轴承等标准件生产企业均可以采用分类法计算成本。

2. 定额法，是指以产品定额成本为基础，对符合定额的生产费用和脱离定额的差异分别核算，并在定额成本的基础上加减各种差异，计算产品实际成本的一种方法。这种方法主要适用于定额管理基础较好，能够制定比较准确、稳定的消耗定额的产品生产。

分类法和定额法与产品成本计算对象没有密切的关系，因此无需考虑企业生产类型的特点，可以在各种类型的生产中应用。

> **帮助记忆：**
>
> 成本计算方法：
>
> • 基本方法：品种法、分批法、分步法。
>
> • 辅助方法：分类法、定额法。

第二节　产品成本计算的品种法

一、品种法的含义和特点

（一）品种法的含义

产品成本计算的品种法，是以产品品种为成本计算对象归集生产费用，计算产品成本的一种方法。品种法是最基本的成本计算方法。品种法主要适用于大量大批单步骤生产类型的企业，也适用于大量大批多步骤生产、管理上不要求计算各步骤成本的企业。

（二）品种法的特点

1. 以产品品种为成本计算对象。
2. 成本计算期与会计报告期一致。
3. 月末，一般需要将生产费用在完工产品与在产品之间进行分配。

二、品种法计算成本的一般程序

品种法的成本计算程序归纳如下：

1. 根据企业生产的产品品种，开设基本生产成本明细账。

2. 根据各项要素费用的资料，编制要素费用分配表，分配各项要素费用；根据相关的账务处理，登记基本生产成本明细账及相关明细账。

3. 编制待摊费用和预提费用分配表，根据相关账务处理，登记有关成本费用的明细账。

4. 根据辅助生产成本明细账所归集的辅助生产费用，编制辅助生产费用分配表，分配辅助生产费用。同时，根据相关的账务处理，登记基本生产成本明细账及相关明细账。

5. 根据制造费用明细账所归集的制造费用，编制制造费用分配表，分配制造费用，根据相关的账务处理，登记基本生产成本明细账。

6. 月末，将按产品品种设置的基本生产成本明细账中所归集的生产费用，在完工产品和在产品之间进行分配，计算出完工产品成本和在产品成本。

三、品种法计算产品成本举例

【例 11－1】 以下是恒天公司 11 月份西服车间生产男式西服套装的成本费用资料，采用品种法完成对 A 型和 B 型两款男式西服套装成本的计算。

1. 成本费用资料。

（1）产量资料见表 11－2。

表 11－2

产品名称	月初在产品	本月投产	本月完工	月末在产品
A 型西服（套）	80	600	520	160
B 型西服（套）	100	500	480	120

（2）月初在产品成本资料见表 11－3。

表 11－3　　单位：元

产品名称	直接材料	直接人工	制造费用	合　计
A 型西服	19 340	6 060	11 300	36 700
B 型西服	26 300	9 720	6 900	42 920

（3）西服所用主要材料在开始生产时一次投入，月末在产品采用约当产量法计算，月末在产品的完工程度均为 50%。

（4）本月产品生产工时为：A 型西服 1.6 万小时，B 型西服 1.2 万小时。

（5）该公司辅助生产费用采用直接分配法分配。

（6）制造费用按产品生产工时比例分配。

（7）本月西服车间发生成本费用如下：

①货币性费用支出（假定以银行存款支付）：办公费 6 850 元，其中，西服车间 3 250 元；机修车间 2 200 元；供电车间 1 400 元。水电费 12 600 元，其中，西服车间 8 250 元；机修车间 2 600 元；供电车间 1 750 元。

②月末发出材料汇总：生产 A、B 型西服共同领用咔叽布 3 476 米，每米 60 元（共同耗用材料按定额耗用量比例分配，A 型西服的材料消耗定额为 2.85 米，B 型西服的材料消耗定额为 2.90 米）；领用辅助材料 1 100 套，每套成本 80 元，其中 A 型西服用 600 套，B 型西服用 500 套；西服车间领用缝纫机常用备件 3 500 元作为一般性消耗；机修车间、供电车间分别领用机物料 1 800 元和 1 200 元。

③分配工资。西服生产车间生产工人工资 168 000 元（生产工人工资按 A、B 型西服耗用的生产工时比例进行分配），西服车间管理人员工资 18 400 元；辅助生产车间生产工人及

管理人员工资共19 200元，其中机修车间为8 600元，供电车间为10 600元。

④计提福利费。按照工资费用的14%计提职工福利费。

⑤计提折旧费。本月计提折旧12 400元，其中西服车间为8 200元，机修车间为1 400元，供电车间为2 800元。

⑥待摊费用摊销。本月摊销财产保险费9 786元，其中西服车间为5 824元，机修车间为1 196元，供电车间为2 766元。

⑦辅助生产提供劳务量如表11－4所示。

表11－4

辅助生产车间	计量单位	提供劳务总量	各受益单位及受益数量						
			辅助生产车间		基本生产车间				企业行政管理部门
					西服制作车间		休闲服制作车间		
			供电	机修	产品用	车间用	产品用	车间用	
机修	工时	2 875	500			1 800		400	175
供电	度	50 000		6 000		28 000		16 000	

2. 分析：

（1）A型和B型西服属大量大批单步骤生产，因此其成本计算采用品种法。

（2）按品种法的成本计算程序，应首先归集分配本月要素费用，然后按产品品种登记生产成本明细账，最后计算A、B型西服的完工成本、单位成本以及期末在产品成本。

3. 要素费用的归集和分配。

（1）货币性支出。

借：生产成本——辅助生产成本——机修车间　　4 800
　　　　　　　　　　　　　　——供电车间　　3 150
　　制造费用——西服车间　　11 500
　　贷：银行存款　　19 450

（2）材料费用的归集和分配。

$$材料费用分配率=\frac{3\ 476\times 60}{600\times 2.85+500\times 2.9}=66（元/米）$$

A型西服应分配的材料费用＝600×2.85×66＝112 860（元）

B型西服应分配的材料费用＝500×2.9×66＝95 700（元）

另：A型西服耗用辅助材料＝600×80＝48 000（元）

　　B型西服耗用辅助材料＝500×80＝40 000（元）

账务处理如下：

借：生产成本——基本生产成本——A型西服　　160 860
　　　　　　　　　　　　　　——B型西服　　135 700
　　　　　　——辅助生产成本——机修车间　　1 800
　　　　　　　　　　　　　　——供电车间　　1 200
　　制造费用——西服车间　　3 500
　　贷：原材料——咔叽布料　　208 560

——辅助材料 88 000

——机物料 6 500

(3) 工资费用分配。

生产工人工资费用分配率 $=\dfrac{168\ 000}{16\ 000+12\ 000}=6$（元/小时）

A 型西服应分配的工资费用 $=16\ 000\times6=96\ 000$（元）

B 型西服应分配的工资费用 $=12\ 000\times6=72\ 000$（元）

账务处理如下：

借：生产成本——基本生产成本——A 型西服 96 000
——B 型西服 72 000
——辅助生产成本——机修车间 8 600
——供电车间 10 600
制造费用——西服车间 18 400
贷：应付职工薪酬——工资 205 600

(4) 按工资总额的 14% 计提职工福利费，账务处理如下：

借：生产成本——基本生产成本——A 型西服 13 440
——B 型西服 10 080
——辅助生产成本——机修车间 1 204
——供电车间 1 484
制造费用——西服车间 2 576
贷：应付职工薪酬——职工福利 28 784

(5) 计提折旧的账务处理如下：

借：生产成本——辅助生产成本——机修车间 1 400
——供电车间 2 800
制造费用——西服车间 8 200
贷：累计折旧 12 400

(6) 摊销财产保险费的账务处理如下：

借：生产成本——辅助生产成本——机修车间 1 196
——供电车间 2 766
制造费用——西服车间 5 824
贷：预付账款——财产保险费 9 786

(7) 辅助生产费用分配。

将上述记账凭证登记相关明细账，本月辅助车间发生的费用归集如下：

本月机修车间费用 $=19\ 000$（元）

本月供电车间费用 $=22\ 000$（元）

机修车间费用分配率 $=\dfrac{19\ 000}{2\ 875-500}=8$（元/小时）

供电车间费用分配率 $=\dfrac{22\ 000}{50\ 000-6\ 000}=0.5$（元/千瓦时）

西服车间应分配费用 = 1 800 × 8 + 28 000 × 0.50 = 28 400（元）

休闲服车间应分配费用 = 400 × 8 + 16 000 × 0.50 = 11 200（元）

行政管理部门应分配 = 175 × 8 = 1 400（元）

账务处理如下：

借：制造费用——西服车间　　28 400

　　　　　　——休闲服车间　　11 200

　　管理费用　　1 400

　　贷：生产成本——辅助生产成本——机修车间　　19 000

　　　　　　　　　　　　　　　——供电车间　　22 000

（8）西服生产车间制造费用分配。根据西服车间制造费用明细账所归集的数额，本月发生额为 78 400 元，则：

$$制造费用分配率 = \frac{78\ 400}{16\ 000 + 12\ 000} = 2.8（元/小时）$$

A 型西服应分配制造费用 = 16 000 × 2.8 = 44 800（元）

B 型西服应分配制造费用 = 12 000 × 2.8 = 33 600（元）

账务处理如下：

借：生产成本——基本生产成本——A 型西服　　44 800

　　　　　　　　　　　　　　——B 型西服　　33 600

　　贷：制造费用——西服车间　　78 400

4. 填列基本生产成本明细账（或产品成本计算单），如表 11－5、表 11－6 所示。

提示：在实际工作中，企业计算产品成本通常应编制产品成本计算单，计算完工产品成本和单位成本，并以此作为登记基本生产成本明细账中转出完工产品成本的原始依据。因此，产品成本计算单与基本生产成本明细账就归集费用、计算成本而言，具有同样的功能。

表 11－5　　基本生产成本明细账

基本车间：西服车间　　2017 年 11 月

产品名称：A 型西服　完工产量：520 套　在产品数量：160 套　完工程度：50%　投料方式：一次投料　单位：元

2017 年		凭证号数	摘　要	直接材料	直接人工	制造费用	合　计
月	日						
11	1		月初在产品成本	19 340	6 060	11 300	36 700
	30		本月生产费用	160 860	109 440	44 800	315 100
	30	（略）	生产费用合计	180 200	115 500	56 100	351 800
			约当总量	520 + 160 × 100%	520 + 160 × 50%	520 + 160 × 50%	—
			单位成本	265	192.5	93.5	551
	30		完工产品成本	137 800	100 100	48 620	286 520
	30		月末在产品成本	42 400	15 400	7 480	65 280

表 11－6　　　　基本生产成本明细账

基本车间：西服车间　　　　2017 年 11 月

产品名称：B 型西服　完工产量：480 套　在产品数量：120 套　完工程度：50%　投料方式：一次投料　单位：元

2017 年		凭证号数	摘　要	直接材料	直接人工	制造费用	合　计
月	日						
11	1		月初在产品成本	26 300	9 720	6 900	42 920
	30		本月生产费用	135 700	82 080	33 600	251 380
	30	（略）	生产费用合计	162 000	91 800	40 500	294 300
			约当总量	480＋120×100%	480＋120×50%	480＋120×50%	—
			单位成本	270	170	75	515
	30		完工产品成本	129 600	81 600	36 000	247 200
	30		月末在产品成本	32 400	10 200	4 500	47 100

A 型西服成本计算说明如下（B 型西服成本计算过程略）：

约当总量＝完工产量＋月末在产品约当产量

月末在产品约当产量（直接材料）＝160×100%＝160（套）

月末在产品约当产量（直接人工、制造费用）＝160×50%＝80（套）

直接材料单位成本 $=\dfrac{180\ 200}{520+160\times 100\%}=265$（元/套）

完工产品应分配直接材料费用＝520×265＝137 800（元）

月末在产品应分配直接材料费用＝160×100%×265＝42 400（元）

直接人工单位成本 $=\dfrac{115\ 500}{520+80}=192.5$（元/套）

完工产品应分配直接人工费用＝520×192.5＝100 100（元）

月末在产品应分配直接人工费用＝80×192.5＝15 400（元）

制造费用分配率 $=\dfrac{55\ 460}{520+80}=93.5$（元/套）

完工产品应分配制造费用＝520×93.5＝48 620（元）

月末在产品应分配制造费用＝80×93.5＝7 480（元）

A 型西服完工产品成本合计＝137 800＋100 100＋48 620＝286 520（元）

A 型西服月末在产品成本合计＝42 400＋15 400＋7 480＝65 280（元）

想一想：

月末在产品成本除上述用约当产量与单位成本计算外，还可以通过哪种更简单的方式计算得出？

5. 结转完工入库产品成本，账务处理如下：

借：库存商品——A 型西服　　　　286 520

　　　　　　——B 型西服　　　　247 200

　贷：生产成本——基本生产成本——A 型西服　　　　286 520

——B 型西服	247 200

想一想：

• 结合例 11－1 的计算过程，比较品种法成本计算程序与第十章中要素费用归集和分配的程序有何关系？

• 课堂讨论：为什么将品种法称为成本计算最基本的方法？

第三节　产品成本计算的分批法

一、分批法的含义和特点

（一）分批法的含义

产品成本计算的分批法，又称订单法，是以产品批别或订单为对象归集生产费用、计算产品成本的一种方法。分批法主要适用于单件、小批的单步骤生产类型的企业。

（二）分批法的特点

1. 以产品批别或订单作为成本计算对象。
2. 成本计算期与生产周期一致，与会计报告期不一致。
3. 通常不需要将生产费用在完工产品与在产品之间进行分配。

二、分批法计算成本的程序

1. 按生产部门下达的生产通知单所规定的产品批别，开设基本生产成本明细账。
2. 按产品的批别归集和分配发生的生产费用。
3. 计算完工产品成本。如某批产品于月末全部完工，按该批产品所开设的基本生产成本明细账所归集的生产费用即为该批产品的完工成本；如某批产品于月末全部未完工，按该批产品所开设的基本生产成本明细账所归集的生产费用即为该批产品的在产品成本；如批内产品跨月陆续完工，则需将所归集的生产费用在完工产品与在产品之间进行分配。

三、分批法计算成本举例

【例 11－2】 恒天公司休闲服车间 11 月份进行三个订单的生产，有关订单和成本资料如下：

1. 资料：

（1）11 月份产品订单产量资料见表 11－7。

表 11-7

订单名称	投产时间	投产量	本月完工	月末结存
立信公司厂服	8 月份	3 500 套	3 500 套	—
中南石油制服	10 月份	5 000 套	3 000 套	2 000 套
英才学校校服	11 月份	2 500 套	—	2 500 套

（2）11 月份的成本资料。月初在产品成本见表 11-8。

表 11-8　　单位：元

订单名称	直接材料	直接人工	制造费用	合　计
立信公司厂服	174 570	52 370	22 440	249 380
中南石油制服	380 000	58 500	39 000	477 500

根据各种费用分配表，汇总各订单产品本月发生的生产费用，见表 11-9。

表 11-9　　单位：元

订单名称	直接材料	直接人工	制造费用	合　计
立信公司厂服	58 180	15 880	9 060	83 120
中南石油制服	75 000	68 250	29 250	172 500
英才学校校服	105 000	27 000	18 000	150 000

中南石油制服完工产品成本按计划定额成本转出入库，每套计划定额成本 125 元，其中直接材料 87 元，直接人工 22 元，制造费用 16 元。

2. 根据上述资料，登记各订单基本生产成本明细账，见表 11-10 至表 11-12。

表 11-10　　基本生产成本明细账

订单名称：立信公司厂服　　投产日期：8 月　　完工日期：11 月　　批量：3 500 套　　单位：元

月	日	项　目	直接材料	直接人工	制造费用	合　计
11	1	月初在产品成本	174 570	52 370	22 440	249 380
	30	本月生产费用	58 180	15 880	9 060	83 120
	30	小　计	232 750	68 250	31 500	332 500
	30	完工产品成本	232 750	68 250	31 500	332 500
		完工产品单位成本	66.5	19.5	9	95

表 11-11　　基本生产成本明细账

订单名称：中南石油制服　　投产日期：10 月　　完工日期：11 月 30 日　　批量：5 000 套　　完工：3 000 套　　单位：元

月	日	项　目	直接材料	直接人工	制造费用	合　计
11	1	月初在产品成本	380 000	58 500	39 000	477 500
	30	本月生产费用	75 000	68 250	29 250	172 500
	30	小　计	455 000	126 750	68 250	650 000
	30	完工 3 000 套产品成本	261 000	66 000	48 000	375 000
		完工产品单位成本	87	22	16	125
	30	月末在产品成本	194 000	60 750	20 250	275 000

表 11－12　　　　　　　　　　　　　基本生产成本明细账

订单名称：英才学校校服　　　　　　投产日期：11 月　　　　　　批量：2 500 套　　　　　　单位：元

月	日	项　　目	直接材料	直接人工	制造费用	合　　计
11	30	本月生产费用	105 000	27 000	18 000	150 000
	30	月末在产品成本	105 000	27 000	18 000	150 000

3. 转出完工产品成本，作结转的账务处理如下：

借：库存商品——立信公司厂服　　　　　　332 500

　　　　　　——中南石油制服　　　　　　375 000

　　贷：生产成本——基本生产成本——立信公司厂服　　　　332 500

　　　　　　　　　　　　　　　　——中南石油制服　　　　375 000

讨　论：

和同学讨论一下，然后列出必须采用分批法计算成本的五种产品：

1. ________；2. ________；3. ________；

4. ________；5. ________。

四、简化分批法

（一）简化分批法的含义

简化分批法，又称为累计工时费用分配法。这种方法是对各批产品在完工以前，只需按月在基本生产成本明细账中登记直接材料费用和生产工时，每月发生的间接费用不必按月在各批产品之间进行分配，而是先将其在基本生产成本二级账中按成本项目分别累计起来，当有完工产品转出时，才对完工产品按照其累计工时的比例分配间接费用，计算完工产品成本。这种方法主要适用同一月份投产批数很多，月末未完工产品的批数也较多，在各批产品之间分配间接费用相当繁琐的单件小批量生产类型的企业。

提示：采用分批法时，生产费用的归集、分配过程与品种法相同。

对各批完工产品分配间接费用，一般是按照完工产品累计生产工时比例进行分配。其计算公式为：

$$\text{全部产品累计间接费用分配率} = \frac{\text{全部产品累计间接费用}}{\text{全部产品累计工时}}$$

$$\text{某批完工产品应负担的间接费用} = \text{该批完工产品累计工时} \times \text{全部产品累计间接费用分配率}$$

（二）简化分批法计算的基本程序

1. 按产品批别或定单设置基本生产明细账，按月登记各批产品的直接费用和各批产品实际耗用工时数；设置基本生产二级账，按月登记各批产品的直接费用、间接费用和生产工时。

2. 计算全部产品累计间接费用分配率，对完工产品分配间接费用，计算出各批产品的完工总成本和单位成本。

简化分批法成本计算要点：

- 设置并登记基本生产二级账；
- 直接材料按完工产量和在产品数量的比例分配；
- 计算间接费用分配率，计算完工产品应负担的间接费。

（三）简化分批法计算成本举例

【例11－3】 某工业企业12月份有关成本计算资料如下：

1. 产量资料见表11－13。

表11－13

产品名称及批号	投产时间	投产量	本月完工	月末结存
甲产品——101号	8月份	12件	12件	—
甲产品——102号	10月份	10件	5件	5件
乙产品——910号	11月份	8件	5件	3件
乙产品——920号	12月份	6件	—	6件

2. 12月初在产品成本及已耗用生产工时资料见表11－14。

表11－14

产品名称及批号	月初在产品成本				
	已耗用工时	直接材料	直接人工	制造费用	成本合计
甲产品——101号	7 680	1 680 000			
甲产品——102号	4 000	1 560 000			
乙产品——910号	1 600	2 340 000			
合　计	13 280	5 580 000	159 360	265 600	6 004 960

3. 12月份发生生产费用和耗用生产工时资料见表11－15。

表11－15

产品名称及批号	本月发生生产费用				
	生产工时	直接材料	直接人工	制造费用	成本合计
甲产品——101号	2 400	126 000			
甲产品——102号	2 000	128 000			
乙产品——910号	1 600	256 000			
乙产品——920号	1 200	3 278 000			
合　计	7 200	3 788 000	86 400	144 000	4 018 400

4. 设立基本生产成本二级账，见表11－16。

表 11－16

基本生产成本二级账

（各批产品总成本）

2017 年 月	2017 年 日	凭证号数	摘　　要	直接材料	生产工时	直接人工	制造费用	成本合计
12	1		月初在产品成本	5 580 000	13 280	159 360	265 600	6 004 960
	31		本月发生	3 788 000	7 200	86 400	144 000	4 018 400
	31		累计生产费用	9 368 000	20 480	245 760	409 600	10 023 360
	31		累计间接费用分配率	—	—	12①	20②	—
	31		本月完工转出	4 272 500	15 680	188 160	313 600	4 774 260
	31		月末在产品成本	5 095 500	4 800	57 600	96 000	5 249 100

说明：①12＝245 760÷20 480；②20＝409 600÷20 480。

提示：简化分批法的关键是登记基本生产成本二级账（见表 11－16），汇总登记各批产品的总成本，计算累计间接费用的分配率，以便计算转出完工产品应负担的成本。

5. 直接材料按完工产量和在产品数量的比例分配；已知甲产品批号 102 号完工产品工时按每件工时定额 720 小时计算，乙产品批号 910 号完工产品工时按每件工时定额 400 小时计算。

6. 设立基本生产成本明细账，转出完工产品成本，见表 11－17 至表 11－20。

表 11－17

基本生产成本明细账

产品名称：甲产品　　批号：101　　批量：12 件　　完工：12 件　　投产日期：8 月　　完工日期：12 月

2017 年 月	2017 年 日	凭证号数	摘　　要	直接材料	生产工时	直接人工	制造费用	合　计
12	1		月初在产品成本	1 680 000	7 680			
	31		本月发生	126 000	2 400			
	31		累计生产费用	1 806 000	10 080			1 806 000
			间接费用分配率			12	20	—
			完工产品应分配间接费用			120 960	201 600	322 560
	31		本月转出完工产品成本	1 806 000	10 080	120 960	201 600	2 128 560
	31		完工产品单位成本	150 500		10 080	16 800	177 380

表 11－18

基本生产成本明细账

产品名称：甲产品　　批号：102　　批量：10 件　　完工：5 件　　投产日期：10 月　　完工日期：12 月 31 日

2017 年 月	2017 年 日	凭证号数	摘　　要	直接材料	生产工时	直接人工	制造费用	合　计
12	1		月初在产品成本	1 560 000	4 000			1 560 000
	31		本月发生	128 000	2 000			128 000
	31		累计生产费用	1 688 000	6 000			1 688 000
			间接费用分配率			12	20	—
			完工产品应分配间接费用		3 600②	43 200	72 000	115 200
	31		本月转出完工产品成本	844 000①	3 600	43 200	72 000	959 200
			完工产品单位成本	168 800		8 640	14 400	191 840
	31		月末在产品成本	844 000	2 400③			

说明：①844 000＝1 688 000×5/(5＋5)；②3 600＝720×5；③2 400＝6 000－3 600。

表 11－19　　基本生产成本明细账

产品名称：乙产品　批号：910　批量：8 件　完工：5 件　投产日期：11 月　完工日期：12 月 31 日

2017 年 月	2017 年 日	凭证号数	摘　要	直接材料	生产工时	直接人工	制造费用	合　计
12	1		月初在产品成本	2 340 000	1 600			2 340 000
	31		本月发生	256 000	1 600			256 000
	31		累计生产费用	2 596 000	3 200			2 596 000
			间接费用分配率			12	20	—
			完工产品应分配间接费用		2 000②	24 000	40 000	64 000
	31		本月转出完工产品成本	1 622 500①	2 000	24 000	40 000	1 686 500
			完工产品单位成本	324 500		4 800	8 000	337 300
	31		月末在产品成本	973 500	1 200③			

说明：①1 622 500＝2 596 000×5/（5＋3）；②2 000＝400×5；③1 200＝3 200－2 000。

表 11－20　　基本生产成本明细账

产品名称：乙产品　批号：920　批量：6 件　投产日期：12 月　完工日期：

2017 年 月	2017 年 日	凭证号数	摘　要	直接材料	生产工时	直接人工	制造费用	合　计
12	31		本月发生	3 278 000	1 200			
	31		月末在产品成本	3 278 000	1 200			

7. 转出完工入库产品的成本，账务处理如下：

借：库存商品——甲产品(101 号)　2 128 560
　　　　　　　　　　(102 号)　959 200
　　　　——乙产品（910 号）　1 686 500
　贷：生产成本——基本生产成本——甲产品(101 号)　2 128 560
　　　　　　　　　　　　　　　　(102 号)　959 200
　　　　　　　　　　　　——乙产品（910 号）　1 686 500

采用简化分批法的条件：

1. 月份内投产批数多，月末未完工产品的批数也较多。
2. 各月间接费用的发生水平相差不大。
3. 生产工时确定，生产统计完善。

第四节　产品成本计算的分步法

一、分步法的含义和特点

（一）分步法的含义

产品成本计算的分步法，是以产品的生产步骤和产品品种为成本计算对象归集生产费

用、计算产品成本的一种方法。分步法主要适用于大量大批多步骤生产。

（二）分步法的一般特点

1. 以产品的生产步骤和产品品种为成本计算对象。

2. 月末定期计算成本，成本计算期与会计报告期一致，与生产周期不一致。

3. 生产费用应在完工产品与在产品之间分配。

分步法按是否需要计算和结转各步骤半成品成本又分为两种方法：逐步结转分步法和平行结转分步法。

二、逐步结转分步法

（一）逐步结转分步法的含义和特点

逐步结转分步法，是按照产品的生产加工顺序，逐步计算和结转半成品成本，直到在最后生产步骤计算出最终完工产品成本的一种分步法。这种方法既能提供完工产品成本的资料，又能提供半成品成本资料，满足企业成本管理的要求。

逐步结转分步法除具备分步法的一般特点外，还有以下特点：

1. 成本计算对象为各种产成品及所经过的各生产步骤的半成品。

2. 采用品种法计算各步骤的完工半成品成本和月末半成品的在产品成本（最后一步为完工产品成本和在产品成本）。

3. 半成品成本与半成品实物随生产进程同时结转。采用分步法计算产品时，实物产品将随生产进程向下一生产步骤转移，即上一步骤生产的半成品为下一步骤加工的直接材料。为了逐步计算各生产步骤完工半成品成本和最后一个步骤的产成品成本、各步骤耗用上一步骤半成品的成本，要随着半成品实物的转移，从上一步骤的基本生产成本明细账转入下一步骤相同产品的基本生产成本明细账中。

在实际工作中，半成品完工结转的方式有两种：一是直接转移到下一步骤；二是通过半成品库收发，使用“自制半成品”账户转移到下一步骤。

（二）逐步结转分步法的计算程序

1. 按产成品的品种和各步骤半成品的品种设置基本生产明细账，归集分配生产费用。

2. 月末，采用品种法计算各步骤的完工成本和在产品成本，并将上步骤完工半成品成本转入下一步骤，直至最后步骤的完工产成品成本转入“库存商品”账户。

半成品完工转入下步骤的账务处理

1. 直接转入下步骤：

借：生产成本——基本生产成本——××产品

　　贷：生产成本——基本生产成本——××半成品

2. 通过半成品库转入下步骤：须通过“自制半成品”账户予以收发，具体为：

（1）入库时：

借：自制半成品——××半成品

　　贷：生产成本——基本生产成本——××半成品

（2）下步骤领用时：
借：生产成本——基本生产成本——××半成品
　　贷：自制半成品——××半成品
（3）最后一步骤领用时：
借：生产成本——基本生产成本——××产成品
　　贷：自制半成品——××半成品

假定甲产品经过连续的三个步骤加工，完工半成品结转不通过半成品库，成本计算程序如图 11－1 所示。

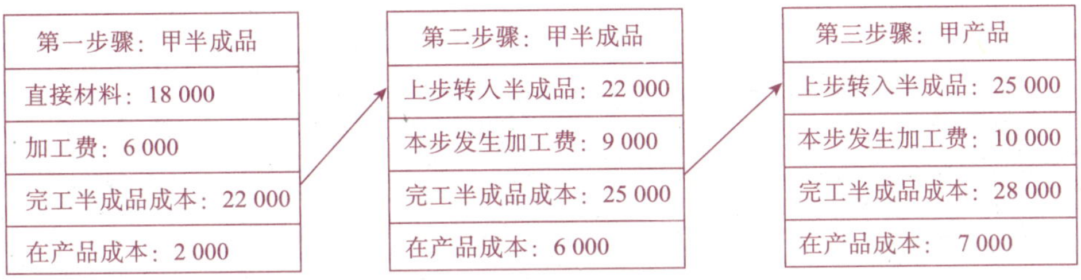

图 11－1　逐步结转分步法的计算程序

采用逐步结转分步法，按照半成品成本在下一步骤基本生产成本明细账中反映形式的不同，又可分为综合结转分步法和分项结转分步法两种方法。

（三）综合结转分步法

综合结转分步法，是将本步骤转入下一步骤的半成品成本，不分成本项目，而是以半成品成本合计数综合计入下步骤基本生产成本明细账专设的“半成品”成本项目中。

【例 11－4】 某纺织公司有纺纱、织布与漂染、制衣三个生产车间，纺纱车间完工的纱锭全部转入半成品仓库，一部分用于对外销售，一部分用于本公司织布车间；织布与漂染车间完工的布匹不通过半成品仓库收发，直接转入制衣车间加工为成衣。公司采用一次投料逐步加工的生产方式，月末在产品的完工程度均为 50%。有关产量成本资料如下：

1. 产品生产流程见图 11－2。

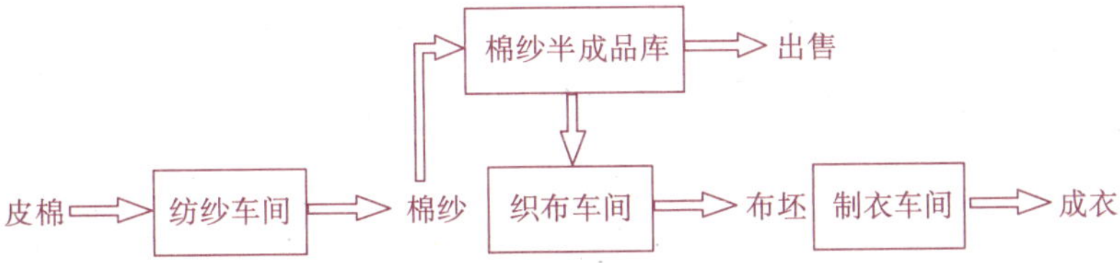

图 11－2　纺织公司产品生产流程

2. 产量资料见表 11－21。

表 11－21

车间或产品名称	计量单位	月初结存	本月投入	本月完工	月末结存
纺纱车间	锭	6 000	18 000	16 000	8 000
织布与漂染车间	米	500	8 000	6 800	1 700
制衣车间	件	700	2 500	2 800	400

3. 成本资料见表 11－22。

表 11－22

车间或产品名称及成本项目		直接材料	半成品	直接人工	制造费用	合　计
纺纱车间	月初结存成本	41 600		21 400	20 200	83 200
	本月发生费用	126 400		50 600	47 800	224 800
织布与漂染车间	月初结存成本	7 200	19 000	12 240	7 650	46 090
	本月发生费用	35 300		48 960	30 600	114 860
制衣车间	月初结存成本	6 500	35 200	5 400	3 600	50 700
	本月发生费用	25 500		21 600	14 400	61 500

工业企业产品生产过程中，产品除耗用“原料”外，还直接耗用其他主要材料。如织布与漂染车间的“原料”为坯布，其他主要材料为各种的颜料、染料等；制衣车间的“原料”为印染后的棉布，其他主要材料为构成成衣的衬布、花边、拉锁、纽扣等等。因此，“原材料”的二级明细账户为“原材料——原料及主要材料”。

4. 自制半成品资料见表 11－23。

表 11－23　　自制半成品库存物资明细账

物资名称：棉纱　　计量单位：锭

2017 年		凭证号数	摘　要	收　入			发　出			结　存		
月	日	（略）		数量	单价	金额	数量	单价	金额	数量	单价	金额
12	1		月初结存							2 500	14	35 000
12	31		入库	16 000	14①	224 000				18 500	14	259 000
12	31		生产领用				12 000	14	168 000	6 500	14	91 000

说明：①参看成本计算表 11－24 中的单位成本。

相关链接

自制半成品发生实际成本的计算，参看本教材第四章第二节“存货价值的确定”中“发出存货的计价方法”。

如自制半成品入库单价不同，则发出自制半成品实际成本一般采用加权平均法计算。

5. 纺纱车间、织布车间和制衣车间的成本计算见表 11－24 至表 11－26。

表 11－24　　基本生产成本明细账

车间：纺纱车间　产品名称：棉纱　在产品：8 000 锭　完工产量：16 000 锭　完工程度：50%　单位：元

2017年 月	2017年 日	凭证号数	摘　要	直接材料	直接人工	制造费用	合　计
12	1		月初在产品成本	41 600	21 400	20 200	83 200
	31		本月发生费用	126 400	50 600	47 800	224 800
	31	（略）	小　计	168 000	72 000	68 000	308 000
			约当总量	24 000	20 000	20 000	—
			单位成本	7	3.6	3.4	14
	31		完工产品成本	112 000	57 600	54 400	224 000
	31		月末在产品成本	56 000	14 400	13 600	84 000

表 11－25　　基本生产成本明细账

车间：织布车间　产品名称：棉布　在产品：1 700 米　完工程度：50%　完工产量：6 800 米　单位：元

2017年 月	2017年 日	凭证号数	摘　要	半成品	直接材料	直接人工	制造费用	合　计
12	1		月初在产品成本	19 000	7 200	12 240	7 650	46 090
	31		本月发生费用	168 000	35 300	48 960	30 600	282 860
	31	略	小　计	187 000	42 500	61 200	38 250	328 950
			约当总量	8 500	8 500	7 650	7 650	—
			单位成本	22	5	8	5	40
	31		完工产品成本	149 600	34 000	54 400	34 000	272 000
	31		月末在产品成本	37 400	8 500	6 800	4 250	56 950

表 11－26　　基本生产成本明细账

车间：制衣车间　产品名称：成衣　在产品：400 件　完工产量：2 800 件　完工程度：50%　单位：元

2017年 月	2017年 日	凭证号数	摘　要	半成品	直接材料	直接人工	制造费用	合　计
12	1		月初在产品成本	35 200	6 500	5 400	3 600	50 700
	31		本月发生或转入	272 000	25 500	21 600	14 400	333 500
	31	略	小　计	307 200	32 000	27 000	18 000	384 200
			约当总量	3 200	3 200	3 000	3 000	—
			单位成本	96	10	9	6	121
	31		完工产品成本	268 800	28 000	25 200	16 800	338 800
	31		月末在产品成本	38 400	4 000	1 800	1 200	45 400

（1）做棉纱验收入库的会计分录如下：

借：自制半成品——棉纱　　224 000

贷：生产成本——基本生产成本——纺纱车间（棉纱）　　224 000

（2）做织布车间领用棉纱的会计分录如下：

借：生产成本——基本生产成本——织布车间（棉布）　　168 000

贷：自制半成品——棉纱　　168 000

（3）做织布车间的半成品成本转入制衣车间的分录如下：

借：生产成本——基本生产成本——成衣车间　　272 000

贷：生产成本——基本生产成本——织布车间（棉布）　　272 000

（4）做最终产品完工入库的会计分录如下：

借：库存商品——成衣　　338 800

贷：生产成本——基本生产成本——成衣车间（成衣）　　338 800

采用综合结转法结转半成品成本，各步骤所耗半成品的成本是以“半成品”项目综合反映的。这样计算出来的产成品的成本不能提供按原始成本项目（直接材料、直接人工、制造费用）反映的成本资料，同时也人为地导致在最后一个生产步骤的成本计算中，“半成品”项目占的比例很大，而直接人工、制造费用只反映最后一个步骤发生的费用，在产成品成本中所占的比例很小，这样不符合企业产品成本结构（各成本项目占产品成本的比重）的实际情况，因而不利于从整个企业的角度来考核和分析产品成本的构成水平，也不利于成本分析工作。因此，在采用综合结转分步法下，需要进行成本还原。

名词解释

成本还原：就是将产成品成本中所包含在“半成品”项目中的综合成本，通过一定的方法，逐步还原为直接材料、直接人工和制造费用等原始成本项目，从而求得按原始成本项目反映的产成品成本资料。以例 11－4 来讲，就是在“库存商品——成衣”的成本中能体现耗用“直接材料——皮棉”、“直接人工”、“制造费用”的成本。

【方法评价】

优点：综合结转分步法将各步骤半成品成本按“半成品”项目综合转入下一生产步骤基本生产成本明细账中，大大简化了半成品成本的结转和登记工作。

缺点：成本还原的计算较繁琐。

这种方法一般适用于管理上要求计算半成品成本而不需要成本还原的多步骤产品成本的计算。

综合结转分步法成本还原

（四）分项结转分步法

分项结转分步法，是指将各步骤半成品成本分成本项目（直接材料、直接人工、制造费用等）**转入下一步骤基本生产成本明细账中，计算产品成本的一种方法。**如果半成品通过半成品仓库收发，则在自制半成品明细账中登记半成品成本时，也应按照成本项目分别登记。

【例 11－5】 某制造企业大量大批地生产甲产品，第一车间生产甲半成品，完工后直接转入第二车间生产甲产成品。原材料在开始生产时一次投入，月末在产品的完工程度均为50%。有关产量成本资料如下：

1. 产量资料见表 11－27。

表 11－27

车间或产品名称	计量单位	月初结存	本月投入或转入	本月完工	月末结存
第一车间	件	20	100	80	40
第二车间	件	60	80	100	40

2. 成本资料见表 11－28。

表 11－28　　单位：元

车间或产品名称及成本项目		直接材料	直接人工	制造费用	合　计
第一车间	月初结存成本	16 420	1 120	2 300	19 840
	本月发生费用	26 780	4 480	3 700	34 960
第二车间	月初结存成本	25 240	2 250	2 360	29 850
	本月发生费用	—	6 950	7 240	14 190

3. 开设基本生产明细账，计算甲半成品成本和完工产品成本（见表 11－29、表 11－30）。

表 11－29　　基本生产成本明细账

车间：一车间　产品名称：甲半成品　在产品：40 件　完工程度：50%　完工产量：80 件　单位：元

2017 年		凭证号数	摘　要	直接材料	直接人工	制造费用	合　计
月	日						
12	1		月初在产品成本	16 420	1 120	2 300	19 840
	31		本月发生生产费用	26 780	4 480	3 700	34 960
	31	（略）	小　计	43 200	5 600	6 000	54 800
			约当总量	120	100	100	—
			单位成本	360	56	60	476
	31		完工转出成本	28 800	4 480	4 800	38 080
	31		月末在产品成本	14 400	1 120	1 200	16 720

表 11－30　　基本生产成本明细账

车间：二车间　产品名称：甲半成品　在产品：40 件　完工程度：50%　完工产量：100 件　单位：元

2017 年		凭证号数	摘　要	直接材料	直接人工	制造费用	合　计
月	日						
12	1		月初在产品成本	25 240	2 250	2 360	29 850
	31		本月发生费用	—	6 950	7 240	14 190
			上步转入半成品成本	28 800	4 480	4 800	38 080
	31	（略）	小　计	54 040	13 680	14 400	82 120
			约当总量	140	120	120	—
			单位成本	386	114	120	620
	31		完工产品成本	38 600	11 400	12 000	62 000
	31		月末在产品成本	15 440	2 280	2 400	20 120

做转入下一生产步骤（第二车间）的账务处理如下：

借：生产成本——基本生产成本——第二车间（甲产品）　　38 080

　　贷：生产成本——基本生产成本——第一车间（甲半成品）　　38 080

做完工入库产品成本的账务处理如下：

借：库存商品——甲产品　　62 000

　　贷：生产成本——基本生产成本——第二车间（甲产品）　　62 000

提示：注意两个车间完工结转会计分录中的明细账户。

【方法评价】

优点：采用分项结转分步法，因各步骤所耗半成品的成本是按其原始成本项目分项逐步转入的，这样计算出来的产成品成本可以直接、正确地提供按原始成本项目反映的产品成本资料，便于从整个企业的角度考核和分析产品成本的构成情况，不需要进行成本还原。

缺点：半成品成本结转工作比较复杂。

因此，分项结转分步法一般适用于管理上不要求计算半成品成本，但要求按原始成本项目反映完工产品成本的企业。

想一想：

1. 比较综合结转法与分项结转法的主要区别。
2. 比较综合结转法与分项结转法的优缺点和适用范围。

三、平行结转分步法

（一）平行结转分步法的特点

平行结转分步法，是指各生产步骤不计算也不结转半成品成本，而是将各生产步骤发生的生产费用中应计入产成品成本的“份额”平行地加以汇总，从而计算完工产品成本的一种方法。

在大量大批多步骤生产企业中，如果各生产步骤所产半成品的种类很多，但半成品外售的情况却很少，且管理上不要求计算半成品成本，为了简化和加速成本计算工作，在计算产品成本时可以不计算各步骤所产的半成品成本，也不计算各步骤所耗上一步骤的半成品成本，而只计算本步骤所发生的各项生产费用以及这些费用中应计入产成品成本的份额。然后，将各步骤应计入同一产成品成本的份额平行结转汇总，即可计算出该种产品的产成品成本。

平行结转分步法除具有分步法的一般特点外，还有以下特点：（1）各步骤只计算本步骤所发生的生产费用，不计算半成品成本。（2）半成品成本不随半成品实物向下一步骤转移，而进行成本的结转。（3）各步骤发生的费用应分为计入产成品成本的“份额”和月末在产品成本两部分。（4）产成品成本由各生产步骤应计入产成品成本的份额平行结转汇总而成。（5）平行结转分步法下的在产品为广义在产品的概念，既包括相对于完工半成品的在产品，也包括相对于最终完工产品的在产品。

（二）平行结转分步法的计算程序

1. 按产品品种及生产步骤开设基本生产成本明细账，登记发生的各项生产费用。

2. 月末，将各步骤基本生产成本明细账中归集的生产费用采用适当的分配方法，计算出应计入产成品成本的“份额”和月末在产品成本。

3. 将各步骤计入产成品成本的“份额”平行结转汇总，计算出产成品成本。

平行结转分步法的计算程序如图 11－3 所示。

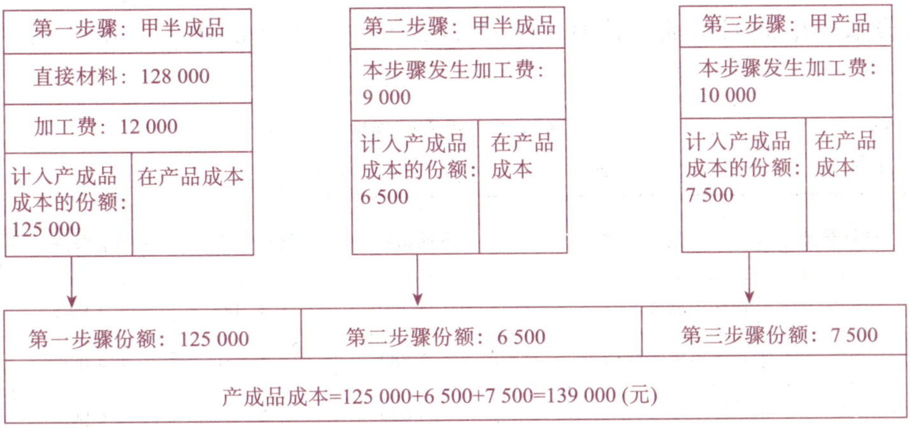

图 11－3　平行结转分步法的计算程序

（三）平行结转分步法计算举例

【例 11－6】 某制造企业经过三个车间对乙产品进行连续生产加工，第一车间生产乙半成品 A，完工后直接转入第二车间生产乙半成品 B，然后转入第三车间生产乙产品。原材料在开始生产时一次投入，月末在产品的完工程度均为50%。有关产量成本资料如下：

1. 产量资料见表 11－31。

表 11－31

车间或产品名称	计量单位	月初结存	本月投入或转入	本月完工	月末结存
第一车间	件	40	80	100	20
第二车间	件	60	100	120	40
第三车间	件	80	120	140	60

2. 成本资料见表 11－32。

表 11－32　　单位：元

车间或产品名称及成本项目		直接材料	直接人工	制造费用	合　计
第一车间	月初结存成本	5 720	1 300	1 920	8 940
	本月发生费用	22 880	5 200	4 080	32 160

续表

车间或产品名称及成本项目		直接材料	直接人工	制造费用	合　计
第二车间	月初结存成本		1 760	1 320	3 080
	本月发生费用	—	7 040	7 920	14 960
第三车间	月初结存成本		900	500	1 400
	本月发生费用		3 350	2 050	5 400

3. 开设基本生产明细账，计算乙半成品成本和完工产品成本（见表 11－33 至表 11－36）。

表 11－33　　**基本生产成本明细账**

车间：一车间　　产品名称：乙半成品 A　　完工产量：140 件　　单位：元

2017 年		凭证号数	摘　要	直接材料	直接人工	制造费用	合　计
月	日						
12	1		月初在产品成本	5 720	1 300	1 920	8 940
	31		本月发生生产费用	22 880	5 200	4 080	32 160
	31	略	小　计	28 600	6 500	6 000	41 100
			约当总量	260①	250②	250	—
			单位成本	110	26	24	160
	31		应计入产成品成本的份额	15 400	3 640	3 360	22 400
	31		月末在产品成本	13 200	2 860	2 640	18 700

说明：①$260 = 140 + 60 + 40 + 20 \times 100\%$；②$250 = 140 + 60 + 40 + 20 \times 50\%$。

表 11－34　　**基本生产成本明细账**

车间：二车间　　产品名称：乙半成品 B　　完工产量：140 件

2017 年		凭证号数	摘　要	直接材料	直接人工	制造费用	合　计
月	日						
12	1		月初在产品成本	—	1 760	1 320	3 080
	31		本月发生费用	—	7 040	7 920	14 960
	31	略	小　计	—	8 800	9 240	18 040
			约当总量	—	220①	220	—
			单位成本		40	42	82
	31		应计入产成品成本的份额		5 600	5 880	11 480
	31		月末在产品成本		3 200	3 360	6 560

说明：①$220 = 140 + 60 + 40 \times 50\%$。

表 11－35　　基本生产成本明细账

车间：三车间　　产品名称：乙产成品　　完工产量：140 件

2017 年		凭证号数	摘　要	直接材料	直接人工	制造费用	合　计
月	日						
12	1		月初在产品成本	—	900	500	1 400
	31		本月发生费用	—	3 350	2 050	5 400
	31	略	小　计	—	4 250	2 550	6 800
			约当总量	—	170①	170	—
			单位成本	—	25	15	40
	31		应计入产成品成本的份额	—	3 500	2 100	5 600
	31		月末在产品成本	—	750	450	1 200

说明：①170＝140＋60×50%。

表 11－36　　产成品成本汇总计算表

产品名称：乙产品　　完工产量：140 件　　单位：元

车间及成本项目	直接材料	直接人工	制造费用	合　计
第一车间	15 400	3 640	3 360	22 400
第二车间		5 600	5 880	11 480
第三车间		3 500	2 100	5 600
完工产品总成本	15 400	12 740	11 340	39 480
完工产品单位成本	110	91	81	282

在平行结转分步法下，采用约当产量法计算各步骤应计入产成品成本的份额，关键在于确定各步骤的产品的约当总量。

（1）某步骤约当总量＝完工产品产量＋本步骤以后步骤在产品数量＋本步骤在产品的约当产量（一次投料方式应区分直接材料和加工费部分约当产量的计算）

如上例一车间乙半成品 A 约当总量的计算：

直接材料约当总量＝140＋60＋40＋20×100%＝260（件）

直接人工、制造费用约当总量＝140＋60＋40＋20×50%＝250（件）

（2）某步骤应计入产成品成本的份额＝完工产品产量×各步骤成本项目的单位成本

如上例一车间乙半成品 A 应计入完工产品成本的份额：

直接材料部分应计入份额＝140×110＝15 400（元）

直接人工部分应计入份额＝140×26＝3 640（元）

制造费用部分应计入份额＝140×24＝3 360（元）

做完工入库产品成本的账务处理如下：

借：库存商品——乙产品　　39 480

　贷：生产成本——基本生产成本——第一车间（乙半成品 A）　　22 400

　　　　　　　　　　　　　　——第二车间（乙半成品 B）　　11 480

——第三车间（乙产品）　　5 600

讨　论：

通过对平行结转分步法计算程序和上述例题的理解，同学们讨论一下自己对“平行”与“结转”的认识。

【方法评价】

优点：平行结转分步法具有平行结转汇总计算产成品成本、简化和加速成本计算工作的优点。

缺点：由于各步骤不计算和结转半成品成本，不能提供各个步骤的半成品成本资料，不利于各步骤的成本管理，并且半成品实物转移与费用结转脱节，也不利于各生产步骤在产品的实物管理和资金管理。

因此，平行结转分步法一般只适用于半成品种类较多，逐步结转半成品成本的工作量较大，管理上又不要求提供各步骤半成品成本资料的产品或企业采用。

案例：美国经营最好的航空公司

第十二章
所有者权益

恒天公司开始由三个自然人投资，后因生产发展的需要，又吸引了其他投资者加入。你认为投资者最关心的问题是什么？

学习目标 □ 理解所有者权益概念、特征、内容
□ 掌握实收资本、资本公积、盈余公积、未分配利润的核算

第一节 所有者权益概述

一、所有者权益的概念和特征

所有者权益，是指企业资产扣除其负债后由所有者享有的剩余权益。会计方程式“资产－负债＝所有者权益”清楚地说明了所有者权益实质上是一种剩余权益，是企业的全部资产减去全部负债后的差额，体现了企业的产权关系。它可以因投资者的投资或企业的经营获利而增加，也可以因投资者的利润分配或企业的经营亏损而减少。

所有者权益具有以下基本特征：

1. 所有者投资所形成的资产可供企业长期使用，无归还期，除非发生减资、清算或分配现金股利，企业不需要偿还所有者权益。

2. 所有者投资所形成的资产是企业清偿债务的物资保证。

3. 所有者凭借所有者权益能够参与企业利润的分配，同时也承担企业的经营风险。

二、所有者权益的内容

所有者权益包括实收资本、资本公积、盈余公积和未分配利润。一般而言，实收资本和

资本公积是由所有者直接投入的，如所有者的投入资本、资本溢价等；而盈余公积和未分配利润则是由企业在生产经营过程中所实现的利润留存在企业所形成的，因此，盈余公积和未分配利润又被称为“留存收益”。

三、所有者权益和负债的区别

所有者权益和负债都是形成企业资产的资金来源，都对企业资产拥有一定的要求权，但两者在内容和性质上却具有本质差异，具体体现在以下几个方面：

（一）两者的对象不同，对企业的要求权不同

负债的对象是债权人，所有者权益的对象是所有者或股东；负债是债权人对企业资产的要求权，而所有者权益是所有者或股东对企业净资产（净资产 = 总资产 - 总负债）的要求权。企业满足债权和所有者权益的先后次序不同，债权优先于所有者权益，债权人要求支付利息和偿还本金的权利在所有者权益之前，所有者权益对企业资产的要求权次于负债。当企业清算时，只有在归还债务之后还有剩余财产时，所有者才能按出资比例获得偿还。

（二）两者体现的经济关系不同，享有的权利也不同

负债体现的是企业与债权人之间的债权债务关系；而所有者权益体现的是企业与所有者或股东之间的产权关系。正因为如此，负债和所有者权益所拥有的权利不同。债权人只是将资产有偿地借给企业周转使用，因而没有参与企业经营管理和决策的权利，也没有参与企业盈利分配的权利；而所有者或股东将资产投入企业，是企业的主人，因而具有参与企业经营管理和决策的权利，即具有法定的管理企业和委托他人经营企业的权利，还具有参与企业盈利分配的权利。

（三）两者的偿还期限不同

负债需要偿还，所有者权益不需偿还，除非发生减值、清算。所有者权益与企业共存，是一种永久性的资本，在规定的经营期内，企业无需向所有者偿还其投入的资本，所有者也不得要求企业返还其资本；而负债则有规定的偿还期限，企业必须按期还本付息。

（四）两者承担的风险、获得的利益不同

企业的债权人不能参与企业的利润分配，只可以按事先约定取得固定的利息收入，并在债务到期时获得返还的本金，其收益与企业的经营结果关系不大且较为固定，承担的风险相对较小；而所有者获得的投资收益不固定，要根据企业的经营状况而定，按其投资比例分享企业的经营利润，分担企业的经营亏损，承担的风险相对较大。

第二节 实收资本的核算

一、实收资本的内容

我国有关法律规定，企业申请开业，必须具备符合国家规定并与其生产经营和服务规模相适应的资金数额。而**实收资本**正是投资者投入到企业中的各种资产的价值，是投资者按照企业章程或合同、协议的约定，实际投入企业的资本。实收资本的构成比例即投资者的出资比例，是企业据以向投资者进行利润分配的主要依据。

我国目前实行的是注册资本金制度，即要求企业的实收资本与其注册资本一致。注册资本是企业在工商登记机关登记的注册资金，是投资者交纳的出资额。

实收资本按投资主体的不同，可以分为国家资本、法人资本、个人资本和外商资本等。

相关链接

我国对各类公司注册资本的最低限额的规定请参看《公司法》的相关规定。

二、实收资本的账务处理

（一）账户设置

为了反映和监督投资者投入资本的增减变动情况，企业应设置“实收资本”账户，对资本增减业务进行会计核算。该账户贷方登记企业实收资本的增加，借方登记按规定程序实际减少的注册资本，期末贷方余额反映企业资本实有额。“实收资本”账户按投资者名称设置明细账进行明细分类核算。并且还需要设置备查簿，详细记录核定的资本总额、各投资者的出资比例和认缴的资本金额等。

投资者可以用货币出资，也可以用实物、知识产权、土地使用权等可以用货币估价并可以依法转让的非货币财产作价出资；但是，法律、行政法规规定不得作为出资的财产除外。

（二）账务处理

实收资本具体的账务处理涉及以下三个方面：

1. 企业接受投资者以人民币资产投入的资本，应以实际收到的金额，借记“银行存款”账户；按投资者应享有企业注册资本的份额计算的金额，贷记“实收资本”账户；若实际收到的金额与享有的份额计算的金额有差异，则按其差额，贷记“资本公积——资本溢价”账户。

【例12－1】 恒天公司接到开户银行通知，收到利达公司投资款现金200万元存入银行。恒天公司注册资本为500万元，根据合同规定，利达公司所占股份为40%。根据投资合同和银行进账单，有关账务处理如下：

借：银行存款　　2 000 000

　　贷：实收资本——利达公司　　2 000 000

想一想：

例12－1中，如果根据合同规定，利达公司所占股份只为38%，有关账务该如何处理？

2. 企业接受投资者以非现金资产投入的资本，应按评估或合同确认的价值，借记“固定资产”、“原材料”、“库存商品”、“无形资产”等有关的资产账户；按投资者应享有企业注册资本的份额计算的金额，贷记“实收资本”账户；若投资各方确认的价值与享有的份额计算的金额有差异，则按其差额，贷记“资本公积——资本溢价”账户。

【例12－2】 恒天公司接受远虹公司投入的设备一台，该设备的账面原值为180万元，已提折旧20万元，投资合同约定的价值为150万元。恒天公司注册资本为500万元，根据合同规定，远虹公司所占股份为25%。有关账务处理如下：

借：固定资产——设备　　1 500 000

　　贷：实收资本——远虹公司　　1 250 000

　　　　资本公积——资本溢价　　250 000

提示：接受投资者以非现金资产投入的资本时，非现金资产要以双方确定的价值入账，不能以其账面原值入账。

3. 企业按法定程序报经批准减少注册资本时，借记“实收资本”账户，贷记“现金”、“银行存款”等账户；并应当将因减资而使股份发生变动的情况，在“实收资本”账户的有关明细账及备查簿中详细记录。

提示：实收资本一般不得随意变动，只有符合条件报经批准后方可增资或减资。

第三节　资本公积的核算

一、资本公积的内容

资本公积，是指投资者在投入过程中所发生的与投入资本有直接联系，但又不能构成实收资本的积存资金，主要指资本溢价。

二、资本公积的账务处理

为了核算企业资本公积的增减变动情况，企业应设置“资本公积”账户，该账户贷方登记资本公积的增加；借方登记资本公积的减少；期末贷方余额，反映企业实有的资本公积。“资本公积”账户应按照资本公积的类别分别设置“资本溢价（或股本溢价）”、“其他资本公积”等明细账，进行明细分类核算。

（一）资本公积金增加的账务处理

1. 资本溢价（股本溢价）的核算。

资本溢价，是指企业投资者投入的资金超过其注册资本所占份额的部分。由于企业创立时，投资者出资作为注册资本，全部记入“实收资本”账户，企业经过一段时间的正常生产经营，已经积累了大量的留存收益，企业的净资产往往大于注册资本，这时新的投资者加入，就会同原投资者一起分享这些权益。因此，新加入的投资者要付出大于原有投资者的出资额，才能取得与原有投资者相同的投资比例，这就造成企业新的投资者投入的资金会超过其在注册资本中所占份额，超过部分作为资本溢价计入资本公积。具体的账务处理要结合“实收资本”的账务处理来进行。投资者投入的资本等于按其投资比例计算的出资额，应记入“实收资本”账户，超过的部分，应记入“资本公积——资本溢价”账户。

股本溢价，是股份有限公司在溢价发行股票情况下，企业发行股票取得收入中超出股票面值的溢价收入。

【例 12－3】 利达公司原来由四个投资者投资组成，每人各投资 100 万元，共计实收资本为 400 万元，经营一年后，有另一投资者加入该企业，经协商企业将注册资本增加到 500 万元，该投资者投入现金 120 万元，拥有企业 20% 的股份，款项已存入银行。有关账务处理如下：

借：银行存款　　1 200 000

　　贷：实收资本　　1 000 000（＝5 000 000×20%）

　　　　资本公积——资本溢价　　200 000（＝1 200 000－1 000 000）

2. 其他资本公积的核算。企业对被投资单位的长期股权投资采用权益法核算的，在持股比例不变的情况下，对因被投资单位除净损益、其他综合收益、利润分配以外原因导致所有者权益变动的，投资单位确认其他资本公积。

（二）资本公积金使用的账务处理

资本公积属于非收益转化而形成的公积金，作为一项准资本归由企业所有者所有，可以按法定程序转增资本金，但不得用于弥补公司的亏损。企业经股东大会或类似机构决议，用资本公积转增资本时，账务处理如下：

借：资本公积

　　贷：实收资本（股本）

资本溢价转增资本
如何计算个税

第四节　留存收益的核算

留存收益，是指企业从历年实现的利润中提取或形成的留存于企业的内部积累，包括盈余公积和未分配利润两部分。

一、盈余公积的核算

（一）盈余公积的内容

盈余公积是指企业按照规定从净利润中提取的各种积累资金，主要包括：

1. **法定盈余公积**，是指企业按照规定的比例从净利润中提取的盈余公积，是国家强制提取的公积金，主要是为了防止企业因过度分配增加经营风险。根据我国《公司法》的规定，有限责任公司和股份有限公司应按照净利润的10%提取法定盈余公积，计提的法定盈余公积累计达到注册资本的50%时，可以不再提取。而非公司制企业可以按照超过净利润10%的比例提取。

2. **任意盈余公积**，是指企业经股东大会或类似机构批准按照规定的比例，从净利润中提取的盈余公积。任意盈余公积是企业出于实际需要或采取谨慎的经营策略，自愿提取的一项公积金。

提示：请注意法定盈余公积与任意盈余公积的区别。

（二）盈余公积提取的账务处理

企业应设置“盈余公积”账户对盈余公积的提取、使用及结存情况进行核算和监督。该账户的贷方登记按规定提取的盈余公积数额，借方登记已使用的盈余公积，期末贷方余额反映企业提取的盈余公积结存额。企业应按盈余公积的种类设置明细账，进行明细核算。

根据《公司法》的规定，有限责任公司和股份有限公司按照净利润的10%提取法定盈余公积时，按提取盈余公积的数额，借记“利润分配——提取法定盈余公积”账户，贷记“盈余公积——法定盈余公积”账户；企业经股东大会或类似机构批准，按照规定的比例从净利润中提取任意盈余公积时，按提取盈余公积的数额，借记“利润分配——提取任意盈余公积”账户，贷记“盈余公积——任意盈余公积”账户。

【例12－4】　恒天公司本年实现净利润300万元，分别按10%、8%的比例提取法定盈余公积、任意盈余公积。有关的账务处理如下：

借：利润分配——提取法定盈余公积	300 000	
——提取任意盈余公积	240 000	
贷：盈余公积——法定盈余公积		300 000
——任意盈余公积		240 000

（三）盈余公积使用的账务处理

企业提取的盈余公积可以用来弥补亏损、转增资本金或者扩大公司生产经营。

1. 用盈余公积弥补亏损。根据有关法规的规定，企业发生亏损，可以用发生亏损后5年内实现的税前利润弥补，当发生的亏损5年内仍不足弥补的，应使用随后所实现的税后利润弥补。通常，当企业发生的亏损在所得税后利润仍不足弥补的，可以用所提取的盈余公积来加以弥补，但是，用盈余公积弥补亏损应当由董事会提议，股东大会批准，或者类似的机构批准。具体的账务处理是：用盈余公积弥补亏损时，按当期弥补亏损的数额，借记“盈余公积——法定盈余公积”账户，贷记“利润分配——盈余公积补亏”账户。

【例12－5】 恒天公司本年因业绩不佳，发生亏损100万元，经股东大会决议，动用以往年度的盈余公积弥补亏损。有关账务处理如下：

借：盈余公积——法定盈余公积或任意盈余公积	1 000 000	
贷：利润分配——盈余公积补亏		1 000 000

2. 用盈余公积转增资本。当企业提取的盈余公积累积比较多时，经股东大会或类似机构批准，盈余公积可按规定转增资本。具体的账务处理是：用盈余公积转增资本时，按照批准的转增资本数额，借记“盈余公积——法定盈余公积”账户，贷记“实收资本”、“资本公积——资本溢价”账户。

提示： 用盈余公积转增资本时，要按原投资者的投资比例转增，以保证转增后原有的投资比例不变，并且转增后的盈余公积不得少于公司注册资本的25%。

【例12－6】 恒天公司经批准将法定盈余公积50万元用于转增资本。有关账务处理如下：

借：盈余公积——法定盈余公积	500 000	
贷：实收资本		500 000

二、未分配利润的核算

未分配利润是企业尚未分配，留待以后年度进行分配的结存利润。它有两层含义：一是这部分净利润尚未分配给投资者，留待以后年度处理；二是这部分净利润未指定特定用途，在使用分配上有较大的自主权。从数量上来说，未分配利润是期初未分配利润，加上本期实现的净利润（即可供分配的利润），减去提取的各种盈余公积和向所有者分配利润后的余额。

为了反映和监督企业未分配利润的情况，企业应在“利润分配”账户中设置“未分配利润”明细账户进行核算。

未分配利润的具体账务处理主要涉及以下几个方面：

1. 期末，企业将全年实现的净利润自“本年利润”账户转入“利润分配”账户。（1）企业若为盈利，借记“本年利润”账户，贷记“利润分配——未分配利润”账户；（2）企业若为亏损，借记“利润分配——未分配利润”账户，贷记“本年利润”账户。

【例12－7】 恒天公司本年末实现净利润300万元。经董事会决议，决定用现金分派利润50万元。有关账务处理如下：

- 期末，将当期实现的利润转入未分配利润。

借：本年利润	3 000 000	

贷：利润分配——未分配利润　　3 000 000

- 董事会决议用现金分派利润时：

借：利润分配——应付股利　　500 000
　贷：应付股利　　500 000

- 实际发放利润时：

借：应付股利　　500 000
　贷：银行存款　　500 000

想一想：

如果恒天公司本年因经营不善亏损了80万元，有关账务该如何处理？

2. 年度终了，企业将“利润分配”账户下的其他明细账户的余额转入“未分配利润”明细账户时，借记“利润分配——未分配利润”账户，贷记“利润分配——提取法定盈余公积”、“利润分配——提取任意盈余公积”、“利润分配——应付股利”等账户。至此，利润分配所属的明细账户中，只有“未分配利润”明细账户存在余额，若余额在借方，则表示历年累计未弥补亏损的金额；若余额在贷方，则表示历年结存的未分配利润的金额。

【例12－8】 假定恒天公司本年按例12－4计提了盈余公积，按例12－7分派了利润，年末将这些分配项目转入未分配利润。有关账务处理如下：

借：利润分配——未分配利润　　1 040 000
　贷：利润分配——提取法定盈余公积　　300 000
　　　　　　——提取任意盈余公积　　240 000
　　　　　　——应付股利　　500 000

想一想：

用税前利润或税后利润来弥补企业发生的亏损，需不需要进行专门的账务处理？

利得和损失

第十三章
收入、利润和利润分配

"收入是一个企业惊险的跳跃。"你能理解这句话含义吗?

学习目标

- □ 理解收入的概念、收入实现的确认。掌握销售商品收入的核算
- □ 掌握利润的概念和利润的组成内容，掌握利润的形成和分配的核算
- □ 掌握应付税款下应纳税所得额的调整、所得税的计算和账务处理

第一节　收入的核算

一、收入概述

(一) 收入的概念

收入，是指企业在日常活动中形成的，会导致所有者权益增加的，与所有者投入资本无关的经济利益的总流入。通俗地讲就是：当企业把产品卖给消费者，或者为消费者提供劳务，消费者支付给企业的钱，就是企业的收入。

(二) 收入的特点

1. 收入是从企业的日常经营活动中产生的、而不是从偶发的交易或事项中产生。

2. 收入可能表现为企业资产的增加，如增加银行存款、应收账款等；也可能表现为企业负债的减少，如以商品或劳务抵偿债务；或者两者兼而有之，如销售商品的货款部分抵偿债务，部分收取现金。

3. 收入能导致企业所有者权益的增加。

4. 收入只包括本企业经济利益的流入，不包括为第三方或客户代收的款项，如增值税、代收利息等。

（三）收入的分类

1. 按性质不同，收入分为销售商品的收入、提供劳务的收入和让渡资产使用权的收入等。**销售商品收入**指取得货币资产方式的商品销售；**提供劳务的收入**指提供旅游、运输、饮食、广告、咨询、代理、培训、中介等所获得的收入；**让渡资产使用权的收入**指企业将资产让渡给他人使用所取得的收入。

2. 按企业经营业务的主次不同，分为主营业务收入和其他业务收入。**主营业务收入**是指企业为完成经营目标而从事的日常经营活动中的主要经营活动所产生的收入，一般在企业的收入中占较大的比重，直接影响着企业的经济利益。**其他业务收入**是指主营业务以外的其他日常活动所产生的收入，一般占企业收入的比重较小，对企业的经济效益不会产生明显的影响。

收入的主要业务流程及涉及的主要原始凭证见图 13－1。

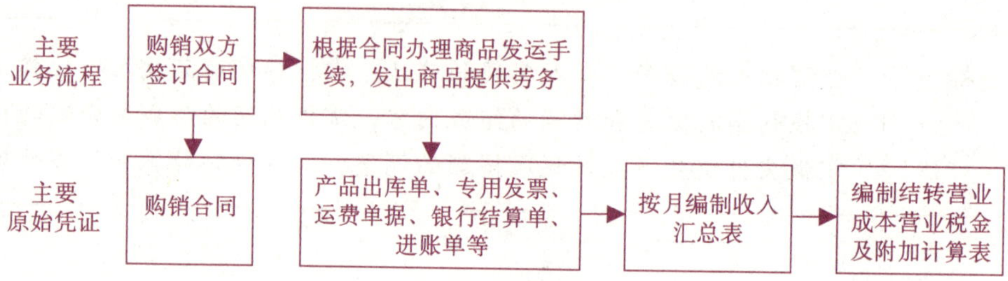

图 13－1　收入的主要业务流程及凭证

二、销售商品收入的核算

（一）销售商品收入的确认与计量

1. 确认。销售商品收入同时满足下列条件的，才能予以确认：一是企业已将商品所有权上的主要风险和报酬转移给购货方；二是企业既没有保留通常与所有权相联系的继续管理权，也没有对已售商品实施有效控制；三是相关的经济利益很可能流入企业；四是收入的金额能够可靠的计量；五是相关的已发生或将发生的成本能够可靠的计量。

通常情况下，企业应当在发出商品且收到货款或取得收款权利时，确认销售商品收入具体包括：

（1）销售商品采用托收承付方式的，在办妥托收手续时确认收入。

（2）销售商品采取预收款方式的，在发出商品时确认收入。

（3）销售商品采用分期收款方式的，在合同约定的收款日期确认收入。

（4）销售商品需要安装和检验的，在购买方接受商品以及安装和检验完毕时确认收入。安装程序比较简单的，可在发出商品时确认收入。

（5）销售商品采用支付手续费方式委托代销的，在收到代销清单时确认收入。

（6）销售商品以旧换新的，销售的商品作为商品销售处理，回收的商品作为购进商品处理。

（7）采取产品分成方式取得的收入，在分得产品之日按照产品的市场价格或评估价值确定销售商品收入金额。

2. 计量。企业应当按照从购买方已收或应收的合同或协议价款，确定销售商品收入金额。

销售商品涉及现金折扣的，应当按照扣除现金折扣前的金额确定销售商品收入金额。现金折扣应当在实际发生时，计入当期财务费用。

销售商品涉及商业折扣的，应当按照扣除商业折扣后的金额确定销售商品收入金额。

（二）销售商品的账务处理

1. 账户设置。为了正确反映每一会计期间取得的收入，企业应按收入确认原则，在收入确认之后，及时将发生的收入金额登记入账。应设置的账户包括：

（1）“主营业务收入”账户。该账户核算企业在销售商品、提供劳务等日常活动中所产生的收入。该账户属于损益类账户，贷方登记企业实现的主营业务收入；借方登记发生销售折让或退回时冲减的主营业务收入，以及期末结转入“本年利润”账户的数额；期末结转后应无余额。

（2）“主营业务成本”账户。该账户核算企业在销售商品、提供劳务等日常活动中所发生的实际成本。该账户属于损益类账户，借方登记本期结转的销售商品、提供劳务的实际成本；贷方登记期末结转入“本年利润”账户的成本以及因销售退回而冲减的主营业务成本数额；期末结转后应无余额。

（3）“税金及附加”账户。该账户核算企业日常主要经营活动应负担的税金及附加，包括消费税、城市维护建设税、资源税、土地增值税、教育费附加及房产税、车船使用税、印花税等相关税费。该账户属于损益类账户，借方登记企业按规定计算的应交税金和附加；贷方登记企业收到因多计等原因退回的消费税等原记入本账户的各种税金及期末结转入“本年利润”账户的数额；期末结转后应无余额。

2. 账务处理。

（1）一般商品销售的账务处理。企业确认本期实现的商品销售收入时，应按实际收到或应收的价款，借记“银行存款”、“应收账款”、“应收票据”等账户，按实现的销售收入，贷记“主营业务收入”账户，按增值税专用发票上注明增值税额，贷记“应交税费——应交增值税（销项税额）”账户。

企业还应按照规定计算出由日常销售业务负担的税金及附加，借记“税金及附加”账户，贷记“应交税费——应交消费税”等账户。

月度终了，企业应当根据本月销售的各种商品的实际成本，计算应结转的主营业务成本。借记“主营业务成本”账户，贷记“库存商品”等账户。

【例 13－1】 恒天公司销售一批应纳消费税的商品，增值税专用发票上注明售价 10 万元，增值税 1.7 万元，款项尚未收到。其成本为 9 万元。假定消费税率为 5%。恒天公司根据增值税专用发票、产品出库单做如下账务处理：

- 销售商品时：

借：应收账款	117 000	
贷：主营业务收入		100 000
应交税费——应交增值税（销项税额）		17 000

借：税金及附加　　5 000

　贷：应交税费——应交消费税　　5 000

• 月终结转成本：

借：主营业务成本　　90 000

　贷：库存商品　　90 000

■ 如果公司采取代销方式又如何进行账务处理？

【例 13-2】 A 公司和 B 公司签订代销协议，A 公司按售价 10% 支付 B 公司手续费。A 公司 6 月 15 日发出 300 件商品给 B 公司，单位成本 80 元，7 月 25 日 B 公司对外售出 150 件，向买方开具增值税专用发票，注明售价 18 000 元，增值税额 3 060 元。8 月 1 日 B 公司交来代销清单。8 月 5 日 A 公司收到 B 公司支付的代销款（已扣除代销手续费）。有关账务处理如下：

• 6 月 15 日：

借：委托代销商品　　24 000

　贷：库存商品　　24 000

• 8 月 1 日：

借：应收账款——B 公司　　21 060

　贷：主营业务收入　　18 000

　　应交税费——应交增值税（销项税额）　　3 060

借：销售费用——代销手续费　　1 800

　贷：应收账款——B 公司　　1 800

借：主营业务成本　　12 000

　贷：委托代销商品　　12 000

• 8 月 5 日：

借：银行存款　　19 260

　贷：应收账款——B 公司　　19 260

■ 某公司以旧换新进行销售如何进行账务处理？

【例 13-3】 某公司的家电采取以旧换新形式进行销售，2 月份，该公司销售新型电视 100 台，每台不含增值税售价 2 500 元，成本为 1 200 元，同时回收电视 50 台，每台回收价格 351 元。有关账务处理如下：

借：银行存款　　292 500

　贷：主营业务收入　　250 000

　　应交税费——应交增值税（销项税额）　　42 500

借：主营业务成本　　120 000

　贷：库存商品　　120 000

借：原材料　　17 550

　贷：银行存款　　17 550

（2）商业折扣与现金折扣的账务处理。第三章讲过，**商业折扣**是企业为促进商品销售而在商品标价上给予的价格扣除。销售商品涉及商业折扣的，应当按照扣除商业折扣后的金额来确认销售商品收入金额。**现金折扣**是指债权人为鼓励债务人在规定的期限内付款而向债务人提供的债务扣除。销售商品涉及现金折扣的，应当按照扣除现金折扣前的金额来确认销售商品收入金额，即总价法，现金折扣在实际发生时计入当期财务费用。

【例 13－4】 恒天公司向光明公司销售一批商品，增值税专用发票上注明售价 5 万元，增值税 8 500 元。公司为了及早收回货款，在合同中规定符合现金折扣的条件为：2/10，1/20，n/30。假定计算现金折扣时不考虑增值税，根据产品购销合同、增值税专用发票、产品出库单作销售收入和结转销售成本的账务处理。

- 6 月 1 日销售商品时：

借：应收账款——光明公司	58 500	
贷：主营业务收入		50 000
应交税费——应交增值税（销项税额）		8 500

- 若 6 月 10 日前收到光明公司付清的货款，则按 2/10 给予现金折扣，实际收到 57 500元：

借：银行存款	57 500	
财务费用	1 000	
贷：应收账款——光明公司		58 500

- 若 6 月 20 日前收到光明公司付清的货款，则按 1/20 给予现金折扣，实际收到 58 000元：

借：银行存款	58 000	
财务费用	500	
贷：应收账款——光明公司		58 500

- 若 6 月底光明公司才付清货款，则应按全额收款：

借：银行存款	58 500	
贷：应收账款——光明公司		58 500

（3）销售折让的账务处理。销售折让是指企业因售出商品的质量不合格等原因而在售价上给予的减让。

销售折让如发生在确认销售收入之前，则应在确认销售收入时按直接扣除销售折让后的金额确认；如果销售折让发生在确认销售收入之后，则应当在发生时冲减当期商品销售收入。

【例 13－5】 恒天公司向大海公司销售一批商品，增值税专用发票上注明售价 50 万元，增值税 8.5 万元。货到大海公司发现商品质量不合格，要求公司在价格上给予折让。经协商，公司同意给予 5% 的折让。恒天公司应做如下账务处理：

- 销售商品时（根据增值税专用发票、产品出库单等）：

借：应收账款——大海公司	585 000	
贷：主营业务收入		500 000
应交税费——应交增值税（销项税额）		85 000

- 发生销售折让时（根据企业进货退出及索取折让证明、销售部门的折让通知，开出红字增值税专用发票）：

借：主营业务收入	25 000	

应交税费——应交增值税（销项税额）　　4 250
　　贷：应收账款——大海公司　　29 250

● 实际收到款项时（根据银行进账单）：

借：银行存款　　555 750
　　贷：应收账款——大海公司　　555 750

（4）销售退回的账务处理。销售退回是指企业售出的商品由于质量、品种不符合要求原因而发生的退货，应开具退货红字发票。

企业发生销售退回应当分别不同情况进行会计处理：一是尚未确认销售收入的售出商品发生销售退回的，应当冲减“发出商品”，账户，同时增加“库存商品”账户。二是企业已经确认销售商品收入的售出商品发生的销售退回，应当在发生时冲减当期销售商品收入。已结转销售成本的，应冲减销售成本。如果该项销售已发生现金折扣，应在退回当月一并处理。已确认收入的售出商品发生的销售退回属于资产负债表日后事项的，应当按照有关资产负债表日后事项的相关规定进行会计处理。

【例13-6】 恒天公司向阳光公司销售商品1 000件，单价300元。增值税专用发票上注明售价30万元，增值税5.1万元。货到后阳光公司发现商品质量有问题，全部退回。恒天公司应做账务处理如下：

● 销售商品时：

借：应收账款——阳光公司　　351 000
　　贷：主营业务收入　　300 000
　　　　应交税费——应交增值税（销项税额）　　51 000

● 发生销售退回时（根据“企业进货退出及索取折让证明”、红字增值税专用发票，收货单等）：

借：主营业务收入　　300 000
　　应交税费——应交增值税（销项税额）　　51 000
　　贷：应收账款——阳光公司　　351 000

三、提供劳务收入的核算

企业提供劳务的收入，是指企业从事建筑安装、修理修配、交通运输、仓储租赁、邮电通信、咨询经纪、文化体育、科学研究、技术服务、教育培训、餐饮住宿、中介代理、卫生保健、社区服务、旅游、娱乐、加工以及其他劳务服务活动取得的收入。

1. 同一会计年度内开始并完成的劳务，应当在提供劳务交易完成且收到款项或取得收款权利时，确认提供劳务收入。提供劳务收入的金额为从接受劳务方已收或应收的合同或协议价款。

2. 劳务的开始和完成分属不同会计年度的，应当按照完工进度确认提供劳务收入。年度资产负债表日，按照提供劳务收入总额乘以完工进度扣除以前会计年度累计已确认提供劳务收入后的金额，确认本年度的提供劳务收入；同时，按照估计的提供劳务成本总额乘以完工进度扣除以前会计年度累计已确认营业成本后的金额，结转本年度营业成本。

企业确定提供劳务交易的完工进度，可以选用下列方法：

（1）已完工作的计量；

(2) 已经提供的劳务占应提供的劳务总量的比例;

(3) 已发生的成本占估计总成本的比例。

【例 13-7】 恒天公司接受一项产品安装任务，安装期 3 个月，合同总收入 25 万元。至年底实际发生成本 14 万元，估计还会发生 6 万元。

解:

- 计算:

实际发生的成本占估计总成本的比例 = 140 000 ÷ (140 000 + 60 000) = 70%

当年确认收入 = 250 000 × 70% = 175 000 (元)

当年结转成本 = 200 000 × 70% = 140 000 (元)

- 账务处理:

①预收安装工程款时（假设预收款为 190 000 元，根据银行进账单）:

借：银行存款　　190 000

　　贷：预收账款　　190 000

②根据工程计算表，确认收入时:

借：预收账款　　175 000

　　贷：主营业务收入　　175 000

③根据有关薪金计算凭证，结转劳务成本时:

借：劳务成本　　140 000

　　贷：应付职工薪酬　　140 000

四、其他业务收入的核算

其他业务，是企业在经营过程中发生的一些零星的收支业务。其他业务收入，是指企业除主营业务收入以外的其他销售或其他业务的收入，如材料销售、无形资产出租、固定资产出租等收入。其他业务收入的确认原则，比照主营业务收入的规定办理。

(一) 账户设置

“其他业务收入”账户核算企业除主营业务收入以外的其他销售或其他业务的收入。该账户属于损益类账户，贷方登记企业取得的各项其他业务收入；借方登记期末结转入“本年利润”科目的其他业务收入数额；期末结转后应无余额。

“其他业务成本”账户核算企业除主营业务收入以外的其他销售或其他业务的。该账户属于损益类账户，借方登记企业发生的各项其他业务支出或结转的有关成本；贷方登记期末结转入“本年利润”账户的其他业务支出数额；期末结转后应无余额。

(二) 账务处理

1. 销售材料的核算。

【例 13-8】 恒天公司出售一批不需用原材料，售价为 20 万元，增值税额为 3.4 万元，款项已缴存银行。该批原材料的实际成本为 15 万元。做账务处理如下:

- 取得原材料销售收入时:

借：银行存款　　234 000

贷：其他业务收入　　200 000

　　应交税费——应交增值税（销项税额）　　34 000

- 结转已销原材料的实际成本：

借：其他业务成本　　150 000

　贷：原材料　　150 000

2. 无形资产出租的核算。

【例 13－9】 恒天公司向华阳公司转让一项专利技术的使用权，转让期为 5 年。每年收取使用费 7 万元（该专利技术账面成本 10 万元）。

- 根据发票、银行进账单，做账务处理（暂不考虑税费）如下：

借：银行存款　　70 000

　贷：其他业务收入　　70 000

- 结转无形资产摊销成本时：

借：其他业务成本　　20 000

　贷：累计摊销　　20 000

“营改增”后视同销售的处理

“双 11”不同促销方式的那些“税事儿”

第二节　利润和利润分配的核算

一、利润的概念和构成内容

（一）利润的概念

利润，是指企业在一定会计期间的经营成果，是企业在一定会计期间内实现的收入减去有关成本、费用后的净额。收入大于相关的成本和费用时，体现为企业获取利润；收入小于相关的成本和费用时，体现为企业发生亏损。

（二）利润的构成内容

企业利润包括营业利润、营业外收支净额等内容，减去所得税费用，为企业的净利润。利润核算的主要业务流程和涉及的主要原始凭证见图 13－2。

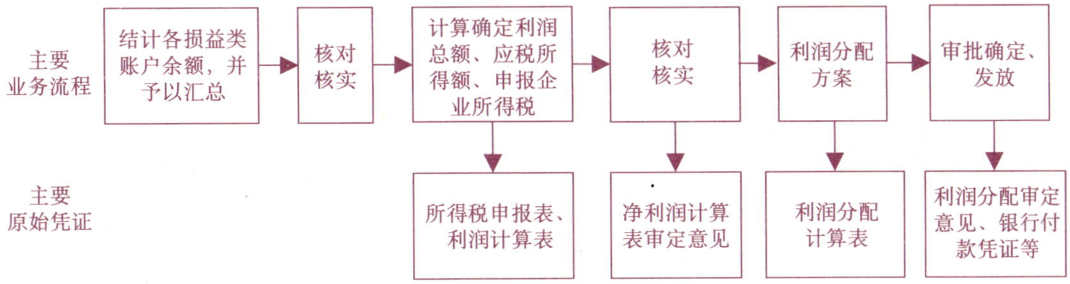

图 13－2　利润核算主要业务流程及凭证

二、利润形成的核算

（一）利润总额和净利润的确定

1. 营业利润。

营业利润＝营业收入－营业成本－税金及附加－销售费用－管理费用－财务费用－资产减值损失＋公允价值变动收益（－公允价值变动损失）＋投资收益（－投资损失）

营业收入，包括主营业务收入和其他业务收入。

投资收益，由企业股权投资取得的现金股利（或利润）、债券投资取得的利息收入和处置股权投资和债券投资取得的处置价款扣除成本或账面余额、相关税费后的净额三部分构成。

2. 利润总额。

利润总额＝营业利润＋营业外收入－营业外支出

其中，营业外收入，是指企业非日常生产经营活动形成的、应当计入当期损益、会导致所有者权益增加、与所有者投入资本无关的经济利益的净流入。包括：非流动资产处置净收益、政府补助、捐赠收益、盘盈收益、汇兑收益、非货币性资产交换收益、债务重组收益、确实无法偿付的应付款项、违约金收益等。

营业外支出，是指企业非日常生产经营活动发生的、应当计入当期损益、会导致所有者权益减少、与向所有者分配利润无关的经济利益的净流出。包括：存货的盘亏、毁损、报废损失，非流动资产处置净损失，无法收回的长期债券投资损失，无法收回的长期股权投资损失，自然灾害等不可抗力因素造成的损失，税收滞纳金，罚金，罚款，被没收财物的损失，捐赠支出，赞助支出、非货币性资产交换损失、债务重组损失等。

3. 净利润。

净利润＝利润总额－所得税费用

（二）期间费用的账务处理

期间费用，是指不直接归属于某个特定产品成本或某项特定劳务成本的销售费用、管理费用和财务费用。由于当期的期间费用是全额从当期损益中扣除的，因而其发生额不会影响下一个会计期间。

1. 销售费用。销售费用是指企业在销售商品过程中发生的费用，包括企业销售商品过程中发生的运输费、装卸费、包装费、保险费、展览费和广告费，以及为销售本企业商品而专设的销售机构（含销售网点，售后服务网点等）的职工薪酬、业务费等经营费用。

销售费用的核算通过设置“销售费用”账户，该账户属于损益类账户，借方登记企业所发生的各项销售费用；贷方登记期末结转入“本年利润”的销售费用；期末结转后应无余额。

【例13－10】 恒天公司用转账支票支付因销售商品发生展览费和广告费1.5万元、运输费6 000元。公司应做如下账务处理：

借：销售费用——展览费和广告费　　15 000
　　　　　　——运输费　　6 000
　贷：银行存款　　21 000

2. 管理费用。管理费用是指企业为组织和管理企业生产经营所发生的管理费用，包括企业在筹建期间内发生的开办费、行政管理部门发生的费用（包括：固定资产折旧费、办公费、水电费、差旅费、管理人员的职工薪酬等）、业务招待费、研究费用、技术转让费、相关长期待摊费用摊销、财产保险费、聘请中介机构费、咨询费（含顾问费）、诉讼费、矿水资源补偿费、排污费、企业生产车间和行政管理部门发生的固定资产修理费等费用。

管理费用的核算通过设置“管理费用”账户，该账户属于损益类账户，借方登记企业所发生的各项管理费用；贷方登记期末结转入“本年利润”的管理费用；期末结转后应无余额。

【例13－11】 恒天公司以现金购买办公用品650元、支付业务招待费500元。根据有关发票，做账务处理如下：

借：管理费用——办公费　　650
　　　　　　——业务招待费　　500
　贷：库存现金　　1 150

3. 财务费用。财务费用是指企业为筹集生产经营所需资金等而发生的费用，包括利息支出（减利息收入）、汇兑损失（减汇兑收益）以及相关的手续费等。企业给予的现金折扣（减享受的现金折扣）等费用。为购建固定资产的专门借款所发生的借款费用，在固定资产预定使用状态前按规定应予资本化的部分，不作为财务费用核算。

设置“财务费用”账户，该账户属于损益类账户，借方登记企业所发生的各项财务费用；贷方登记期末结转入“本年利润”的财务费用；期末结转后应无余额。

【例13－12】 恒天公司6月末以银行存款支付银行贷款利息0.9万元，其中已预提0.6万元。作会计分录如下：

借：财务费用　　3 000
　　应付利息　　6 000
　贷：银行存款　　9 000

（三）营业外收支的账务处理

设置“营业外收入”账户，该账户属于损益类账户，贷方登记企业发生的营业外收入；借方登记期末转入“本年利润”的营业外收入数额；期末结转后应无余额。

设置“营业外支出”账户，该账户属于损益类账户，借方登记企业发生的营业外支出；贷方登记期末转入“本年利润”账户的营业外支出数额；期末结转后应无余额。

【例13-13】 恒天公司收到违约罚款收入2.5万元，款项已存入银行。账务处理如下：

借：银行存款　　25 000

　　贷：营业外收入　　25 000

【例13-14】 恒天公司以银行存款支付捐赠支出8万元。账务处理如下：

借：营业外支出　　80 000

　　贷：银行存款　　80 000

（四）本年利润的账务处理

设置“本年利润”账户，核算企业实现的净利润（或发生的净亏损），借方登记当期损益的成本费用或支出类账户的余额转入；贷方登记当期各收益类账户的余额转入；借方余额表示净损失；贷方余额表示净收益；年度终了，将余额转入“利润分配”账户，结转后应无余额。

1. 表结法。表结法是指将企业一定时期内的有关损益类账户的余额填入“利润表”，计算出当期损益的一种方法。采用这种方法，每月或每季结账时，损益类账户的余额不需转入“本年利润”账户，而是将至本期止的有关损益账户累计额减去上期末的累计数，从而得出本期的发生额，将各损益类账户本期发生额加减抵销，即可计算出本期盈亏数。各损益类账户的累计余额可以一直累计到12月末，到年终时，才将各损益类账户的累计余额转入“本年利润”账户，同时结平各损益类账户。

2. 账结法。账结法是指月末将企业所有损益类账户的余额转入“本年利润”账户，通过“本年利润”账户结出本月份净利润或净亏损总额以及本年累计损益。

【例13-15】 恒天公司12月末损益类账户余额如下：主营业务收入536万元，主营业务成本317万元，税金及附加26.8万元，其他业务收入17万元，营业外收入5万元，其他业务成本10.4万元，销售费用20万元，管理费用25.2万元，财务费用3.6万元，营业外支出10万元。公司相关账务处理如下：

营业利润＝5 360 000＋170 000－3 170 000－104 000－268 000－200 000－252 000－36 000
＝1 500 000（元）

利润总额＝1 500 000＋50 000－100 000＝1 450 000（元）

借：主营业务收入　　5 360 000

　　其他业务收入　　170 000

　　营业外收入　　50 000

　　贷：本年利润　　5 580 000

借：本年利润　　4 130 000

　　贷：主营业务成本　　3 170 000

　　　　税金及附加　　268 000

　　　　其他业务成本　　104 000

　　　　销售费用　　200 000

　　　　管理费用　　252 000

财务费用　　36 000

营业外支出　　100 000

注意：月末或季末可以选择“账结法”，也可以选择“表结法”，但年末必须采用“账结法”。

（五）所得税费用的核算

企业所得税纳税调整事项

所得税是企业依照税法规定，就其生产、经营所得和其他所得向国家交纳的税金，是国家财政收入的主要来源之一。企业应纳所得税以税法的规定为依据，应纳税所得额来自企业财务会计的记录，而会计记录是以《企业会计准则》为依据，公允揭示的企业财务状况和经营成果。

1. 所得税的性质。所得税是以所得额为课税对象，向取得所得的纳税人征收的一种税收。我国颁布的《企业所得税会计处理的暂行规定》把所得税作为费用支出处理。从所得税的属性来看，它是国家依法对企业的生产经营所得课征的税，具有强制性、无偿性，无论国家对企业是否有投资，只要企业有应税所得，均需依法纳税。

会计以企业的受益人来划分费用与利润分配。所谓受益人，指企业最后风险的承担者或报酬的享受者，即企业所得者。凡是分配给受益人的即为利润分配，支付给受益人以外的均为费用。企业所得税支出与利息支出一样，均不是由受益人享受，故应视为企业的一项费用。

所得税费用包括当期应交的所得税和递延所得税两部分。

2. 当期所得税。当期所得税是指企业按照税法规定计算确定的针对当期发生交易和事项，应交纳给税务部门的所得税金额，即当期应交所得税。应纳税所得额是在企业税前会计利润（即利润总额）的基础上调整确定的，计算公式为：

应纳税所得额 = 税前会计利润 + 纳税调整增加额 − 纳税调整减少额

纳税调整增加额主要包括税法规定允许扣除项目中，企业已计入当期费用但超过税法规定扣除标准的金额。如职工福利费，税法规定不超过工资薪金总额的 14%，准予扣除；发生的与生产经营有关的业务招待费支出，按发生额的 60% 扣除，但最高不超过当年销售收入或营业收入的 0.5%；以及企业已计入当期损失但税法规定不允许扣除项目的金额。如各项税收的滞纳金、违反经营的罚金、罚款和被没收财物的损失、赞助支出等，税法规定不允许税前扣除。（详见二维码）

纳税调整减少额主要包括按税法规定允许弥补的亏损和准予免除的项目，如购买国债利息收入免征所得税，企业发生的亏损允许 5 年内税前弥补等。

企业当期应交纳的所得税的计算公式为：

应交所得税 = 应纳税所得额 × 所得税率

【例 13－16】 恒天公司本年按照会计制度规定计算的税前会计利润为 700 万元，所得税税率为 25%。有如下纳税调整项目：超过工资总额 14% 标准支付的福利费 9 万元；超标准业务招待费 15 万元；在营业外支出中有企业违反税收规定的罚款支出 7 万元、非公益性救济捐赠及赞助支出 10 万元；在投资收益中有国债利息收入 1 万元。

纳税调整项目：

（1）应调增项目：

超标准列支职工福利费 = 90 000（元）

超标准业务招待费 = 150 000（元）

罚款支出 = 70 000（元）

非公益性救济捐赠及赞助支出 = 100 000（元）

应调增总金额 = 90 000 + 150 000 + 70 000 + 100 000 = 410 000（元）

（2）应调减项目：

国债利息收入 = 10 000（元）

应纳所得税额 = 7 000 000 + 410 000 − 10 000 = 7 400 000（元）

应交所得税额 = 7 400 000 × 25% = 1 850 000（元）

3. 递延所得税。企业的会计核算和税收处理分别遵循不同的原则，服务于不同的目的，从而造成了会计和税收规定之间的差异。

《企业会计准则》规定，所得税的核算采用资产负债表债务法。从资产负债表出发，通过比较资产负债表上列示的资产、负债按照会计准则确定的账面价值与按税法规定的计税基础，两者之间存在暂时性差异，这些暂时性的差异可分为：应纳税暂时性差异和可抵扣暂时性差异。

（1）**应纳税暂时性差异**，是指在确定未来收回资产或清偿负债期间的应纳税所得额时，将导致产生应税金额的暂时性差异，该差异在未来期间转回时，会增加转回期间的应纳税所得额，在应纳税暂时性差异产生当期，应当确认相关的递延所得税负债。应纳税暂时性差异通常产生于以下情况：一是资产的账面价值大于其计税基础；二是负债的账面价值小于其计税基础。

例如：A 企业于 2017 年 12 月 28 日购入一台机器设备，账面价值与计税基础均为 10 万元。该机器采用直线法计提折旧，企业采用的年折旧率是 10%，而在计税时，年折旧率为 15%。则在 2018 年末，该机器设备的账面价值为 9 万元，其计税基础为 8.5 万元，2018 年，产生 0.5 万元应纳税暂时性差异，企业应确认 0.125 万元的递延所得税负债。

（2）**可抵扣暂时性差异**，是指在确定未来收回资产或清偿负债期间的应纳税所得额时，将导致产生可抵扣金额的暂时性差异。该差异在未来期间转回时会减少转回期间的应纳税所得额，减少未来期间的应交所得税。在可抵扣暂时性差异产生当期，应当确认相关的递延所得税资产。可抵扣暂时性差异一般产生于以下情况：一是资产的账面价值小于其计税基础；二是负债的账面价值大于其计税基础。

例如：A 企业 12 月购入存货 160 万元，期末对持有的存货计提了 10 万元的跌价准备，但税法规定跌价准备不允许税前扣除。因此，期末存货的账面价值 150 万元，而计税基础为 160 万元，从而产生了 10 万元可抵扣暂时性差异，企业应确认 2.5 万元的递延所得税资产。

（3）递延所得税。

递延所得税 =（期末递延所得税负债 − 期初递延所得税负债）−（期末递延所得税资产 − 期初递延所得税资产）

4. 所得税费用的账务处理。企业根据会计准则的规定，计算确定了当期所得税和递延所得税后，即为应从当期利润总额中扣除的所得税费用。

所得税费用 = 当期所得税 + 递延所得税

（1）设置会计账户：“所得税费用”账户、“递延所得税资产”账户、“递延所得税负债”账户、“应交税费——应交所得税”账户。

（2）账务处理。

【例13－17】 承例13－16，该公司递延所得税负债年初数为20 000元，年末数为40 000元，递延所得税资产年初数为30 000元，年末数35 000元，该公司应作账务处理如下：

该公司所得税费用计算如下：

递延所得税＝（40 000－20 000）－（35 000－30 000）＝15 000（元）

所得税费用＝1 850 000＋15 000＝1 865 000（元）

账务处理：

借：所得税费用　　1 865 000
　　递延所得税资产　　5 000
　　贷：应交税费——应交所得税　　1 850 000
　　　　递延所得税负债　　20 000

借：本年利润　　1 865 000
　　贷：所得税费用　　1 865 000

四、利润分配的核算

（一）利润分配的一般程序

利润分配是企业根据国家有关规定和投资者的决议，按照一定的顺序和标准对企业净利润所进行的分配。

根据我国有关法规的规定，企业当期实现的净利润加上年初未分配利润（或减去年初未弥补亏损）和其他转入后的余额为可供分配的利润。可供分配的利润按下列顺序分配：

1. 弥补以前年度亏损；
2. 提取法定盈余公积，提取比例一般为当年实现净利润的10%；
3. 提取任意盈余公积，任意盈余公积一般按照企业决议提取；
4. 向投资者分配利润；
5. 转作资本的利润（指企业按照利润分配方案以利润转增资本）。

（二）利润分配的账务处理

1. 账户设置。设置“利润分配”账户，核算净利润的分配（或亏损的弥补）以及历年结存的未分配利润（或未弥补亏损）。借方登记本年利润的分配（如果本年发生亏损，应在年末将亏损自“本年利润”账户转入）情况；贷方登记其他转入和年末自“本年利润”账户转来的全年净利润。

为了核算利润分配的具体情况，应分别设置以下明细账户：

（1）“盈余公积补亏”；

（2）“提取法定盈余公积”；

（3）“提取任意盈余公积”；

（4）“应付利润”；

（5）“转作资本的利润”；

（6）“未分配利润”。

2. 账务处理。

【例 13－18】 恒天公司本年的净利润为 510 万元，按 10% 提取法定盈余公积；按 8% 提取任意盈余公积；把 52.8 万元转为资本；决定按全年实现净利润的 30% 分配给投资者。上一年度结存的未分配利润为 90 万元。

本年可供分配利润 = 90 + 510 = 600（万元）

分配利润：

①提取法定盈余公积 = 510 × 10% = 51（万元）

②提取任意盈余公积 = 510 × 8% = 40.8（万元）

③分配给投资者利润 = 510 × 30% = 153（万元）

④转增资本 = 52.8（万元）

年末未分配利润 = 90 + 510 − 51 − 40.8 − 153 − 52.8 = 302.4（万元）

账务处理如下：

- 提取法定盈余公积：

借：利润分配——提取法定盈余公积	510 000	
贷：盈余公积——法定盈余公积		510 000

- 提取任意盈余公积：

借：利润分配——提取任意盈余公积	408 000	
贷：盈余公积——任意盈余公积		408 000

- 分配给投资者利润：

借：利润分配——应付利润	1 530 000	
贷：应付利润		1 530 000

- 转增资本：

借：利润分配——转作资本的利润	528 000	
贷：实收资本		528 000

- 年末结转本年实现的净利润和利润分配所属的各个明细账户：

借：本年利润	5 100 000	
贷：利润分配——未分配利润		5 100 000
借：利润分配——未分配利润	2 976 000	
贷：利润分配——提取法定盈余公积		510 000
——提取任意盈余公积		408 000
——应付利润		1 530 000
——转作资本的利润		528 000

第十四章
财务报表

当企业经过一定时期的生产、销售后，为了向与企业相关的人员或单位报告企业财务情况、收益情况，必须要编制财务报表。

学习目标

- □ 理解财务报表的概念、作用、内容和编制的基本要求
- □ 掌握资产负债表的概念、结构和编制方法
- □ 掌握利润表的概念、结构笔编制方法
- □ 掌握现金流量表的概念、结构和编制方法

第一节　财务报表概述

一、财务报表的内容

企业在开展生产经营活动的同时，根据企业会计准则的规定，进行日常会计核算，需要定期通过一套完整的结构化的报表体系来科学地列报其生产经营的有关情况。财务报表应当能够较为全面、系统、概括地反映企业在某一会计期间经营活动和财务收支的全貌。投资者、债权人和税务机关等财务报表的外部使用者则通过全面阅读和综合分析上述报表，可以了解和掌握企业过去和当前的状况，预测企业的未来发展趋势，从而作出相关决策。因此，财务报表既是企业会计核算工作的总结，也是通过对日常核算的资料进行整理、分类、计算和汇总编制而成的，同时，也是沟通投资者、债权人、税务部门等财务报表外部使用者与企业管理层之间信息的桥梁和纽带。

财务报表，是指反映企业财务状况、经营成果和现金流量的结构性表述。企业的财务报表至少应当包括资产负债表、利润表、现金流量表、所有者权益（或股东权益）变动表以及附

注。其中，资产负债表、利润表和现金流量表分别从不同角度反映企业的财务状况、经营成果和现金流量；所有者权益变动表反映构成所有者权益的各组成部分当期增减变动情况；附注是财务报表不可或缺的组成部分，是对在资产负债表、利润表、现金流量表和所有者权益变动表等报表中列示项目的文字描述或明细资料，以及对未能在这些报表中列示项目的说明等。

资产负债表、利润表、现金流量表和所有者权益变动表一般由表首、正表和补充资料组成。

1. 表首。表首在报表的上端，应标明报表的名称、编制单位、编制报表的时间、计量单位、报表的编号等，以使报表的使用者明确该报表反映哪一个单位、哪一特定时日和期间的财务活动情况。

2. 正表。正表是报表的主体，应将某一特定报表所反映的基本内容归纳到适当的类目中，通过一定的结构格式排列反映出来，以便报表使用者从中找出分析其所需要的信息参数，满足使用者的要求。

3. 补充资料。补充资料是对表内某些项目内容的详细补充或说明，一般列在正表的下端。补充资料是报表正式项目之外的资料，它的设置便于报表的使用者更好地阅读，理解报表项目，分析企业的财务状况。

二、财务报表的分类

财务报表可以根据需要，按照不同的标准进行分类（见表 14－1）。

表 14－1

按会计报表反映的内容分类	• 静态会计报表。是指综合反映企业在某一特定时点资产、负债和所有者权益的会计报表，如资产负债表。 • 动态会计报表。是指综合反映企业一定时期内经营成果或现金流量的报表，如利润表和现金流量表。
按会计报表编报时间分类	• 月度报表。简称月报，每月末编制一次，用来反映企业在本月份内的经营成果和财务状况。一般只包括几种最主要的会计报表，如资产负债表、利润表和现金流量表。 • 季度报表。简称季报，在每季度末编制，用来反映企业在季度内的经营成果和季末的财务状况。季度报表至少包括资产负债表、利润表和现金流量表。 • 半年度报表。简称半年报，在每个会计年度的前6个月结束后对外提供的财务会计报表，包括规定对外提供的会计报表、会计报表附注和财务情况说明书。 （半年度、季度、月度的会计报表又称为“中期财务会计报表”。） • 年度报表。简称年报，又称年终决算报表，在年末编制，它包括规定对外报送的全部会计报表、会计报表附注和财务情况说明书，用以全面反映企业的财务状况、经营成果和现金流量等的情况。
按会计报表的编制单位分类	• 单位会计报表。是指由企业在自身会计核算基础上，对账簿记录进行加工后而编制的会计报表，主要用以反映企业自身的财务状况、经营成果及现金流量的情况。 • 汇总会计报表。是由企业主管部门或上级机关，根据所属单位报送的会计报表，连同本单位的会计报表简单汇总编制的综合性会计报表。汇总会计报表通常采用按上下级隶属关系逐级汇总的办法编制，用来反映一个部门或一个地区的经济情况。
按会计报表的服务对象分类	• 对外部会计报表。主要是向企业外部公开报出的、供各类报表使用者（包括企业内部使用者）使用的通用会计报表。这类报表的内容、种类和格式均由会计制度设计制定，企业必须按照规定的时间及时编制并报送，不得随意变更会计报表的格式和内容。如资产负债表、利润表和现金流量表均为对外报表。 • 对内会计报表。是向企业内部管理人员提供的、供管理人员进行预测和决策分析使用，而不对外公布的会计报表，包括各种用于企业内部经营管理决策、财务预算、产品成本和业绩评价等报表。内部会计报表一般是根据企业内部管理的需要编制，其种类、内容和格式可由企业自行设计确定。

三、财务报表的编制要求

企业应当以持续经营为基础，根据实际发生的交易和事项，按照《企业会计准则》的规定进行确认和计量，在此基础上编制财务报表，不应以附注披露代替确认和计量。

（一）财务报表的编制依据

企业编制财务报表，应当根据真实的交易、事项以及完整、准确的账簿记录等资料，并按照国家统一的会计制度规定的编制基础、编制依据、编制原则和方法。企业不得违反本条例和国家统一的会计制度规定，随意改变财务报表的编制基础、编制依据、编制原则和方法。任何组织或者个人不得授意、指使、强令企业违反本条例和国家统一的会计制度规定，改变财务报表的编制基础、编制依据、编制原则和方法。

（二）财务报表的编制时间

为了确保财务报表编报的及时性，政府有关部门对各单位财务报表的编报时间作出了明确的规定。

企业应当依照有关法律、行政法规和本条例规定的结账日进行结账，不得提前或者延迟。年度结账日为公历年度每年的 12 月 31 日；半年度、季度、月度结账日分别为公历年度每半年、每季、每月的最后一天。

一般说来，月度报表应于月份终了后 6 天内报出（节假日顺延，下同）；季度中期财务报表应当于季度终了后 15 天内对外提供；半年度中期报表应于年度中期结束后 60 天内提供；年度报表应于年度终了后 4 个月内报出。

（三）财务报表的编制质量

企业应该根据登记完整、核对无误的会计账簿记录和其他有关资料编制账务报表，做到内容完整、数字真实、计算准确，不得漏报或者任意取舍。

1. 便于理解。财务报表提供的信息必须清晰、简明、通俗、易懂，能为报表使用者理解和利用。

2. 真实可靠。财务报表所提供的会计资料必须真实可靠，如实反映企业的财务状况和经营成果等信息，做到内容真实、数字准确、资料可靠。

3. 计算准确。财务报表的各项指标，都必须按《企业会计准则》中规定的口径填列，不得任意删减或增加，凡需经计算填列的指标，应按规定计算填列。

4. 内容完整。财务报表应当反映企业经济活动的全貌，要填报齐全，不得随意取舍。

5. 编报及时。对企业的经济信息资料，要及时反映、及时披露、及时传递，报表信息只有讲究时效性，才能便于信息的及时利用，并发挥其应有作用。

第二节 资产负债表

一、资产负债表的概念

资产负债表是指反映企业在某一特定日期（通常为月末、季末、半年末和年末）**的财务状况的财务报表**。财务状况是指一个企业的全部资产、负债和所有者权益及其相互关系，一般用以反映、评价及分析公司的长短期偿债能力、资产结构和财务状况等。它反映的是某一时点的情况，是静态报表，主要提供有关企业财务状况方面的信息。

二、资产负债表的结构

资产负债表是以“资产 = 负债 + 所有者权益”这一会计恒等式为基础而编制，具体由资产、负债、所有者权益三大会计要素构成。目前，国际上通用的资产负债表格式主要有两种：账户式资产负债表和报告式资产负债表。**我国企业资产负债表采用账户式资产负债表**（参见表 14－5）。账户式资产负债表是左右结构，左方列示资产各项目，反映全部资产的分布及存在形态；右方列示负债和所有者权益项目，反映全部负债和所有者权益的内容及构成情况。

三、资产负债表的编制方法

（一）企业资产负债表的编制说明

1. 本表反映企业一定日期全部资产、负债和所有者权益的情况。

2. 本表“年初数”栏内各项数字，应根据上年末资产负债表“期末数”栏内所列数字填列。如果本年度资产负债表规定的各个项目的名称和内容同上年度不相一致，应对上年年末资产负债表各项目的名称和数字按照本年度的规定进行调整，填入本表“年初数”栏内。

3. 本表“期末数”各项目的填列方法：

（1）“货币资金”项目。本项目应根据“库存现金”、“银行存款”和“其他货币资金”三个账户的期末余额合计填列。

（2）“交易性金融资产”项目。本项目应根据“交易性金融资产”账户的期末借方余额直接填列。

（3）“应收票据”项目。本项目应根据“应收票据”总账账户期末余额减去“坏账准备”账户中有关应收票据计提的坏账准备期末余额后的金额填列。

（4）“应收账款”项目。本项目应根据“应收账款”、“预收账款”账户各明细账户的期末借方余额合计数减去相应的坏账准备账户的贷方余额后按应收账款净额填列。

本项目应注意：对应收账款项目，不能根据“应收账款”总账账户直接填列，因为应收账款的明细账有时是借方余额，有时是贷方余额。借方余额反映的是应收账款，贷方余额反映的是预收的账款，应加计在“预收账款”项目内填列。

还要注意，如果企业“预收账款”明细账户期末有借方余额也属于应收账款，应加计在本项目内。

另外要注意，应收账款应按净额填列，所以如果其调整账户即坏账准备账户有贷方余额，应予扣除。

（5）“预付账款”项目。本项目应根据“预付账款”、“应付账款”两个账户所属的各明细账户的期末借方余额合计填列。“预付账款”账户的明细账中如果期末有贷方余额，反映的是“应付账款”，应加计在“应付账款”项目内填列。

（6）“应收利息”、“应收股利”两个项目。应分别按照“应收利息”、“应收股利”两个总账账户的余额直接填列。

（7）“其他应收款”项目。本项目应根据“其他应收款”、“其他应付款”两个账户所属明细账户的借方余额合计数，减去“坏账准备”账户中为“其他应收款”计提的坏账准备后的余额填列。

（8）“存货”项目。本项目应根据“材料采购”、“在途物资”、“原材料”、“周转材料”、“委托加工物资”、“材料成本差异”、“生产成本”、“库存商品”、“发出商品”等账户的借方余额合计数填列。如果对存货已经计提了跌价准备，应按扣除已提的跌价准备后的金额填列。如果材料采用计划成本计价的还应按加减材料成本差异后的金额填列。若有“受托代销商品款”的，应该扣除。

（9）“一年内到期的非流动资产”。企业如有准备在一年内处置的“可供出售金融资产”、一年内到期的“持有至到期投资”、需要在一年内摊销的“长期待摊费用”等，应在本项目内填列。

（10）“其他流动资产”项目。如果在各流动资产项目以外出现了其他流动资产可在本项目内填列。

（11）“可供出售金融资产”项目。本项目应按照该账户余额减去需要在一年内处置的数额和扣除相应减值准备余额后的净额填列。

（12）“持有至到期投资”项目。本项目应根据“持有至到期投资”账户的余额减去需要在一年内到期的数额和扣除减值准备余额以后的净额填列。

（13）“长期股权投资”项目。该项目应根据“长期股权投资”总账账户的余额扣除减值准备余额后的净额填列。

（14）投资性房地产。本项目根据“投资性房地产”账户的余额减去“投资性房地产累计折旧（摊销）”和“投资性房地产减值准备”以后的余额填列。

（15）“固定资产”项目。本项目应根据“固定资产”账户的期末余额减去“累计折旧”、“固定资产减值准备”等调整账户余额后的净额填列。

（16）“在建工程”项目。本项目应根据“在建工程”账户的余额填列。如已经计提了“在建工程减值准备”，应按扣除减值准备以后的金额填列。

（17）“工程物资”项目。该项目反映企业为进行固定资产建设而储备的各项工程物资的实际成本。应根据“工程物资”账户的期末余额填列。注意：为产品开发而准备的物资属于原材料，不包括在本项目内。

（18）“固定资产清理”项目。本项目应根据“固定资产清理”账户的期末借方余额填列。该账户如为贷方余额，应以“－”号填列。

（19）“无形资产”项目。本项目应根据“无形资产”账户的借方余额减去“累计摊销”、“无形资产减值准备”账户的贷方余额后的净额填列。

（20）“长期待摊费用”项目。本项目应根据“长期待摊费用”账户的期末余额减去需要在一年内摊销的数额后的金额填列。

（21）“递延所得税资产”项目。本项目按照该账户余额填列。

（22）“其他非流动资产”项目。本项目应根据除长期股权投资、固定资产、在建工程、工程物资、无形资产等资产以外的其他非流动资产项目的余额填列。

（23）“短期借款”项目。本项目应根据“短期借款”账户的期末余额直接填列。

（24）“应付票据”项目。本项目应根据“应付票据”账户的期末余额直接填列。

（25）“应付账款”项目。本项目应根据“应付账款”、“预付账款”账户所属的明细账户的期末贷方余额合计数填列。

（26）“预收账款”项目。本项目应根据“预收账款”、“应收账款”账户所属明细账户的贷方余额合计数填列。

（27）“应付职工薪酬”项目。本项目应根据“应付职工薪酬”账户期末贷方余额填列。“应付职工薪酬”账户期末如果有借方余额，应以“－”号填列。

（28）“应交税费”项目。本项目应根据“应交税费”账户期末贷方余额填列。如果“应交税费”账户期末是借方余额，本项目应以“－”号填列。

（29）“应付利息”项目。本项目应根据“应付利息”账户期末贷方余额直接填列。

（30）“应付利润”项目。本项目应根据“应付利润”账户的期末贷方余额直接填列。

（31）“其他应付款”项目。本项目应根据“其他应付款”、“其他应收款”账户所属明细账户的贷方余额合计数填列。

（32）“一年内到期的非流动负债”项目。本项目应根据一年内到期的“长期借款”、“应付债券”等账户的余额填列。

（33）“长期借款”项目。本项目应根据“长期借款”账户的期末余额扣除“长期借款”账户所属明细账户中将于一年内到期的部分填列。

（34）“应付债券”项目。本项目应根据“应付债券”账户的期末余额扣除“应付债券”账户所属明细账户中将于一年内到期的部分填列。

（35）“递延所得税负债”项目。本项目应根据，“递延所得税负债”账户的贷方余额填列。

（36）“实收资本”（或“股本”）项目。本项目应根据“实收资本”（或“股本”）账户的期末贷方余额填列。

（37）“资本公积”项目。本项目应根据“资本公积”账户的期末贷方余额填列。

（38）“盈余公积”项目。本项目应根据“盈余公积”账户的期末贷方余额填列。

（39）“未分配利润”项目。本项目根据“本年利润”账户的期末余额和“利润分配”账户期末余额计算填列。未弥补的亏损在本项目以“－”号填列。

资产负债表填制完毕后，应将左方资产总计数与右方负债与所有者权益总计数相核对，如核对不符，则证明账户记录或报表数字的填列或计算有误。应认真查找错处，进行更正。

（二）资产负债表的编制举例

【例 14－1】 恒天公司 2017 年 12 月发生额、试算平衡表、账户余额表如表 14－2 至表 14－4 所示。

表 14－2　　科目汇总表

编制单位：恒天公司　　2017 年 12 月 31 日　　单位：元

科　目	本期发生额	
	借　方	贷　方
库存现金		2 300
银行存款	90 000	100 000
交易性金融资产		
应收票据	37 000	
应收账款	60 000	155 000
其他应收款		1 000
原材料	90 000	75 000
库存商品	80 000	306 000
周转材料	70 000	210 000
长期股权投资		
固定资产		
在建工程		
无形资产		7 000
短期借款	191 000	
应付票据	126 000	
应付账款	185 600	
预收账款	56 400	
应交税费		89 000
应付职工薪酬		116 700
其他应付款		20 000
应付利息	1 000	
长期借款	100 000	
累计折旧		5 000
实收资本		
盈余公积		
利润分配		
合计	1 087 000	1 087 000

表 14－3

试 算 平 衡 表

2017 年 12 月 31 日

单位：元

总分类科目	期初余额		本期发生额		期末余额	
	借方	贷方	借方	贷方	借方	贷方
库存现金	8 000			2 300	5 700	
银行存款	500 000		90 000	100 000	490 000	
交易性金融资产	94 000				94 000	
应收票据	30 000		37 000		67 000	
应收账款	210 000		60 000	155 000	115 000	
其他应收款	3 170			1 000	2 170	
原材料	382 000		90 000	75 000	397 000	
库存商品	326 000		80 000	306 000	100 000	
周转材料	190 000		70 000	210 000	50 000	
长期股权投资	170 000				170 000	
固定资产	1 985 000				1 985 000	
在建工程	361 000				361 000	
无形资产	30 000			7 000	23 000	
短期借款		300 000	191 000			109 000
应付票据		162 000	126 000			36 000
应付账款		260 600	185 600			75 000
预收账款		86 400	56 400			30 000
应交税费				89 000		89 000
应付职工薪酬				116 700		116 700
其他应付款		38 350		20 000		58 350
应付利息		21 000	1 000			20 000
长期借款		520 000	100 000			420 000
累计折旧		531 000		5 000		536 000
实收资本		1 693 000				1 693 000
盈余公积		266 420				266 420
利润分配		410 400				410 400
合计	4 289 170	4 290 170	1 087 000	1 087 000	3 859 870	3 859 870

表 14－4　　账户余额表

2017 年 12 月 31 日　　单位：元

总　账	明细账	借方余额	贷方余额	总　账	明细账	借方余额	贷方余额
库存现金		5 700		短期借款			109 000
银行存款		490 000		应付票据			36 000
交易性金融资产		94 000		应付账款			75 000
应收票据		67 000			美雅公司	36 000	
应收账款		115 000			粤港公司		111 000
	大洋公司	105 000		预收账款			30 000
	中原公司	80 000		应交税费			89 000
	美雅公司		70 000	应付职工薪酬			116 700
其他应收款		2 170		其他应付款			58 350
原材料		397 000		应付利息			20 000
库存商品		100 000		长期借款			420 000
周转材料		50 000		累计折旧			536 000
长期股权投资		170 000		实收资本			1 693 000
固定资产		1 985 000		盈余公积	法定盈余公积		206 500
在建工程		361 000			任意盈余公积		59 920
无形资产		23 000		利润分配	未分配利润		410 400
合计		3 859 870		合计			3 859 870

根据上述将资料编制资产负债表，见表 14－5。

表 14－5　　资 产 负 债 表

会企 01 表

编制单位：恒天公司　　2017 年 12 月 31 日　　单位：元

恒天有限责任公司 财务专用章

资　产	期末余额	年初余额	负债和所有者权益	期末余额	年初余额
流动资产：			流动负债：		
货币资金	495 700		短期借款	109 000	
交易性金融资产	94 000		应付票据	36 000	
应收票据	67 000		应付账款	111 000	
应收账款	185 000		预收账款	100 000	
预付账款	36 000		应付职工薪酬	116 700	
应收股利			应交税费	89 000	
应收利息			应付利息	20 000	
其他应收款	2 170		应付利润		
存货	547 000		其他应付款	58 350	
其中：原材料	397 000		其他流动负债		
在产品			流动负债合计	640 050	

续表

资产	期末余额	年初余额	负债和所有者权益	期末余额	年初余额
库存商品	100 000		非流动负债：		
周转材料	50 000		长期借款	420 000	
其他流动资产			长期应付款		
流动资产合计			专项应付款		
			预计负债		
			递延所得税负债		
非流动资产：	1 426 870		其他非流动负债		
			非流动负债合计		
长期股权投资	170 000		负债合计	1 060 050	
固定资产原价	1 985 000		所有者权益（或股东权益）：		
减：累计折旧	536 000		实收资本（或股本）	1 693 000	
固定资产账面价值	1 449 000		资本公积		
在建工程	361 000		盈余公积	266 420	
工程物资			未分配利润	410 400	
固定资产清理			所有者权益（或股东权益）合计	2 369 820	
生产性生物资产					
无形资产	23 000				
开发支出					
长期待摊费用					
递延所得税资产					
其他非流动资产					
非流动资产合计	2 003 000				
资产总计	3 429 870		负债和所有者权益（或股东权益）总计	3 429 870	

四、资产负债表的作用

资产负债表是企业对外提供的主要财务报表之一。资产负债表能反映企业拥有的经济资源及其分布情况、资本结构，通过同一时期不同报表项目对比，可以反映企业的变现能力和财务实力；可据以预测企业未来经营前景，即能全面、系统和高度概括地反映企业的财务状况，为报表使用者的相关经济决策提供重要财务信息，因而普遍被人们所重视。

第三节 利 润 表

一、利润表的概念

利润表是指反映企业在一定会计期间的经营成果的会计报表。一般用以反映、评价企业的经营成果、赢利能力，进行经营决策和业绩考核等。它是反映企业一定期间如一个年度或一个月经营成果的会计报表，是动态报表。

二、利润表的结构

利润表是通过一定的表格来反映企业的经营成果。目前比较普遍的利润表的结构主要有多步式利润表和单步式利润表两种。企业的利润表采用多步式结构反映（参见表 14 – 7）。其计算步骤为：

第一步，计算营业利润。

第二步，计算利润总额。

第三步，计算净利润。

三、利润表的编制方法

（一）企业利润表的编制说明

1. 本表反映企业在一定期间内实现利润（亏损）的实际情况。

2. 本表“本月数”栏反映各项目的本月实际发生数。在编制年度财务会计报告时，填列上年全年累计实际发生数。

如果上年度利润表与本年度利润表的项目名称和内容不一致，应对上年度利润表项目的名称和数字按本年度的规定进行调整，填入本表。本表“本年累计数”栏反映各项目自年初起至报告期末止的累计实际发生数。

3. 本表各项目的填列方法：

（1）“营业收入”项目，本项目应根据“主营业务收入”和“其他业务收入”账户的发生额分析填列。

（2）“营业成本”项目，本项目应根据“主营业务成本”和“其他业务成本”账户的发生额分析填列。

（3）“税金及附加”项目，反映企业经营业务应负担的消费税、城市维护建设税、资源税、土地使用税、教育费附加及房产税、车船使用税、印花税等。本项目应根据“税金及附加”账户的发生额分析填列。

（4）“销售费用”项目，本项目应根据“销售费用”账户的发生额分析填列。

（5）“管理费用”项目，本项目应根据“管理费用”账户的发生额分析填列。

（6）“财务费用”项目，本项目应根据“财务费用”账户的发生额分析填列。

（7）“资产减值损失”项目，本项目应根据“资产减值损失”账户发生额分析填列。

（8）“公允价值变动收益”项目，本项目应根据“公允价值变动损益”账户的发生额分析填列，如为净损失，本项目以“－”号填列。

（9）“投资收益”项目，本项目应根据“投资收益”账户的发生额分析填列。如为投资损失，本项目用“－”号填列。

（10）“营业利润”项目，本项目应根据营业收入扣除营业成本、税金及附加、销售费用、管理费用、财务费用和资产减值损失，加上公允价值变动收益和投资收益后的金额填列。如为亏损，本项目以“－”号填列。

（11）“营业外收入”项目，本项目应根据“营业外收入”账户的发生额分析填列。

（12）“营业外支出”项目，本项目应根据“营业外支出”账户的发生额分析填列。

（13）“利润总额”项目，反映企业实现的利润。如为亏损，本项目以“－”号填列。

（14）“所得税费用”项目，本项目应根据“所得税费用”账户的发生额分析填列。

（15）“净利润”项目，本项目应根据利润总额扣除所得税费用后的金额填列。反映企业实现的净利润。如为亏损，以“－”号填列。

（16）“其他综合收益”项目，反映企业根据企业会计准则规定未在损益中确认的各项利得和损失扣除所得税影响后的净额。

（17）“综合收益总额”项目，反映企业净利润与其他综合收益的合计金额。

（18）“每股收益”项目，包括基本每股收益和稀释每股收益两项指标，反映普通股或潜在普通股已公开交易的企业，以及正在公开发行普通股或潜在普通股过程中的企业的每股收益信息。

（二）利润表的编制举例

【例 14－2】 恒天公司 2017 年 12 月损益类账户的发生额如表 14－6 所示。

表 14－6

科目名称	借方发生额	贷方发生额	科目名称	借方发生额	贷方发生额
主营业务收入		516 000	管理费用	25 200	
主营业务成本	317 000		财务费用	3 600	
税金及附加	26 800		投资收益		1 120
其他业务收入		9 600	营业外收入		2 500
其他业务成本	3 000		营业外支出	8 000	
销售费用	20 000		所得税费用	52 000	

资料：投资收益 1 120 元为国债利息收入，“营业外支出”中 1 000 元为罚款支出。

根据上述资料，编制恒天公司 2017 年 12 月利润表，见表 14－7。

表 14-7　　　　利　润　表

会企 02 表

编制单位：恒天公司　　　　2017 年 12 月　　　　单位：元

账户名称	本期金额	上期金额
一、营业收入	525 600	（略）
减：营业成本	320 000	
税金及附加	26 800	
销售费用	20 000	
管理费用	25 200	
财务费用	3 600	
资产减值损失		
加：公允价值变动收益（损失以“-”号填列）		
投资收益（损失以“-”号填列）	1 120	
其中：对联营企业和合营企业的投资收益		
二、营业利润（损失以“-”号填列）	131 120	
加：营业外收入	2 500	
减：营业外支出	8 000	
其中：非流动资产处置损失		
三、利润总额（损失以“-”号填列）	125 620	
减：所得税费用	31 375	
四、净利润（净损失以“-”号填列）	94 245	
五、每股收益：		
（一）基本每股收益		
（二）稀释每股收益		
六、其他综合收益		
七、综合收益总额		

应纳税所得额 = 125 620 - 1 120 + 1 000 = 125 500（元）

应纳所得税 = 125 500 × 25% = 31 375（元）

四、利润表的作用

利润表是企业会计报表中的主要会计报表之一，每个企业都必须按期编制。利润表可以从总体上了解企业的收入、费用及净利润（或亏损）的实现及构成情况，据以分析企业的赢利能力和亏损原因；分析企业的获利能力及利润的未来发展趋势；了解投资者投入资本的保值、增值情况，为投资决策提供依据；找出影响利润增减变动的原因，还可以据此评价企业管理者的工作业绩。

第四节 现金流量表

一、现金流量表的概念

现金流量表，是指反映企业在一定会计期间现金和现金等价物流入和流出情况的报表。它按照经营活动产生的现金流量、投资活动产生的现金流量和筹资活动产生的现金流量分别反映，是动态报表。现金流量应当分别按照现金流入和现金流出总额列报。

“现金”是指企业库存现金以及可以随时用于支付的存款，包括现金、可以随时用于支付的银行存款和其他货币资金。

“现金等价物”是指企业持有的期限短、流动性强，易于转换为已知金额现金，价值变动风险很小的投资。

二、现金流量表的结构

现金流量表是以现金和现金等价物为基础编制的财务状况变动表，包括正表和补充资料两部分。根据规定，我国小企业的现金流量表只包括正表部分（见表 14－8），不要求提供补充资料。现金流量表采用报告式的结构，按照经营活动、投资活动和筹资活动的现金流量分类分项列示，最后汇总反映企业现金净增加额。

三、现金流量表的编制方法

现金流量表的编制方法有直接法和间接法两种。在直接法下，一般以利润表中的营业收入为起点，调节与经营活动有关项目的增减变动，然后计算出经营活动产生的现金流量。在间接法下，是以净利润为起点，调整不涉及现金的收入、费用、营业外收支等有关项目，剔除投资活动、筹资活动对现金流量的影响，据此计算出经营活动产生的现金流量。

《企业会计准则》规定，企业应当采用直接法列示经营活动产生的现金流量。

现金流量表各项目的内容及填列方法如下：

（一）经营活动产生的现金流量

1. “销售商品、提供劳务收到的现金”项目。本项目可以根据“库存现金”、“银行存款”、“应收账款”、“应收票据”、“主营业务收入”、“其他业务收入”等账户的记录分析填列。

2. “收到的其他与经营活动有关的现金”项目。本项目可以根据“库存现金”、“银行存款”、“营业外收入”等账户的记录分析填列。

表 14－8

现 金 流 量 表

会企 03 表

编制单位：　　　　　　　　　　　　　　　　　＿＿＿＿年＿＿月　　　　　　　　　　　　　　　　　单位：元

项　　目	行次	上年数	本年数
一、经营活动产生的现金流量：			
销售商品、提供劳务收到的现金	1		
收到的其他与经营活动有关的现金	8		
现金流入小计	9		
购买商品、接受劳务支付的现金	10		
支付给职工以及为职工支付的现金	12		
支付的各项税费	13		
支付的其他与经营活动有关的现金	18		
现金流出小计	20		
经营活动产生的现金流量净额	21		
二、投资活动产生的现金流量：			
收回投资所收到的现金	22		
取得投资收益所收到的现金	23		
处置固定资产、无形资产和其他长期资产所收回的现金净额	25		
收到的其他与投资活动有关的现金	28		
现金流入小计	29		
购建固定资产、无形资产和其他长期资产所支付的现金	30		
投资所支付的现金	31		
支付的其他与投资活动有关的现金	35		
现金流出小计	36		
投资活动产生的现金流量净额	37		
三、筹资活动产生的现金流量：			
吸收投资所收到的现金	38		
借款所收到的现金	40		
收到的其他与筹资活动有关的现金	43		
现金流入小计	44		
偿还债务所支付的现金	45		
分配股利、利润或偿付利息所支付的现金	46		
支付的其他与筹资活动有关的现金	52		
现金流出小计	53		
筹资活动产生的现金流量净额	54		
四、现金净增加额	55		
加：期初现金余额	56		
五、期末现金余额	57		

3. “购买商品、接受劳务支付的现金”项目。本项目可以根据“库存现金”、“银行存款”、“应付账款”、“应付票据”、“主营业务成本”等科目的记录分析填列。

4. “支付给职工以及为职工支付的现金”项目。本项目可以根据“应付职工薪酬”、“库存现金”、“银行存款”等科目的记录分析填列。

小企业为职工支付的养老、失业等社会保险基金、补充养老保险、住房公积金、支付给职工的住房困难补助，以及支付给职工或为职工支付的其他福利费用等，应按职工的工作性质和服务对象，分别在本项目和在“购建固定资产、无形资产和其他长期资产所支付的现金”项目反映。

5. “支付的各项税费”项目。本项目可以根据“应交税费”、“库存现金”、“银行存款”等科目的记录分析填列。

6. “支付的其他与经营活动有关的现金”项目。本项目可以根据有关科目的记录分析填列。

（二）投资活动产生的现金流量

1. “收回投资所收到的现金”项目。本项目可以根据“短期投资”、“长期股权投资”、“库存现金”、“银行存款”等科目的记录分析填列。

2. “取得投资收益所收到的现金”项目。本项目可以根据“库存现金”、“银行存款”、“投资收益”等科目的记录分析填列。

3. “处置固定资产、无形资产和其他长期资产所收回的现金净额”项目。本项目可以根据“固定资产清理”、“库存现金”、“银行存款”等科目的记录分析填列。

4. “收到的其他与投资活动有关的现金”项目。本项目可以根据有关科目的记录分析填列。

5. “购建固定资产、无形资产和其他长期资产所支付的现金”项目。本项目可以根据“固定资产”、“在建工程”、“无形资产”、“库存现金”、“银行存款”等科目的记录分析填列。

6. “投资所支付的现金”项目。本项目可以根据“长期股权投资”、“长期债权投资”、“短期投资”、“库存现金”、“银行存款”等科目的记录分析填列。

7. “支付的其他与投资活动有关的现金”项目。本项目可以根据有关科目的记录分析填列。

（三）筹资活动产生的现金流量

1. “吸收投资所收到的现金”项目。本项目可以根据“实收资本”、“库存现金”、“银行存款”等科目的记录分析填列。

2. “借款所收到的现金”项目。本项目可以根据“短期借款”、“长期借款”、“库存现金”、“银行存款”等科目的记录分析填列。

3. “收到的其他与筹资活动有关的现金”项目。本项目可以根据有关科目的记录分析填列。

4. “偿还债务所支付的现金”项目。本项目可以根据“短期借款”、“长期借款”、“库存现金”、“银行存款”等科目的记录分析填列。

5. “分配股利、利润或偿付利息所支付的现金”项目。本项目可以根据“应付利润”、“财务费用”、“长期借款”、“库存现金”、“银行存款”等科目的记录分析填列。

6. “支付的其他与筹资活动有关的现金”项目。本项目可以根据有关科目的记录分析填列。

四、现金流量表编制举例

恒天公司2016年现金流量表中现金余额为112万元，2017年度的有关资料如下：

1. 本期销售商品收到现金收入1 000万元及增值税的销项税额为170万元；提供劳务收入60万元；收回应收账款150万元；预收账款50万元。

2. 本期购入原材料用现金支付材料款700万元及增值税进项税额119万元；接受劳务现金支出25万元；支付去年应付账款70万元；预付账款100万元。

3. 本期用现金发放工资总额为85万元，其中生产经营及管理人员的工资65万元，奖金20万元。

4. 本期所得税费用160万元；未交所得税的年初数为150万元，年末数为110万元（无调整数）。

5. 本期用银行存款购入一台加工设备，价款100万元，支付增值税17万元。

6. 购入股票100万股，每股价格6元，其中包含的已宣告而尚未领取的现金股利每股0.2元，作为短期投资核算。

7. 到期收回长期债券投资，面值为200万元，5年期，利率5%，一次还本付息。

8. 对一台管理用设备进行清理，该设备账面原价120万元，已计提折旧80万元，以银行存款支付清理费用3万元，收到变价收入25万元，该设备已清理完毕。

9. 本期借入短期借款200万元，借入长期借款500万元，以银行存款支付当年利息50万元。

10. 向股东支付上年现金股利50万元。

根据上述资料编制现金流量表（见表14－9）。

编制说明：

（1）“销售产成品、商品、提供劳务收到的现金”项目 $=1\,000\times(1+17\%)+60+150+50=1\,430$（万元）

（2）“购买原材料、商品、接受劳务支付的现金”项目 $=700\times(1+17\%)+25+70+100=1\,014$（万元）

（3）“支付的职工薪酬”项目 $=65+20=85$（万元）

（4）“支付的税费”项目 $=150+160-110=200$（万元）

（5）“经营活动产生的现金流量净额”项目 $=1\,430-1\,014-85-200=131$（万元）

（6）“处置固定资产和无形资产收回的现金净额”项目 $=25-3=22$（万元）

（7）“收回短期投资、长期债权投资和长期股权投资收到的现金”项目 $=200$（万元）

（8）“取得投资收益收到的现金”项目 $=200\times5\%\times5=50$（万元）

（9）“短期投资、长期债权投资和长期股权投资支付的现金”项目 $=100\times6=600$（万元）

（10）“购建固定资产、无形资产和其他非流动资产支付的现金”项目 $=100+17=117$（万元）

表 14－9 现金流量表 会企 03 表

编制单位：恒发公司 2017 年 12 月 单位：元

项　　目	行次	本年累计金额	本月金额
一、经营活动产生的现金流量			
销售产成品、商品、提供劳务收到的现金	1	14 300 000	
收到其他与经营活动有关的现金	2		
购买原材料、商品、接受劳务支付的现金	3	10 140 000	
支付的职工薪酬	4	850 000	
支付的税费	5	2 000 000	
支付其他与经营活动有关的现金	6		
经营活动产生的现金流量净额	7	1 310 000	
二、投资活动产生的现金流量			
处置固定资产和无形资产收回的现金净额	8	220 000	
收回短期投资、长期债权投资和长期股权投资收到的现金	9	2 000 000	
取得投资收益收到的现金	10	500 000	
短期投资、长期债权投资和长期股权投资支付的现金	11	6 000 000	
购建固定资产、无形资产和其他非流动资产支付的现金	12	1 170 000	
投资活动产生的现金流量净额	13	－4 450 000	
三、筹资活动产生的现金流量			
取得借款收到的现金	14	7 000 000	
吸收投资者投资收到的现金	15		
偿还借款本金支付的现金	16		
偿还借款利息支付的现金	17	500 000	
分配利润支付的现金	18	500 000	
筹资活动产生的现金流量净额	19	6 000 000	
四、现金净增加额	20	2 860 000	
加：期初现金余额	21	1 120 000	
五、期末现金余额	22	3 980 000	

（11）“投资活动产生的现金流量净额”项目＝22＋200＋50－600－117＝－445（万元）

（12）“取得借款收到的现金”项目＝200＋500＝700（万元）

（13）“偿还借款利息支付的现金”项目＝50（万元）

（14）“分配利润支付的现金”项目＝50（万元）

（15）“筹资活动产生的现金流量净额”项目＝700－50－50＝600（万元）

（16）“现金净增加额”项目＝131－445＋600＝286（万元）

（17）“期末现金余额”项目＝112＋286＝398（万元）

五、现金流量表的作用

现金流量表从现金流入和流出两方面反映企业在一定期间内的经营活动、投资活动和筹资活动的动态情况，反映企业现金流动的全貌。通过现金流量表能够为会计信息使用者提供企业一定会计期间现金和现金等价物流入和流出的信息，有利于准确预测企业未来的偿债能力和支付投资利润的能力；能够分析企业未来获取现金的能力；也能够分析企业投资和理财活动对经营成果和财务状况的影响。

第五节　所有者权益变动表及附注

一、所有者权益变动表

所有者权益变动表是反映构成所有者权益的各组成部分当期增减变动情况的报表。

所有者变动表的结构：所有者权益变动表以矩阵的形式列示，一方面列示导致所有者权益变动的交易或事项，即所有者权益变动的来源；另一方面，按所有者权益各组成部分（包括实收资本、资本公积、盈余公积、未分配利润和库存股）列示交易或事项对所有者权益各部分的影响。

所有者权益变动表各项目均需填列“本年金额”和“上年金额”两栏。

二、附注

附注，是指对在资产负债表、利润表和现金流量表等报表中列示项目的文字描述或明细资料，以及对未能在这些报表中列示项目的说明等。

附注应当按照下列顺序披露：

1. 企业的基本情况。
2. 财务报表的编制基础。
3. 遵循企业会计准则的声明。
4. 重要会计政策和会计估计。
5. 会计政策和会计估计变更以及差错更正的说明。
6. 报表重要项目的说明。
7. 或有和承诺事项、资产负债表日后非调整事项、关联方关系及其交易等需要说明的事项。
8. 有助于财务报表使用者评价企业资本的目标、政策及程序的信息。

小企业会计报表与企业会计报表的差异

会计报表常用分析指标

参 考 文 献

1. 中华人民共和国财政部制定：《小企业会计准则》，立信会计出版社2012年版。

2. 张莲苓：《会计》，中国财政经济出版社2009年版。

3. 财政部会计司编写组：《企业会计准则讲解》（2006），人民出版社。

4. 企业会计准则编审委员会：《企业会计准则案例讲解》（2016年版），立信会计出版社。

5. 财政部会计资格评价中心：《初级会计实务》（2016），中国财政经济出版社。

6. “营改增”相关文件、政策。

7. 《海峡财经导报》相关资料。

参考文献